"OECD学习科学与教育创新"译丛

译丛主编：任友群
学习科学与教育创新的经典著作

《教育：促进健康，凝聚社会》
定价：32.00

《技术驱动，教育为本：技术革新教育的系统方法》
定价：28.00

《促进21世纪学习的领导力》
定价：28.00

《回归艺术本身：艺术教育的影响力》
定价：39.00

《全球化世界中的语言：为促进更好的
文化理解而学习》
定价：72.00

《重新设计学校教育：以创新学习系统为目标》
定价：22.00

核心素养与课程发展丛书

数学核心能力研究

总主编 崔允漷

徐斌艳等 著

Research on Mathematics Core Competencies

 华东师范大学出版社

　　本书系教育部人文社会科学重点研究基地重大项目"义务教育阶段数学核心能力模型与测评框架研究"(项目编号:11JJD880027)最终研究成果。

核心素养与课程发展丛书总序

从 2014 年教育部出台《关于全面深化课程改革落实立德树人根本任务的意见》至今，如果统计近年来教育话语中的高频词，"核心素养"即使不是排位第一，也一定能进前三。无论是教育行政部门，还是教育研究者和中小学教师，甚至是关注教育的公共媒体，若言不及"核心素养"，似乎就有 out 或 low 之嫌。就个人视野所及，多年来还没有哪个教育概念能够像核心素养这样甫一亮相就吸引如此众多的眼球，着实令人惊讶！

在东方文化圈里，"素养"向来是一个好词，比起引译自英语中的 skill、competence、literacy 等词的"技能"、"胜任力"或"读写能力"，其所指的内涵着实不知好多少。"素养"深深植根于中国古老的文化传统之中，与国人心底深处积淀的文化心理传统高度吻合；它几乎就是"真善美"的另一种表达，代表了人们对人所应当拥有的品质的最高期望。作为一个人，得拥有人所应有的素养，作为某一具体领域的学习者或实践者，在这一领域的素养也就是其发展的最高目标。更重要的是，它是可教可学的，是后天发展的，是每个人都可欲的。每个人都可以通过素养的发展而被"树"，促进素养的发展是"立德树人"的可靠途径。这也许就是"素质教育"历经多年争议才慢慢被接受，而"素养"刚一亮相就被热烈拥抱的原因之所在吧。

素养代表着人之所欲，因而它是一个社会历史文化概念，其内涵取决于它所根植的社会历史文化背景。在不同的社会历史文化背景中，素养的内涵也即人们所欲的具体指向可能各不相同。尽管"核心素养"可以指素养结构中居于核心地位或具有统摄功能的成分，但也可以是——在当前的语境中它甚至应该是——我们所欲的素养列表

1

中占据优先位置的那些成分,是特定社会历史文化背景中价值选择的结果。不过,无论其具体的内容是什么,有一点是确定的,即素养比我们当今教育所关注的知识、技能等要更高级,是知识、技能、方法、态度、价值观的整合与提升,是能够在真实情境的问题解决中外显出来的行为;核心素养更是能够统摄我们所期望发展的"必备品格、关键能力和重要观念",其必然处于素养结构的最上位,处于素养列表的最优先位置。核心素养界定了学生发展最重要的和最优先的目标,也界定了学校教育最重要和最优先的目标。当"核心素养"作为一个育人目标观念出现时,我们的学校教育就面临了巨大的挑战。

我们的学校教育为指向核心素养发展的教育做好准备了吗?

为了推动指向核心素养的教育变革,学校教育所需要的准备必然是多方面的。若如美国课程专家波帕姆所言,课程、教学和评价是教育这一游戏中的三个最重要的竞技场,那么,指向核心素养的教育一定需要学校在这些核心领域做出巨大的努力。然而,学校教育所需要的准备不全然是学校的责任。学校教育需要国家政策的指引,同样需要多领域学术上、专业上的支持。学界有责任有义务发展与核心素养框架下的课程、教学和评价相关的知识基础,以为学校开展指向核心素养的教育提供坚实的专业支撑。作为教育部人文社会科学重点研究基地,华东师范大学课程与教学研究所主动担起了发展基于核心素养的教育改革的知识基础的责任。在教育部明确提出要建立"中国学生发展核心素养体系"后,我们主动调整了教育部人文社会科学重点研究基地"十三五"规划重大项目的研究方案,结合我们在课程研究上的传统优势,将9个重大项目纳入"核心素养与课程发展"的大观念之下,试图发展核心素养框架下课程领域的新的知识基础。这套丛书就是我们在这样的背景下所做出的努力之一。

本套丛书所关注的是当前我国基础教育"全面深化课程改革,落实立德树人根本任务"的重点与难点问题,均属于开创性的研究项目。既涉及核心素养视野中的课程一般理论研究,如"儿童研究"、"学校课程实施过程研究"等,也涉及课程实践研究,如"课堂评价",还涉及课程政策的研究,如"高中多样化与高考改革"、"学业负担监测与公告"、"学校课程与教学质量监测"等;既涉及核心素养视野中一般的课程理论和实践研究,也涉及具体学科核心素养的探究性、前沿性研究,如数学、科学、品德等三门学科的核心素养模型和测评研究。总体上看,虽不是很系统,但都关涉核心素养教育中课程、教学、评价领域的核心问题。

这套丛书能够顺利出版，需要感谢的人很多！如果将本套丛书视为一颗待君品尝的果实，那么华东师范大学课程与教学研究所承担的 9 个重大项目的每一支团队就是辛勤的果农，没有他们的努力和辛勤劳动，这颗果实不可能如此硕大甜美！华东师范大学出版社王焰社长、彭呈军分社长和王冰如等编辑负责对这颗果实进行深加工和包装推广，是他们的专业工作使得这颗果实得以走出果园，为更多人所知！当然，我们还要感谢在这颗果实培育和面世的过程中给予帮助的诸多奉献者，感谢研究过程中的诸多合作者！感谢教育部社会科学司为上述研究项目提供资助！

崔允漷

2017 年 3 月 26 日

目　录

前言

　　本书系教育部人文社会科学重点研究基地重大项目"义务教育阶段数学核心能力模型与测评框架研究"(项目编号：11JJD880027)的最终研究成果。

　　本项目旨在立足国际视野、反映中国数学教育特色，以此为行动基础，一方面研究义务教育阶段数学核心能力模型构建的理论依据、功能定位，阐述数学核心能力的具体内涵、水平分层及其在具体数学核心概念上的行为表现；另一方面开发测评数学能力表现的学习任务(测试题)和工具，形成测评试题库，进行预测和认证。研究从四个方面展开：

- 数学核心能力模型及其测评框架的国际比较研究；
- 义务教育阶段数学核心能力内涵及水平分层研究；
- 义务教育阶段数学核心能力在数学核心概念上的行为表现研究；
- 义务教育阶段数学核心能力测评任务的开发与实施。

　　这四个方面的研究纵横交错，层层推进：一是比较研究国际性评价项目对数学核心能力的要求，比较研究相关国家对义务教育阶段学生数学核心能力的要求，梳理其异同，研究其背后的理念。二是对照国际比较的成果，结合我国人才培养目标和我国数学教育特点，研究我国义务教育阶段数学核心能力的内涵及水平分层，研究这些水平在具体核心数学概念上的行为表现，形成一套数学核心能力模型。三是开发测评这些核心能力的具体测评任务和工具，在若干学校进行预测，进而验证所研究的能力模型，并且形成测评框架。

　　本书呈现了研究项目的终结性成果。从内容上看，以科学规范的研究方法创建了一套针对不同数学内容领域的、可检测的核心能力模型,同时还建立了经过实践验证的检测数学核心能力的试题库(测评任务库)。从过程上看,系统梳理了国际项目以及世界上其他国家关于数学核心能力研究的成果,比较它们的共性与特殊性,并阐述其理论根源。从意义上看,将创建能力模型和测评框架的研究过程显性化,为我国在其他学科上的相关研究提供系统参照和工具。本书由如下章节构成:

第一章以国际比较的视角概述数学核心能力研究的现状与特点。主要探讨的研究问题包括:国际性数学评价项目中的数学核心能力模型如何界定核心能力内涵?如何对核心能力进行分层?所设计的测评任务或测评工具具有怎样的功能?美国、英国、德国、法国、日本、新加坡等国的数学核心能力框架具有怎样的功能?是否以及如何对核心能力进行分层?是否以及如何对它们进行测评?开发了怎样的测评工具?

第二章在比较研究的基础上,构建我国义务教育阶段数学核心能力内涵的理论框架。主要回答的研究问题包括:我国义务教育阶段教育目标和数学课程标准对数学核心能力提出了哪些要求?与国际评价项目以及相关国家的核心能力要求有何共性与差异?反映我国人才培养目标、数学学科特点以及数学教育特点的数学核心能力包括哪些方面?如何论述各个能力要素的内涵?

第三章至第八章分别对数学问题提出、数学问题解决、推理与论证、表征与变换、数学交流、数学建模能力等六大核心能力进行研究。首先分别对这六大核心能力的研究现状进行梳理,然后构建具体的能力测评框架,包括核心能力的行为表现及其水平分层、测评任务开发的原则、测评实施的手段等。通过对测评数据的统计分析,及时了解学生的数学核心能力状况,为改进课程与教学质量提供指导。

第九章则与前面各章呼应,依据数学核心能力测评整体框架,全面探讨我国义务教育阶段学生数学核心能力的表现,系统分析我国学生数学核心能力的特点。

本书是整个研究团队以踏实、严谨的研究态度,采用科学的研究方法所取得的研究成果。团队成员从不同角度对研究成果做出贡献。第一章由朱雁完成,斯海霞主要参与;第二章由徐斌艳和朱雁合作完成;第三章、第四章由孔企平完成,周芳芳、许自强和姚一林主要参与。第五章、第六章由鲍建生完成,孙婷、姜慧慧、张晋宇主要参与;第七章、第八章和第九章由徐斌艳完成,沈丹、彭墨缘、朱娅梅主要参与。最后由徐斌艳完成全书统稿和校对工作。

整个研究经历了开题、中期报告、预结题等多个重要环节，在每个环节都得到了专家们的细心指导，在此无法一一列举他们的名字，谨对他们表示衷心感谢。调查研究离不开样本学校师生，在此也对他们的热心参与表示感谢。在研究过程中，为及时把握国际研究发展动态，我们曾组织国际专题论坛，来自日本、韩国、新加坡和泰国等国家的学者纷纷响应，欣然与会；来自我国香港、澳门等地的研究者同样积极参与讨论，为课题献计献策。在此对专家群体表示衷心感谢。

　　感谢项目评审专家对课题结题提出宝贵意见和建议，课题组成员对本书中的不妥之处承担相应责任。

徐斌艳

华东师范大学课程与教学研究所

华东师范大学教师教育学院

2018 年 12 月 12 日

第一章　数学核心能力研究概述

从 20 世纪开始,数学能力尤其是数学核心能力开始成为各国心理学家、数学教育学家研究的重点,但研究的侧重点不一样,前者侧重于通过研究数学能力揭示智力机制,后者则希望为数学教育的改革提供依据。当前,为应对国际社会的快速变化,数学能力尤其是数学核心能力研究成为数学课程改革与数学教育研究的热点。

综合来看,数学能力的研究主要涉及三个方面:数学能力概念界定、数学核心能力成分以及学生数学核心能力现状调查研究。由于我国目前关于数学核心能力的研究尚没有统一或公认的框架,在此情况下探讨数学能力培养易陷入主观经验介绍,因此本章主要从上述三方面介绍数学核心能力研究。

第一节　数学能力的内涵

奥苏贝尔(D. P. Ausubel)曾说:"教育就是当学的东西全都忘了的时候,仍保留下来的东西。"所谓"保留下来的东西"便是能力,就数学教育而言,所要保留的就是学生的数学能力。[①] 数学能力是一种特殊能力,对它的研究源于能力研究。在探讨能力的实质时,首先需要明确几个基本问题:能力是什么? 能力与知识、技能、智能的区别又是什么?

---

① 喻平,连四清,武锡环. 中国数学教育心理研究 30 年[M]. 北京:科学出版社,2011:234.

一、能力的内涵

能力一直是心理学关注的焦点,它是指为使人能成功地完成某种活动所需的个人心理特征或人格特质①。能力不是与生俱来的,而是在人的遗传素质的基础上,在实践活动中逐渐形成和发展起来的。表示能力的英文词汇主要有:ability、competence、competency、capability、efficacy②。与能力容易混淆的概念是"技能"与"智力"。

技能(skill)是指个体通过练习形成的合法则的操作活动方式③。能力虽不等同于知识与技能,但与技能有密切的联系,它们相互转化、相互促进。智力(intelligence)是心理学的基本概念,至今心理学界尚无公认的定义④。不同的心理学家从不同的角度对其进行界定。韦克斯勒(Wechsler)认为,智力是使个人有目的地行动、合理地思考、有效地应对环境的一种综合心理能力。斯滕伯格(R. J. Sternberg)认为智力是一种心理上的自我管理。能力与智力处于相互包容的关系中,虽然它们的内涵各有不同,但是两者相互影响、相互渗透,研究者们对能力与智力尚未做过严格的区分,在分析能力时也常引用心理学有关智力的研究成果来说明能力结构。

二、数学能力的内涵

虽然数学能力的研究源于能力研究,但不同时期、不同研究者对数学能力有不同的界定。研究者对数学能力的界定,主要有以下两个角度:

(一) 心理学能力概念演绎

西方早期研究者与我国数学教育研究者常常通过心理学的能力概念演绎得出数学能力概念。早期西方研究者将数学能力分为"学校式"数学能力和"创造性"数学能力。所谓"学校式"数学能力指掌握、再现以及独立运用数学信息的能力,"创造性"数学能力指能独立创造具有社会价值的新成果的能力。苏联心理学家克鲁切茨基(Kruchevskii)对数学能力进行了深入研究,他认为"学校式"数学能力和"创造性"数学

---

① 林崇德,杨治良,黄希庭,主编. 心理学大辞典[M]. 上海:上海教育出版社,2003,12:868.
② Matsumoto, D.. *The Cambridge dictionary of psychology* [M]. Cambridge:Cambridge University Press, 2009:176.
③ 林崇德,杨治良,黄希庭,主编. 心理学大辞典[M]. 上海:上海教育出版社,2003,12:553.
④ 林崇德,杨治良,黄希庭,主编. 心理学大辞典[M]. 上海:上海教育出版社,2003,12:1700.

能力两者之间相互关联、相互依赖，并将数学能力定义为：符合中小学校数学活动需要的，并在其他一切条件都相同的情况下，影响着在创造性地掌握作为中小学校一门学科的数学上的成就的——特别是能较为迅速、容易并透彻地掌握数学知识、技能和习惯的那些独特的心理特征（主要是心理活动特征）。[①]

克鲁切茨基关于数学能力的研究对我国数学能力研究产生了重大影响。我国数学教育研究者对数学能力的界定比较统一，大多从心理学的研究视角出发，将数学能力视为顺利而有效地完成数学活动的个性心理特征[②][③]，并认为数学能力作为一种特殊能力，它只存在、形成和发展于数学活动之中[④]。

（二）强调数学活动特征

近年来西方数学教育界对数学能力的界定强调形成数学能力的数学活动特征。丹麦学者摩根·尼斯（Mogens Niss）认为，掌握数学意味着拥有数学能力（mathematical competence），即能在不同的数学背景与情境内外理解、判断和使用数学，其中能被清晰识别的主要的数学能力结构成分即数学能力成分（mathematical competency）。[⑤] 拥有大量的数学知识与技能是形成数学能力的基础。如今，国外许多研究者[⑥]常引用尼斯对数学能力的这一界定，包括国际学生评价项目（Programme for International Student Assessment, PISA）的数学素养测试中有关数学能力部分也是以尼斯的数学能力研究为基础的。

相比之下，从心理学能力概念演绎得出的数学能力界定更多体现的是数学能力的宏观特征，而尼斯的界定则更为具体地解释了如何开展顺利而有效的数学活动以形成数学能力。在笔者看来，后者的界定更有助于人们理解数学能力的本质特征，并有针对性地开展数学能力教学和评价研究。

---

① [苏联]克鲁切茨基. 中小学数学能力心理学[M]. 赵裕春，等，译. 北京：教育科学出版社，1984.
② 胡中锋. 中小学生数学能力结构研究述评[J]. 课程·教材·教法，2001(6)：46.
③ 徐有标，陶文中. 试谈数学能力成分及其测试方法[J]. 课程·教材·教法，1990(2)：16—17.
④ 喻平，连四清，武锡环. 中国数学教育心理研究 30 年[M]. 北京：科学出版社，2011：237.
⑤ Niss, M.. Mathematical competencies and the learning of mathematics: The Danish KOM Project. [EB/OL]. (2011-11-02). http://w3. msi. vxu. se/users/hso/aaa_niss. pdf.
⑥ Albano, G.. Knowledge, skills, competencies: A model for mathematics e-learning [C]//Reggie Kwan, Carmel McNaught, Philip Tsang, Fu Lee Wang, & Kam Cheong Li(Eds.), *Enhancing learning through technology*. Berlin, Heidelberg: Springer, 2011：214-225.

第二节 数学核心能力

数学教育究竟应培养学生哪些数学能力,无疑是当今各国数学课程改革及数学教育研究值得探究的问题,其中具有严格数学意义的数学核心能力作为数学能力的重要部分已逐渐成为研究者们关注的焦点。PISA 数学素养分析框架中着重分析了 8 种核心数学能力[1],2012 年实施的 PISA[2] 又首次将这 8 种核心能力压缩为 7 种。我国2001 年版的《全日制义务教育数学课程标准(实验稿)》修改了传统教学大纲中"三大能力"(数学运算能力、空间想象能力、逻辑思维能力)加"数学应用能力"的说法[3],并且在课程目标中提出了"数学思考"和"问题解决"两个概念,这种提法一直沿用至今。

研究者对数学核心能力构成及其结构的研究,多采用实验法、测验法、统计分析等手段。研究者通过学生外在表现测定与度量数学核心能力,从"量"的分析上来把握数学核心能力"质"的特征。

一、国内外数学核心能力研究

虽然国内外研究者对数学核心能力的界定存在一定差异,但都十分强调数学核心能力的数学活动特征。在建构核心能力的整体结构时,研究者常以数学活动过程作为划分结构的依据,并在此基础上对数学核心能力进行分析。

(一) 国外数学核心能力研究

1. 从数学能力结构出发确定核心能力

早期研究者对数学核心能力的争论[4]主要在于是否存在一个数学群因素,即我们是应该把数学核心能力看作一种单一的特性,还是应该考察单独的算术、代数和几何等能力。国外心理学家认为,与所研究的数学核心能力有特殊关系的几个因素包括:

---

① OECD. The PISA 2003 assessment frameworks: Mathematics, reading, science and problem solving knowledge and skills [R]. Paris: OECD Publishing, 2003.

② OECD. PISA 2012 mathematics framework. [EB/OL]. [2016 - 03 - 01]. http://www.oecd.org/dataoecd/8/38/46961598.pdf.

③ 徐有标,陶文中.试谈数学能力成分及其测试方法[J].课程·教材·教法,1990(2):16—17.

④ [苏联]克鲁切茨基.中小学数学能力心理学[M].赵裕春,等,译.北京:教育科学出版社,1984.

普遍因素(G)、数字因素(N)、空间因素(S)、言语因素(V 和 W)、推理因素(R)。其中推理(归纳和演绎)因素在多数数学测验中负荷最高。魏德林(I. Werdelin)使用因素分析法对上述五种因素进行了详细研究,结果显示,数学推理能力是构成数学核心能力的基础,同时证实,数学推理因素同 G 因素之间存在着较高的相关性。

国外早期的数学核心能力研究中,克鲁切茨基关于数学能力的研究成果曾引起巨大反响[1]。他对中小学生数学核心能力进行了长达 12 年的深入研究,他认为能力总是指向某种特定活动,只存在于一种特定的活动之中,并在活动中形成和发展。一项活动的进步依靠核心能力的复合运用。基于上述假设,克鲁切茨基对所收集的实验性和非实验性材料,以及专题文献,采用了多种方法(测试、访谈、因素分析、问卷调查等)加以研究。根据解数学题的三个基本心理活动阶段——获得数学信息、加工数学信息、保持数学信息,他得出了关于数学核心能力结构的一般问题——学龄期数学核心能力结构的一般轮廓(如图 1.1)。

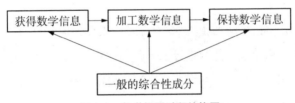

图 1.1　数学解题过程结构图

其中每个阶段都包含相应的数学核心能力,共有 9 种。特别地,克鲁切茨基提出了"数学气质"作为一般的综合性成分阶段的能力成分。数学气质指能努力使外界现象数学化,能用"数学眼光"来观察世界。

除了克鲁切茨基,国外近年来有关数学核心能力的研究也较多地引用了丹麦学者尼斯的研究结果[2]。PISA 及多项国外数学能力研究[3]也皆基于尼斯的研究成果而

① [苏联]克鲁切茨基. 中小学数学能力心理学[M]. 赵裕春,等,译. 北京：教育科学出版社,1984.

② Niss, M.. Mathematical competencies and the learning of mathematics: The Danish KOM Project. [EB/OL]. (2011 - 11 - 02). http://w3. msi. vxu. se/users/hso/aaa_niss. pdf.

③ Melis, E., Faulhaber, A., Eichelmann, A., & Narciss, S.. Interoperable competencies characterizing learning objects in mathematics [C]. ITS'08 Proceedings of the 9th international conference on Intelligent Tutoring Systems, Montreal, Canada, 2008：416 - 425.

展开。

2. 以数学活动特征界定数学核心能力

为创建数学教育深入改革的平台，丹麦教育部及相关机构组织了名为"能力与数学学习"的研究项目。该项目采用尼斯①等人对数学核心能力的研究成果，用 8 种具有严格数学意义的数学核心能力（数学思维、提出并解决数学问题、数学建模、数学推理、数学表征、数学符号化与形式化、数学交流、工具的使用）描述数学课程，而不再关注传统数学课程标准中的主题、概念与结果。

尼斯的研究成果近年来被广泛引用，其中包括 PISA。2012 年之前的 PISA 的数学素养分析框架中对数学能力的分析主要参考的是尼斯等人的研究，提出了数学思维、数学论证、数学交流、数学建模、数学问题提出与问题解决、数学表征、运用符号化及形式化和技术性的语言和运算并使用数学工具这 8 种数学核心能力。2012 年的 PISA② 基于由多个国家的数学家、数学教育者、评价专家组成的数学专家组对往届 PISA 项目中数学能力的调查，首次将这 8 种数学核心能力压缩为 7 种，删去了"数学思维"与"数学建模"能力，新增了"数学化"核心能力。梅尔斯（E. Melis）等人也在 PISA 研究基础上对数学核心能力进行了研究③。

与此同时，美国教育部为了缩短存在于学校教育与社会生活及工作之间的巨大差距，使学生能更好地应对社会生活及职业生涯的挑战，于 2002 年组建了"21 世纪技能联盟"（The Partnership for 21st Century Skill，P21）④，为美国 K‐12 的学生教育设计了 21 世纪所需的三大关键技能群（即学习与创新、信息媒体及科技、生活及职业）共 11 种能力（如问题解决、交流合作、社会与跨文化技能等），并结合包括数学在内的 9 个学科，解释这些能力在各学科中的具体表现。

---

① Niss，M.. Mathematical competencies and the learning of mathematics：The Danish KOM Project ［EB/OL］. （2011‐11‐02）. http://w3. msi. vxu. se/users/hso/aaa_niss. pdf.

② OECD. PISA 2012 mathematics framework ［EB/OL］. ［2016‐03‐01］. OECD publishing. http://www. oecd. org/dataoecd/8/38/46961598. pdf.

③ Melis，E.，Faulhaber，A.，Eichelmann，A.，& Narciss，S.. Interoperable competencies characterizing learning objects in mathematics ［C］. ITS'08 Proceedings of the 9th international conference on Intelligent Tutoring Systems，Montreal，Canada，2008：416‐425.

④ Partnership for 21st Century Skills. P21 framework definitions ［EB/OL］. ［2016‐03‐01］. http://www. p21. org/storage/documents/P21_Framework_Definitions. pdf.

3. 多维度分析数学核心能力

历届 PISA 的数学素养测评框架都包含情境维度、内容维度和数学过程维度。2012 年的 PISA 从规划(Formulating)、使用(Employing)、解释(Interpreting)这三个数学活动过程对各数学核心能力进行解释(如下图 1.2)。

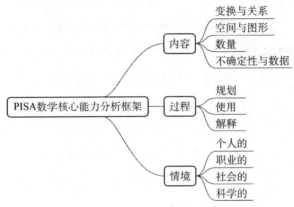

图 1.2　2012 年的 PISA 数学核心能力分析框架

受 PISA 多维度分析数学核心能力的启发,梅尔斯(E. Melis)等人[①]将基础能力(elementary competencies,记为 c)定义为认知过程(cognitive process,记为 p)与知识元素(knowledge element,记为 k)的配对组合,即 c=(p, k),其中 k 表示数学事实、主题、概念、定理、规则/过程及变换,p 表示 PISA 中的 8 种数学核心能力与布卢姆(B. Bloom)的认知水平分类相结合形成的 7 个认知过程。艾比诺(G. Albano)[②]认为数学能力虽然不能被教会,但它是数学教与学过程的长期目标,而数学能力的形成有两个先决条件——知识(to know)与技能(to know how)。他使用 2003 年的 PISA 中的 8 种数学核心能力,结合知识、技能构建了表征个体数学学习目标及结果的三维模型。其中知识分为陈述、证明、描述三类,技能分为合适的程序或算法、程序或运算实践、运算技能、解决标准问题四类。

---

① Melis, E., Faulhaber, A., Eichelmann, A., & Narciss, S.. Interoperable competencies characterizing learning objects in mathematics [C]. ITS'08 Proceedings of the 9th international conference on Intelligent Tutoring Systems, Montreal, Canada, 2008: 416 - 425.

② Albano, G.. Knowledge, skills, competencies: A model for mathematics e-learning [C]//Reggie Kwan, Carmel McNaught, Philip Tsang, Fu Lee Wang, & Kam Cheong Li (Eds.), *Enhancing learning through technology*. Berlin, Heidelberg: Springer, 2011.

(二) 国内数学核心能力研究

长期以来,我国中小学生数学核心能力教学和研究都较关注传统三大数学能力,即运算能力、逻辑思维能力和空间想象能力。

20 世纪 80 年代,林崇德教授提出了"三横五纵"的数学能力结构。他认为,数学核心能力结构应当包括传统意义上的三种基本数学能力(运算能力、逻辑思维能力、空间想象能力)以及五种数学思维品质(深刻性、灵活性、独创性、批判性、敏捷性)。这三种基本能力与五种思维品质呈交叉的关系。研究者对它们所构成的 15 个交叉结点进行了列举和剖析,每个交叉结点上又有数种具体的能力特点。[①]

孙敦甲[②]等人将这三大能力又各分为三级水平,并通过自编"中学生数学能力测验"问卷,研究中学各年级学生对三大传统数学能力的掌握情况。研究结果显示,中学生数学能力的发展具有阶段性,各数学能力按照分级顺序发展。在这三大能力中,我国学者常常把数学思维能力视为数学能力的核心。数学思维能力是指在数学思维活动中,直接影响着该活动的效率,使活动得以顺利完成的个体的稳定的心理特征。邵光华[③]通过对数学思维能力结构作定性分析,认为数学思维能力包括数学概括、数学抽象、数学推理、数学化归及思维简缩五个方面,具体包括 12 种能力成分。

受到克鲁切茨基研究的影响,20 世纪 80 年代开始,我国研究者常采用因素分析法研究中小学生的数学核心能力。研究结果显示,中小学生数学能力主要集中于传统的三大数学能力成分,且随着学段的增加,更加强调逻辑推理能力、概括能力(如表 1.1)。

表 1.1　不同学段数学核心能力比较

学段	数学核心能力
小学[④]	基本演绎推理能力、识别数量关系的能力、空间想象能力、速度能力
初中[⑤]	运算能力、概括能力、逻辑思维能力
高中[⑥]	抽象概括能力、综合运算能力、思维转换能力、逻辑推理能力、空间思维能力

① 孙敦甲. 学生数学能力结构[J]. 心理发展与教育,1987(4):42—46.
② 孙敦甲. 中学生数学能力发展的研究[J]. 心理发展与教育,1992(4):52—58.
③ 邵光华. 数学思维能力结构的定量分析[J]. 数学通报,1994(10):9—14.
④ 王权. 现代因素分析[M]. 杭州:杭州大学出版社,1993.
⑤ 徐有标,陶文中. 试谈数学能力成分及其测试方法[J]. 课程·教材·教法,1990(2):16.
⑥ 陈仁泽,等. 数学学习能力的因素分析[J]. 心理学报,1997,29(2):172—176.

随着数学核心能力研究的不断深入,研究者逐渐拓展了学生数学能力的外延。如孙以泽[①]从活动的主客体出发,将数学能力分为数学基础能力、数学核心能力和综合性数学能力三类,具体包括数学观察力、数学抽象能力等9种能力。喻平[②]从数学能力特征出发,将其分为数学元能力、共通任务能力和特定任务能力三类,涵盖了包括自我监控能力、数学阅读能力、数学概括能力在内的11种具体能力成分。相比我国对数学核心能力的宏观分析,国外研究者对数学核心能力的研究相对更加具体。

综合上述国内外的研究发现,在研究者提出的所有数学核心能力中,问题解决、数学交流、数学思维、数学表征出现的频率相对较高(如表1.2)。

表1.2　国内外数学核心能力研究示例

能力成分 ＼ 研究者	喻平	孙以泽	尼斯	梅尔斯	PISA 2003	PISA 2012	P21	累计
问题解决		√	√	√	√	√	√	6
数学思维	√	√	√		√		√	5
数学交流	√							6
数学表征			√	√		√	√	4
工具使用			√		√	√		3
数学推理			√	√	√	√		4
……*								
累计	10	9	8	7	9	8	11	

＊由于章节篇幅有限,表格中省略了其他只出现了1—3次的核心能力,如数学化、记忆、元认知、学习与创新、数学建模能力等。

二、数学课程标准中的数学核心能力

为了适应多元社会的快速发展,当前许多国家都不约而同地在其数学课程标准[③]

① 孙以泽. 数学能力的成分及其结构[J]. 南京晓庄学院学报,2003(2):97—99.

② 喻平. 数学教学心理学[M]. 北京:北京师范大学出版社,2010:316—318.

③ 并非所有国家都使用"课程标准"(curriculum standard)一词,例如新加坡使用的是"教学大纲"(Syllabus),而日本则称之为"学习指导要领"。考虑到研究表述及统计的方便,在进行跨国比较时,本文统一使用"课程标准"或"课标"的表述。

中对数学能力的培养提出了新要求。例如,我国2012年颁布的《义务教育数学课程标准(2011年版)》沿用了2001年版中首次提出的"数学思考"和"问题解决"的能力要求。① 事实上,"数学思考"能力在很多亚洲国家近年发布的数学课程标准中都有所提及。如颁布于2012年的新加坡中小学数学教学大纲②,沿用了2000年大纲中以发展学生数学问题解决能力为中心的五边形框架,并在过程维度中提出了思考技能(或称思维技能)、数学推理、交流与联系等数学过程性技能。日本2009年版的中学(包括初中③和高中④)数学学习指导要领明确提出了增加教学内容和课时数,以确保学生切实掌握基础知识与基本技能,并强调在此基础上培养学生的三大能力,即思考能力、判断能力和表达能力。韩国则于2011年发布了旨在培养学生创新及健全人格的数学课程标准⑤,提出在数学学习、实践过程中培养适应复杂、专业化和多元化的未来社会所需的关键能力——数学推理、问题解决、数学交流。

值得注意的是,新、日、韩都在其数学课程标准(以下简称"课标")中提出了培养学生的数学交流能力,我国数学课程标准虽然在"数学思考"和"问题解决"概念表述中出现了"合作交流"及"表达"这两个关键词,但没有作进一步阐释。事实上,在当代社会经济发展开放、快速、全球化的背景下,有效交流已成为信息传递的最重要途径之一,许多欧美国家(如德国和美国)也都在其数学课程标准中明确提出了培养学生的交流能力。

德国⑥于2003年开始陆续推出了以"能力"为导向,针对10年级德语、数学以及英语的全国性教育标准。数学学科借鉴PISA测评框架,建立了围绕数学过程、内容和水平要求展开的三维框架,其中过程维度主要描述了六大数学核心能力,即数学论证,

① 中华人民共和国教育部. 义务教育数学课程标准(2011年版)[M]. 北京:北京师范大学出版社,2012.

② Ministry of Education Singapore. Mathematics Syllabus. Primary One to Six [EB/OL].[2016 − 03 − 01]. https://www. moe. gov. sg/docs/default-source/document/education/syllabuses/sciences/files/mathematics_syllabus_primary_1_to_6. pdf.

③ 陈月兰. 最新日本(2008版)初中数学学习指导要领框架与内容分析[J]. 外国中小学教育,2010(3):40—49.

④ 陈月兰. 日本2009版《高中数学学习指导要领》特点分析[J]. 数学教育学报,2010(2):85—88.

⑤ Park,K.. How mathematics competency is implemented in mathematics curriculum [R]. 上海:东南亚国家中小学数学能力及评价研究论坛,2012:5.

⑥ 徐斌艳. 数学课程改革与教学指导[M]. 上海:华东师范大学出版社,2009.

数学地解决问题，数学建模，数学表达的应用，数学符号、公式和技巧的熟练掌握，以及数学交流。

2000 年，全美数学教师理事会（National Council of Teachers of Mathematics，NCTM）公布的《美国学校数学教育的原则和标准》（*Principles and Standards for School Mathematics*）[①]中提出了数学内容与能力并重的 10 个标准，用以阐述数学理解和数学能力的相互关联性，其中涉及的数学能力有数学交流、问题解决、数学推理、数学联系、数学表征等五种。2010 年，全美州长协会（National Governors Association，NGA）和美国首席州立学校官员理事会（Council of Chief State School Officers，CCSSO）联合发布的《美国州际核心数学课程标准》（*Common Core State Standards for Mathematics*，CCSSM）[②]又将数学课程目标分成如下八个方面：理解并解决问题、推理、论证并评价他人的推理、数学建模、使用合适的工具、精确化、探求并利用数学结构以及探求规律。

澳大利亚[③]课程标准中数学能力的提法不同于上述这些国家。它首先明确提出英语、数学、科学等学科共同培养的七种能力，即读写能力、运算能力、信息与通信技术能力、批判性与创造性思维能力、个人与社会能力、道德行为能力及跨文化理解能力，而后再从数学学科的特点出发，阐述这 7 种能力在数学学科中的具体表现。

表 1.3 列出了本研究所关注的 8 份数学课程标准中强调的数学核心能力，其中问题解决、数学交流、数学推理出现的频数位列前三位，这与韩国数学课程标准中所强调的三大数学核心能力恰好吻合。从数学能力数量上看，东亚国家（除新加坡外）明显少于西方国家，如中国只明确提出了"问题解决"与"数学思考"这两种数学核心能力，虽然在其能力表述中提到了数学推理、合作交流、提出问题等关键词，但并未对其作进一步的详细说明。

---

① 全美数学教师理事会. 美国学校数学教育的原则和标准[M]. 蔡金法，等，译. 北京：人民教育出版社，2004.

② Common Core State Standards Initiative. Common core state standards for mathematics [EB/OL]. [2016 - 03 - 01]. http://www. corestandards. org/assets/CCSSI_Math%20Standards. pdf.

③ The Australian Curriculum，Assessment and Reporting Authority. The Australian curriculum general capabilities [EB/OL]. [2016 - 03 - 01]. http://www. australiancurriculum. edu. au/Mathematics/General-capabilities.

表 1.3　各国课程标准数学核心能力汇总

各国课标 数学能力成分	中国	日本	新加坡	韩国	美国 NCTM	美国 CCSSM*	德国	澳大 利亚	频数 汇总
问题解决	√			√	√	√	√		5
数学思考	√	√	√						3
数学交流				√	√	√	√		4
数学建模			√				√	√	3
数学推理			√	√	√	√			4
……**									
频数汇总	2	3	6	3	5	7	6	7	

＊统计时为便于与其他研究相比较,已将"抽象的、量化的推理"与"构造可行的辩论,并质疑他人的推理"统计为数学推理。

＊＊由于篇幅有限,表格中省去了只出现1—2次的数学能力,如表达能力、应用能力、读写能力、个人与社会能力等。

三、数学核心能力研究的特点

通过对上述国内外相关研究及数学课程标准的比较分析可以看出,近年来中小学生数学核心能力研究呈现出如下特点:

(一)"问题解决"和"数学交流"出现频数居首

为便于比较,在表1.3中,笔者将与问题解决密切相关的能力都归入"问题解决"。表1.2及表1.3显示,多数国家的数学课程标准及研究都将"问题解决"和"数学交流"视为不可或缺的数学能力。此外,出现频数较多的数学能力依次为"数学思维"、"数学表征"、"工具使用"和"数学推理"等。

虽然"问题解决"与"数学交流"出现频数最高,但同一能力在不同的数学课程标准及研究中的表述存在差异。如"提出并解决数学问题"强调提问及问题类型的重要性,"设计问题解决策略"则着重于从一个任务或情境中选择或设计使用数学解决问题的计划或策略,并指导其实施的过程。我国课程标准对"问题解决"的分析相较于国外研究在表述上相对抽象。"数学交流"表述的差异主要在于交流的方向性,如新加坡教学大纲中的数学交流主要指表达数学思想,而尼斯提出的数学交流则强调数学信息的双向传达,表达形式包括书面、视觉及口语。在各种能力中,国内外研究者对"数学思维"

的界定差异较显著。我国学者邵光华①认为数学思维能力包括数学概括、数学抽象、数学推理、数学化归及思维简缩这五个方面,而尼斯对数学思维的界定相对更具体,他认为数学思维是指能提出具有数学特点的问题,并能识别数学答案;能理解并应对给定概念的适用范围与限制;通过对数学对象的抽象化与类比,扩大数学概念范围;能识别不同的数学表述。

(二) 数学核心能力确定方式不同

各国课程标准及研究者确定数学能力的方式存在着差异。大部分研究及数学课程标准从数学学科的特点出发确定数学能力,如澳大利亚课程标准与 P21 则先提出各学科共同培养的学生面对现在及今后社会生活所需要的能力,再分析数学学科对这些共同能力做出的贡献,最终提出学科与共同能力相结合的学科能力。因而在澳大利亚数学课程标准与 P21 中出现了与个人社会能力、道德文化、社会生活等相关的数学能力。由此也出现了能力被隐藏的现象,如 P21"学习与创新"中已经包括了创新能力、批判性思维能力、问题解决能力、交流与合作能力。事实上,我国数学课程标准中能力的隐藏现象也比较突出,如"数学思考"的界定中尽管没有进行评细说明,但仍包含了运算能力、数学思维能力、推理能力等,同时渗透着数学交流的思想。

四、对我国数学能力研究的启示

(一) 数学能力研究应更关注核心能力

当前界定数学能力最常用的方法是直接从数学学科特点出发,通过组织各方面专家进行讨论、调查研究得出相关定义。在确定数学能力时,也更关注具有严格数学意义的数学核心能力,如数学交流、数学表征、数学推理等,而如记忆力、数学直觉、创造力等数学能力只出现在少数数学课程标准及研究中。在数学能力研究、教学中关注核心能力成分,更有利于研究者、教师理解数学能力并实施于教学,值得我国今后数学能力研究借鉴。

(二) 从数学活动特征出发界定数学核心能力

国内外研究选择的数学核心能力及其定义存在一定的差异。国外研究者对数学

---

① 邵光华. 数学思维能力结构的定量分析[J]. 数学通报,1994(10):9—14.

能力的界定相对具体，他们认为数学核心能力具有双重性，它们既是数学活动过程，又可用于分析、理解、评价数学活动过程的特点，其界定主要描述相应数学活动的特征。相对而言，我国的数学能力研究及课程标准中对数学能力的界定则较为抽象，明晰度不高，数学能力缺乏较为具体而可行的评价指标，教师在教学中容易出现跟着感觉走，凭经验教学的状况。因此，我们在研究如何界定数学核心能力时，可考虑从数学活动的特征出发，使能力既能展现其可用于分析、理解和评价数学活动过程的特点，又能促进能力教学的展开。当然，数学能力教学、研究并不能脱离知识而单独存在，它总是以数学内容为基础，并在不同的学段中呈现出不同的能力水平。

（三）多维度建构数学核心能力

虽然许多国家的数学课程标准中都强调培养学生的数学能力，并对其进行说明，但对其重视程度并不一致。如我国课程标准虽然一直强调培养数学能力，并在各个学段对数学能力进行了说明，但总体上仍以内容为导向。我国学者对数学能力的研究也多停留于能力单维度。德国数学课程标准、梅尔斯及艾比诺等研究者参考PISA的数学核心能力内涵，将数学核心能力与认知水平、知识技能相结合，使核心能力的研究从单一维度转向多维度、多层次的研究，这对建构具有中国特色的数学核心能力框架具有不错的借鉴意义。多维度刻画数学核心能力既可以帮助数学研究者、教育者更好地了解学生的数学能力水平，又有助于他们从整体上更有效地评价学生的学习效果，而一线教师还可以根据学生的不同能力水平为其提供更适宜的教学。

数学核心能力研究是一个不断发展的过程，我国数学课程标准已从强调三大数学能力发展到重视对"数学思考"和"问题解决"能力的培养，研究者对数学能力的研究也逐渐从关注传统三大数学能力逐渐转向分析多种数学核心能力。与此同时，国外的数学能力研究已将研究视角转向关注数学核心能力，并向能力界定具体化、研究维度多样化发展。当然，无论数学能力研究如何发展，只有将理论研究成果落到实处并促进课堂教学，才能使研究的效用最大化并最终实现其价值。众所周知，从理论到实践是一个长远的过程，只有在数学研究人员、教育专家、一线教师的不断努力与相互合作下，才能使理论与实践的结合不断深入，得到改进与完善。

第三节 数学核心能力调查研究综述

我国近两次颁布的义务教育阶段数学课程标准都强调了在学校教育中对学生数学能力的界定与培养。掌握学生全面、真实的数学能力的客观状况和发展水平特点，将为课程改革的深入推进提供重要的数据参考。

要掌握学生数学能力的客观状况及发展水平特点，需进行教育测验。心理与教育测验是用于测量人的心理特质和学业成就的主要方法之一，随着心理与教育研究的日益科学化，心理与教育测验的理论也随之不断发展。目前三种主要的测验理论包括：经典测验理论（Classical Test Theory，CTT）、概化理论（Generalizability Theory，GT）和当代测验理论（Modern Test Theory）——主要以项目反应理论（Item Response Theory，IRT）为架构。其中，概化理论是对经典测验理论的扩展，二者都建立在真分数模式的理论基础上。而项目反应理论无论在理论基础、基本假设、数学模式，还是在信度估计、项目参数上都与经典测验理论有明显的区别。以下主要讨论基于 CTT 与 IRT 的学生数学能力现状调查。

一、基于 CTT 的学生数学能力现状调查

（一）基于 CTT 的学生数学能力现状调查

国内早期研究者受克鲁切茨基关于数学能力研究的影响，多采用传统单因素分析，基于经典测验理论建立常模参照测试（Norm Referenced Test），以检测学生的数学能力状况。经典测验理论也被称为"经典信度理论"或"真分数理论"，因其主要工作是估计测验中实得分数的信度或估计实得分数与真分数之间的关联程度。这一理论由基本假设、信度、效度、标准化等几个基本概念组成。基本假设就是关于真分数与观察分数之间的一种假设，它假定观察分数由真分数和测量所产生的误差所组成。

其中常模测试中的"常模"是指学生群体在该测试中的平均成绩。某个学生成绩的好坏由该生成绩和常模（平均分）比较而定，因此这种考试是相对的。相对测量的最大优点是客观性强，经过近百年的发展，已形成一套完整简便易行的项目（试题）分析

方法与技术,因而适用于竞争性强的选拔性考试,如高考。①

国内研究者②③④基于 CTT 设计测试卷时,常借鉴林崇德提出的"三横五纵"的数学能力结构,即三种基本数学能力(运算能力、逻辑思维能力、空间想象能力),五种数学思维品质(深刻性、灵活性、独创性、批判性、敏捷性)以及数学课程标准,自编、改编或直接使用已有的数学能力水平调查问卷(如表 1.4 所示)。

表 1.4 中小学生数学能力水平调查维度

测试	学段	测 试 能 力
小学生数学能力测验⑤	小学	数学运算能力、逻辑推理能力、空间思维能力、统计推断能力、问题解决能力
初中数学能力测查试卷⑥	初二	识图能力、运算能力、逻辑思维与分析能力和对初二基础知识的掌握
	初三	运算能力、逻辑思维与分析的能力、应用能力和对初三基本知识掌握的情况
中学生数学能力测验⑦	初一至高二	数学运算能力(分为理解掌握、灵活运用、抽象认识三个水平)、空间想象能力(分为对基本几何图形初步想象、平面基本几何图形深入想象、立体基本几何图形深入想象三个水平)、逻辑思维能力(分为形象抽象、形式抽象、辩证抽象三个水平)

虽然已有研究中测试对象从小学生到高中生都有涉及,但更多的研究者只研究了小学生的计算能力、初步数的概念和一些朴素的空间观念,从而描述儿童的数学能力状况及发展的一般规律⑧。

近年来,研究者⑨在开展小学生数学能力状况调查研究时所用的测试卷,改编或

① 佟庆伟.常模参照考试与目标参照考试[J].教育理论与实践,1990(1):28—30.
② 李晓晶,黄桥,贾素娟.喀什地区维吾尔族初三学生数学能力现状的调查研究[J].菏泽学院学报,2012(5):88—91.
③ 欧阳常青,肖全民.桂林市小学三年级学生数学能力的调查报告[J].广西师范大学学报,1999(2):158—161.
④ 卢钰松,陆尚辉.广西宜州市初中生数学能力调查研究[J].河池学院学报,2015(2):112—116.
⑤ 张俊珍.新旧课程对小学生数学能力影响的比较研究[J].教育理论与实践,2008(5):46—48.
⑥ 朱维宗,杨承纶,赵萍,李立新.云南省少数民族初中学生数学能力的跨文化研究报告[J].数学教育学报,2000(2):49—53.
⑦ 孙敦甲.中学生数学能力发展的研究[J].心理发展与教育,1992(4):52—58.
⑧ 朱文芳.数学能力研究的问题与方向[J].数学通报,2000(2):7—9.
⑨ 邓冰,黄列玉,冯承芸,庹安写.贵州省小学生数学基本能力现状研究[J].中国学习卫生,2007(4):333—335.

引用较多的是《中国小学生基本数学能力测试量表》①。研究者与德国海德堡大学合作，通过引进、修订《德国海德堡大学小学生数学基本能力测试量表》，制订面向中国儿童的测试量表《中国小学生基本数学能力测试量表》，并建立城市和农村两套全国常模，用于了解我国小学生数学能力发展水平现状及地区之间的发展差异。该量表包括两个领域，11个分测试（如表1.5）。

表 1.5　中国小学生基本数学能力测评框架

领域	内容	评定
数学运算领域	加法、减法、乘法、除法、填空、大小比较	数学概念、运算速度、计算的准确性
逻辑思维与空间-视觉功能领域	续写数字、目测长度、方块记数、图形记数、数字连接	数学逻辑思维、数字规律识别、空间立体思维、视觉跟踪能力

此外，研究者还调查了不同性别学生数学能力的差异。虽然研究者在检测我国学生数学能力时所用的问卷并不完全相同，但都得到下述相似的结论：

（1）不同地区之间由于经济、文化背景的差异，儿童数学能力发展水平不平衡，经济相对落后地区的儿童数学能力发展水平相对偏低。

（2）学生数学能力的发展具有阶段性。一般地，从初二开始，中学生的数学运算能力、空间想象能力以及逻辑思维能力进入快速发展阶段，但每一方面不同水平能力的快速发展阶段有所不同。

（3）不同性别学生的数学能力发展水平差异显著，总体而言，男生略优于女生，但差异不大，男生的快速发展期来得快、幅度大、结束早，而女生的快速发展期来得慢、幅度较小、结束晚。

（二）基于 CTT 测试存在的不足

经典测验理论是目前测验学界使用最广的理论依据，我国大多数教育测验都基于该理论。虽然它有上述诸多优点，但是该理论也存在先天的缺失。经典测验理论所采用的指标诸如难度、鉴别度、信度等都是样本依赖的指标，同一份试卷很难得到一致的难度、鉴别度或信度。依赖于经典测验理论的测试，用不同学生个体在同一"试卷"中

---

① 李丽.小学生基本数学能力发展水平研究[D].武汉：华中科技大学,2005：52—60.

不同得分的平均数来表示学生的数学整体水平。单次采用该方法不仅在反映学生的真实能力方面有较大局限性,而且也不利于对学生全面整体能力的考察,与近年来国际上基于项目反应理论设计实施关于数学学习能力的研究的发展趋势还有较大的距离。

二、基于 IRT 的学生数学能力现状调查

为克服经典测验理论存在的缺陷,当代测验理论应运而生,它以项目反应理论为架构,能较好地考察学习者的某种心理特质,如能力、兴趣、气质等。IRT 的理论基础是潜在特质理论,其基本思想与心理学中关于潜在特质的一般理论有关。它假设被试对测验的反应受某种心理特质(因其无法直接测量而被称为潜在特质)支配,我们可以对这种特质进行界定。IRT 估计出被试这种特质的分数,并根据分数的高低来预测、解释被试对项目或测验的反应,同时建立各种与数据拟合的模型,确定被试的潜在特质与他们对项目的反应之间的关系[1]。IRT 可用于测试题开发、指导测验编制、组卷、分析题目性质、评价学生能力等各个环节。

国际上现有的一些学生数学学习质量及数学能力评估项目对应用 IRT 进行了有益的尝试。其中,尤以 PISA 和国际教育成就评估协会(The International Association for the Evaluation of Educational Achievement,IEA)开展的国际数学与科学教育成就趋势研究(The Trends in International Mathematics and Science Study,TIMSS)最为著名。这些项目对学生数学能力的测评框架和测量项目经过反复的研究,得到了各参与国较一致的认可。这些项目采用经典测验理论与项目反应理论相结合的方法,从数学的知识内容和学生认知思维发展等多个维度进行设计[2],并采用矩阵抽样设计以保证大规模测试的测试内容。下面结合 PISA 和 TIMSS 以及国内相关研究,分析基于 IRT 的学生数学能力测试。

(一)PISA 和 TIMSS 设计简介

1. PISA 测评框架

PISA 运用当代测验理论测试发达国家或地区义务教育结束阶段的 15 岁学生在

① 李夏妍.经典测验理论和项目反应理论的区别与联系[J].内蒙古民族大学学报,2008(2):75—77.
② 李凌艳,董奇,辛涛.3—6 年级小学生数学能力水平及发展:一个矩阵设计研究的实例[J].教育研究与实验,2008(5):32—37.

阅读、数学、科学领域的发展水平,并通过配套调查问卷评价各参与国家或地区的教育质量,进行国际比较,是国际上颇具影响的国际教育评价项目之一。该项目自2000年始,每隔三年实施一次,评价领域包括数学、阅读和科学素养,每次侧重一个领域,依据评价年命名。2012年实施的PISA(以下简称PISA 2012)主评价领域是数学核心能力(数学素养)。图1.2呈现了相应的分析框架。

PISA在评价学生数学学业成就时,将学生能力水平(proficiency level)区分为多个等级。这样做不仅能反映学生所处的相对位置,并比较各国学生的能力水平分布和竞争力,还能通过描述每一级水平所对应的题目难度和题目要求,以及每一级水平所对应的学生表现特点,做出标准参照的解释,使大众能更好地了解分数所代表的意义。[①]

2. TIMSS测评框架

TIMSS的目的在于,评量各国(地区)中小学生数学与科学领域上学习成就的发展趋势,了解各国(地区)学生数学及科学学习成就与文化背景,研究各国(地区)教育制度的差异等影响因子之间的相关性,并进一步作国际比较分析,帮助各国(地区)提升教育成就。TIMSS测试对象是四年级和八年级的学生。

2011年开展的TIMSS(以下简称TIMSS 2011)数学评价主要围绕两个领域来进行:内容领域(Content Domains),主要评价学生对数学基本概念、基础知识和基本技能的掌握情况,两个年级的具体内容和主题是不同的;认知领域(Cognitive Domains),主要评价学生解决数学问题的思维过程和认知过程,两个年级的评价指标基本相同[②]。如表1.6所示,在内容领域,四年级和八年级评价维度略有不同,表中百分比为各维度所占比例;认知领域分为"了解"(Knowing)、"应用"(Applying)和"推理"(Reasoning)三个维度,这三个维度所占比重因年级而异,其中四年级的比重为40%、40%和20%,八年级的比重为35%、40%和25%。

① 陆璟. PISA能力水平量表的构建及其启示[J]. 教育测量与评价(理论版),2010(9):9—14.
② 曾小平,刘长红,李雪梅,韩龙淑. TIMSS 2011数学评价:"框架""结果"与"启示"[J]. 数学教育学报,2013(6):79—84.

表 1.6　TIMSS 数学测评框架内容领域评价要点

年级	评价领域及其百分比
四年级	数与运算(50%);几何图形与测量(35%);数据展示(15%)
八年级	数与代数(30%);代数(30%);几何(20%);数据与概率(20%)

表 1.7　TIMSS 数学测评框架认知领域评价要点

维度	要　　　点
了解	回忆、识别、计算、提取、测量、分类与排序
应用	选择、表征、建模、执行、解决常规问题
推理	分析、概括、整合、证明、解决非常规问题

TIMSS 2011 根据上述测评框架采用矩阵抽样的方式设计试题,并根据学生测试结果,将国际学生的数学学业成就划分为四个等级,625 分及以上为"优秀";550—625 为"良好";475—550 为"中等";400—475 为"较低"。

表 1.8　评价等级

等级	四年级涵义	八年级涵义
优秀	复杂情境中的理解和推理解释	推理,概括,得出结论,求解方程
良好	应用知识和理解解决问题	在多种相关的复杂情境中应用知识和进行理解
中等	在简单情境中应用知识	在多种情境中应用基础知识
较低	具有一些数学的基础知识	具有整数与小数运算和几何图形的基础知识

3. 测评框架设计

上述两项大型数学学习研究项目根据测评框架设计测试题时,都采用了目前国际上比较通行的矩阵抽样设计(Matrix Sampling)的研究方法。矩阵抽样设计常用于大规模测试,简言之,与传统能力测验的标准化考试中每个学生做同一套题目的方法不同,矩阵抽样设计根据课程所覆盖的所有内容开发一套完整的测试题,然后将这些题目划分成若干套不同内容的数学测查项目,在被试整体中随机分布,在不增加个体测试时间的基础上,获得以学生班级或学校为单位的客观、全面、真实的能力水平数据。已有研究表明,该种方法所获得的以被试某类集体(如学生班级、学校)为单位的测查数据比依据传统经典测验理论方法所获得的数据具有更高的代表性、稳定性和真实性,其集体数据间的可比性也更强,已成为能力测评研究领域的技术发展趋势[①]。

如在 PISA 的设计中,测试题具有各种难度,覆盖不同群体的预期能力范围,测试题分值尽可能在内容、情境和能力群等领域平均分配,被试的应答被定义到不同的精熟度水平之上。

测试按照问题单元组织,在每个单元中围绕某个现实生活中的主题提出一个或多个问题。题型主要有多项选择、复杂多项选择、封闭式构答、短答和开放式构答等。其中多项选择题和复杂多项选择题指让学生从多个选项中选择其中之一作为正确答案;封闭式构答题和短答题要求学生回答的答案须容易判断正误;开放式构答题要求学生回答的答案更具有开放性,得出答案的过程亦对学生有更高层次知识能力要求,不仅要求学生得出答案,且要列出解决问题的步骤或解释答案是如何得出的。

如下例题 1.1,以实际生活的情境为问题的主题,并设置了不同背景的试题。试题重视数学学科各部分内容之间的结合,重视读图、认图、解释图的能力,关注学生的思维过程和数学能力。例如以下案例[②]:

例题 1.1:马克(来自澳大利亚悉尼)和汉斯(来自德国柏林)常以网上聊天的方式进行沟通,他们需要同时登上互联网才能聊天和交流。为了选择一个适合的时间聊天,马克查看了世界各地相应的时间,并找到以下资料:

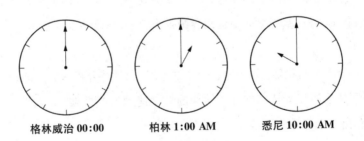

格林威治 00:00　　　　柏林 1:00 AM　　　　悉尼 10:00 AM

① 李凌艳,董奇,辛涛.3—6 年级小学生数学能力水平及发展:一个矩阵设计研究的实例[J].教育研究与实验,2008(5):32—37.
② 綦春霞.PISA 数学素养测评及其特点[J].数学通报,2009(6):40—48.

问题1：在悉尼的下午7点，柏林是什么时间呢？

问题2：马克和汉斯在上学时间和睡眠时间是无法聊天的，他们各自的上学时间是当地9:00AM至4:30PM，睡眠时间是当地11:00PM至7:00AM。那么什么时间才适合他们上网聊天呢？请在下表填写当地时间。

地方	时 间
悉尼	
柏林	

不论是PISA还是TIMSS，其测评框架及测试题设计对我国今后开展中小学生数学核心能力研究具有较大的借鉴价值，由于篇幅所限，在此不再展开对其测评结果的分析。

相比之下，我国使用矩阵抽样设计测试题的技术尝试还较为不足。下文将以国内一项研究为例，进一步阐述如何通过矩阵抽样设计进行数学能力研究中的测试题设计。

（二）国内数学核心能力矩阵抽样设计研究

随着我国基础教育新课改的全面推行，结合学生的具体学习内容对其数学能力进行真实、全面的评估变得十分必要。虽然与国际上的上述研究框架设计、矩阵抽样设计的研究发展趋势相比，我国在这方面的研究还较少，但已有研究者开始尝试使用矩阵抽样设计的方法，基于全面课程内容调查小学中、高段学生的数学能力状况[1]。

1. 测评框架

研究者借鉴国际大型测评项目的基本思路，同时结合我国数学课程目标与内容设置，设计了内容维度与认知维度相结合的数学能力研究框架（如表1.9），各层面内容下又可分出若干具体的子维度。

---

[1] 李凌艳，董奇，辛涛. 3—6年级小学生数学能力水平及发展：一个矩阵设计研究的实例[J]. 教育研究与实验，2008(5)：32—37.

表 1.9　数学能力研究框架

内容维度	(1) 数(整数、小数、百分数、分数)的理解、运算(含精算和估算两方面)和应用
	(2) 有关关系和模式、等式和不等式的理解与运用等基础代数
	(3) 空间与图形
	(4) 统计与数据表征
认知维度	(1) 对数学概念和数学元素特征的初步了解、基本认知和识记(简称"认识")
	(2) 运用并完成基本、简单的数学程序和技能(如计数、计算、画图、测量等)(简称"简单程序")
	(3) 运用并完成较复杂的数学程序和技能(如估算与估量、利用数据信息、比较和分类等)(简称"复杂程序")
	(4) 运用数学知识进行问题分析和问题解决(简称"问题解决")

2. 矩阵抽样设计过程及方法

根据上述测评框架,研究者采用矩阵抽样设计的方法进行测试题设计,具体过程可分为以下三步:

第一步:测评工具框架的确定和测量项目的矩阵分布设计。

(1) 参考数学课程标准与国际测评项目中的测试题,选择并修订测试项目(试题)。

(2) 将修订后的所有测试项目按所属不同层面、维度进行分类标识;再将所有经分类标识后的项目按不同维度随机分配到不同的测试卷中,同时尽量保证每套试卷的项目数相等,且每套试卷包含所有维度的内容,形成 15 套测试卷。

(3) 小规模预测,检验测试项目的区分度和难度,对测试项目进行修订和完善。

第二步:分层随机抽样被试。考虑城乡差异、学校类型及数量,进行分层随机抽样。

第三步:测量项目与被试间的矩阵设计。在每个班级内部依次循环发放 1—15 套试卷。然后进行数据采集、转换与分析。

为检验上述矩阵抽样设计方法的实际效果,研究者需对正式测试的所有项目和分卷进行测量分析,从质和量两个方面进行分析。质的分析包括请两位数学教育专家和三位从事中小学数学教育研究和管理实践的专家对正式的各套分试卷及其所有测试题进行评价。对项目质量的逻辑分析,主要包括所要测量的内容的代表性、项目与所要测量的特质之间的关联性,以及试卷对被试是否适用、是否具有区分性等。在进行量的分析时,主要考察各分测试卷项目的内部一致性、难度及区分度。

最后,研究者从内容维度、认知维度对测试结果进行分析。结果显示,中、高段小学生在各内容层面、认知层面的数学能力都表现出随年级升高而能力增强的趋势。

综上所述,从数学核心能力的研究方法上看,它经历了从活动分析法、因素分析的探索与验证法,到大规模、大尺度的测量分析法的发展变化历程。事实上,无论是经典测验法,还是项目与被试的矩阵抽样设计法,都没有绝对意义上的好与坏、先进与落后,它们都服务于研究内容和研究思路,但是根据不同的研究重点和具体研究内容,需要选用适当的研究方法。

从数学能力研究分析框架来看,若研究者将数学能力视为学习者理解、记忆、运用数学符号和方法、解决数学问题的综合能力,而没有分析其核心能力,则其对今后开展能力培养及研究的指向性相对较浅。因此,构建数学能力研究框架时,在内容维度、认知维度的基础上,增加数学核心能力维度是后续开展数学能力研究时值得完善的地方。

生理成熟与遗传是学生数学能力形成与发展的前提,它们提供了学生发展的可能性,而环境与教育则把这种可能性变成现实性,在学生数学能力的形成与发展过程中发挥了决定作用。其中,教育决定着学生发展的方向、水平、速度、范围,甚至会影响与改造学生智力发展的遗传素质。近两次颁布的义务教育阶段数学课程标准都强调了在学校教育中对学生数学能力的界定与培养,通过数学能力尤其是数学核心能力研究,掌握学生全面、真实的数学能力的客观状况和发展水平特点,能够为课程改革的深入推进提供重要的数据参考。

第二章　数学核心能力框架与内涵

第一节　研究背景

一、我国的现实背景

我国基础教育改革与发展进入了一个新的阶段,实现教育公平、提高教育质量、促进教育内涵发展成为当前的重要任务。教育部强调,各级教育行政部门要逐步建立规范化、科学化、制度化的义务教育教学质量监测评估体系和教学指导体系;积极探索以学业水平测试和学生综合素质等为主要指标的综合评价体系,科学评价中小学教育质量。[①] 2007 年教育部基础教育质量监测中心成立,对基础教育阶段学生的学习质量和身心健康状况以及影响学生发展的相关因素进行全面、系统、深入的监测;承担起基础教育质量监测标准拟定、监测工具研究开发、全国范围教育质量监测实施等职责。这意味着我国全面启动对教育质量的测评与监控。

(一) 各地区学业质量评价

建立健全教育质量保障体系的重要途径之一,便是研制具有国际视野、符合我国实际的学业质量标准。[②] 全国各省市也在积极探索并落实以综合素养评价为驱动的教育质量监控,如上海开展了学业质量绿色指标综合评价改革,从注重学科知识成绩

---

① 中华人民共和国教育部. 教育部关于进一步推进义务教育均衡发展的若干意见[EB/OL]. (2015 - 09 - 20). http://www.moe.gov.cn/srcsite/A06/s3321/200505/t20050525_81809.html.
② 杨向东. 基础教育学业质量标准的研制[J]. 全球教育展望,2012(5):32—41.

到关注学生全面发展。① 上海的学业质量绿色指标主要包括学生学业水平、学习动力、学业负担、师生关系、教师教学方式、校长课程领导力、学生社会经济背景对学业成绩的影响、学生品德行为、身心健康和跨年度进步等十大方面。北京市教委进行了"北京市义务教育教学质量监控与评价项目",联合国儿童基金会对我国义务教育阶段学生数学学习状况也进行了全面的调查和分析。原中央教育科学研究所课题组研制了适合国情的六年级学生语文、数学、科学、品德与社会四个学科学业成就评价的指标体系和测评工具,通过对六年级学生学业成就的调查分析,为学科教学和学生学习提供反馈,促进教学改进和学生学习的提高。② 研究者也以学业质量和学生综合素养评价为研究重点,以国际比较研究的视野开发适合国情的各学科学生学业成就测评框架和工具。有些研究还吸收了认知目标分类理论、教育测量与评价理论的最新成果,梳理评价维度、整体设计测评框架等。③

(二) 各地区数学学业成就的评价

在学业评价研究中,关于数学学业成就评价的研究尤为突出,研究者以素质教育为目标、以国家数学课程标准为依据,编制数学学业成就评价测试题并开展测试调查。有的研究围绕"数学内容"和"数学认知能力"两个基本维度,评测学生数学课程标准"三维目标"的达成程度。在研究中,为保证数学学业成就评价测试题编制的科学性和有效性,须遵循一定的程序:教材比较分析—评价标准建立—命题双向细目表制订—试题编制—抽样实验等。④ 也有研究者对我国三个地区的八年级学生数学学业水平现状及其影响因素展开研究,发现这些地区的八年级学生具有较高的达标率;学生在"运用"能力维度的达标程度低于"了解、理解和掌握"等维度;研究也发现,教学方法、知识表征、学习评价、关注学生以及学习习惯都会对学生的学业成就产生影响。⑤

---

① 徐淀芳.学业质量绿色指标实践研究[J].教育发展研究,2012(15—16):1—6.

② 中央教育科学研究所中小学生学业成就调查研究课题组.我国小学六年级学生学业成就调查报告[J].教育研究,2011(1):27—38.

③ 张雨强,崔允漷.义务教育阶段学科科学学业成就评价框架的初步开发[J].华东师范大学学报(教育科学版),2010(9):38—48.

④ 沈南山,杨豫晖,宋乃庆.数学学业成就评价测查试题编制研究[J].教育研究,2009(9):57—63.

⑤ 綦春霞,张新颜,王瑞霖.八年级学生数学学业水平的现状及其影响因素研究[J].教育学报,2015(4):87—92.

总之，近年来从中央到地方，再到研究层面，都对教育质量、学业质量给予特别的重视。这与国际上关注基础教育改革与质量保障的趋势也吻合。

二、国际比较的背景

纵观国际实践经验，学科能力模型的构建成为学业质量标准研制的核心。

（一）国际性项目

自1995年开始每四年举行一次的TIMSS，主要评测四年级及八年级学生在数学与科学方面的学业水平及影响其成绩的不同因素。该项目是迄今为止影响面最广、受关注程度最高的数学教育评价项目，对很多国家及地区的教育产生过重要影响[①]。

以2007年实施的TIMSS数学测评（以下简称TIMSS 2007）为例，其测评框架主要由两大维度组成：数学内容（content）和认知能力（cognitive）。在数学内容方面，四年级的评价领域包括数（number）、几何图形与测量（geometric shapes and measures）及数据呈现（data display），而八年级则包括数（number）、代数（algebra）、几何（geometry）及数据与概率（data and chance）。其中每一项内容都包含若干主题，而很多参与国又将各个主题进一步细化，列出一系列目标。在认知能力方面，两个年级都分了解（knowing）、应用（applying）和推理（reasoning）三个层次。其中"理解"包括学生需要知道的事实（facts）、过程（procedures）和概念（concepts），涉及记忆、识别、计算、检索、测量、分类和排序等表现行为；"应用"关注学生应用所学知识和概念解决或回答问题的能力，涉及选择、表征、建模、执行、常规问题解决等表现行为；"推理"指从常规问题的解决迁移到不熟悉的情境、复杂的背景和多步骤问题的解决，涉及分析、归纳、综合/整合、论证、解决非常规问题等表现行为。[②]

自2000年起开始每三年举行一次的PISA，主要测评15岁学生在阅读、数学与科学方面的素养水平，每次以一种素养为测评重点并兼顾其他两门学科。2003年至今的测评重点评价数学方面的素养。

---

① 赖小琴. 国际学生评价TIMSS和PISA的比较与反思[J]. 广西教育学院学报，2008（2）：59—62.

② Mullis, I. V. S., Martin, M. O., Ruddock, G. J., O'Sullivan, C. Y., Arora, A., & Erberber, E.. TIMSS 2007 assessment frameworks [R]. Chestnut Hill, MA: TIMSS & PIRLS International Study Center, Boston College, 2005.

PISA 主要通过多项选择、复杂多项选择、封闭式构答、短答和开放式构答等题型评价学生的数学素养,此外 PISA 测试采用单元式题目串的设计形式,即基于同一情境材料提出若干问题,通过一系列逐步复杂的问题使答题者进入情境或问题中,通常前几个问题多以多项选择或封闭式构答题为主,而其后的问题多以开放式构答题为主。

(二)各国研究项目

除了上述两大跨国跨地区的大型国际评价项目,世界上不少国家也都有各自的一套相对成熟的数学能力测评体系,比较著名的有美国的国家教育进展评估(National Assessment of Educational Progress,NAEP;它是美国国内唯一连续、长期的中小学生学业成绩测量体系;针对 4、8、12 年级学生,阅读和数学为必测学科),英国的国家课程测验(National Curriculum Assessment,NCA;它针对 2、6、9 年级学生,英语和数学为必测学科)和中等教育普通证书考试(General Certificate of Secondary Education,GCSE;它针对完成义务教育的 16 岁学生,数学为 9 门考试科目之一),澳大利亚的教育进展评价(National Assessment Program,NAP;它测评中小学 3、5、7、9 年级学生的各学科情况)德国则从促进教学发展的角度,由 2004 年专门成立的国家教育质量发展研究所(Institut zur Qualitaetsentwicklung im Bildungswesen,IQB)全权负责,根据国家数学教育标准中提出的能力模型①开发系列测试题库,并对全联邦小学三年级和初中八年级学生进行测试,统计分析学生数学能力的具体表现,把握国家数学教育标准的达成度;同时也向教师开放测试题库并提供测试结果,帮助教师学会诊断学生数学能力水平,为教师从教学实践专业角度完善课堂教学提供参照②。

第二节 研究的理论视角

数学核心能力研究不仅成为世界各国数学教育改革的核心,也成为当今国际数学教育研究的重要话题。尼斯认为,掌握数学就意味着拥有数学能力,使得能在不同的

---

① 徐斌艳. 关于德国数学教育标准中的数学能力模型[J]. 课程·教材·教法,2007(9):84—87.
② Granzer, D., Koeller, D., et al. *Bildungsstandards Deutsch und Mathematik-Leistungsmessung in der Grundschule* [M]. Weinheim und Basel:Beltz Verlag, 2009.

数学情景下理解、判断和使用数学。图尔纳(R. Turner)则强调数学核心能力应该是有助于数学知识应用于实践领域的个人能力[①]。

本研究提出的数学核心能力模型旨在为我国学业质量评价提供有意义的、可操作性的参考，因此一方面需要具有国际视野，另一方面要反映我国数学教育的优良传统。国际实践经验告诉我们，数学核心能力模型的构建不仅需要考虑数学学科的本质特征，还要关注社会发展对数学教育的新要求。

一、数学化过程与数学核心能力

数学是研究现实中数量关系和空间形式的科学，尽管完成了的数学呈现的是一种很强的演绎体系，但是苏联著名数学教育家斯托利亚尔(Stolyar)指出："数学在其建立过程中，也像其他在发展过程中的任何人类知识体系一样：我们必须先发现定理然后才能去证明它，我们应当先猜测到证明的思路然后才能作出这个证明。因此如果我们想在数学教学中在某种程度上反映出数学的创造过程，就必须不仅教学生'证明'，而且教学生'猜测'。"[②]荷兰数学家和数学教育家弗赖登塔尔(Freudenthal)对数学教育也有独到而深刻的观点。在他看来，数学的根源是常识，人们通过自己的实践，把这些常识通过反思组织起来，不断地进行横向或纵向的系统化。因此，他认为数学学习主要是进行"再创造"或"数学化"的活动，这个"化"的过程必须是由学习者自己主动去完成的，而不是任何外界所强加的。"在数学教育中应当特别注意这个数学化的过程，培养学生一种自己获取数学的态度，构建自己的数学，数学化一个十分重要的方面就是反思自己的活动。"[③]我国学者曹才翰认为，数学能力应该是顺利完成数学活动所具备的，而且直接影响其活动效率的一种个性心理特征，是在数学活动中形成和发展起来，并在这类活动中表现出来的比较稳定的心理特征[④]。显然，数学核心能力应该是在数学活动中通过对数学知识的亲自探索和创造而发展起来的。换句话说，数学教学应该是数学活动的教学，让学生在获得严格数学意义上的数学基础知识、基本技能和数学

① 喻平. 数学教学心理学[M]. 北京：北京师范大学出版社，2010.1：316—318.

② ［苏联］A. A. 斯托利亚尔. 数学教育学[M]. 丁尔陞，等，译. 北京：人民教育出版社，1984.

③ 喻平. 数学教学心理学[M]. 北京：北京师范大学出版社，2010.1：316—318.

④ 曹才翰. 中学数学教学概论[M]. 北京：北京师范大学出版社，1990.

思想方法的同时,积累丰富的探索、发明、创造、交流等数学活动经验。这些也是我国最新颁布的《义务教育数学课程标准》中所倡导的。因此,数学核心能力与数学活动本质有着密切联系,我们的研究视角将聚焦在数学活动本质上,当然也要考虑现代社会发展对于数学活动的要求。

二、数学活动本质与数学核心能力

已有研究表明,数学活动基本上分为三个阶段:对经验材料的数学组织;对数学材料的逻辑组织;对数学理论的应用①。这三个阶段也反映了数学学科的形成和发展途径。从教育角度看,在作为数学活动的数学教学中,教给学生的不是死记现成的材料,而是让学生自己独立地发现科学上已经发现的东西,同时学会逻辑地去组织通过经验而得到的数学材料,最后在各种具体问题上应用数学理论知识。

(一)数学地组织经验材料

在数学教学中,学生会碰到大量的经验性材料,包括来自日常生活经验的各种情境或问题;来自其他学科领域(如物理、化学、生物、地理等)的各种对象和关系;或者是为了教学而特别准备的对象(教材、教具等),或者是需要进一步一般化和抽象化的数学材料(数学对象)。在这一阶段,学生需要借助观察、试验、归纳、类比、概括等手段,处理加工这些经验性材料,寻找易于从数学角度理解的事实依据或信息。例如,面对数学材料"三角形内角和是180度",可以让学生用量角器量或者裁剪等观察和试验的方法,认识这个数学材料,虽然这些方法还不是证明,但为寻找证明方法积累了经验。在数学活动中,可以选择学生熟悉的日常经验进行讨论,例如在宽阔的校园里,从教室到食堂有多条线路,我们选择哪条线路,为什么这样选择,可以让学生从数学角度加以交流讨论。在这一数学活动阶段学习数学,有助于学生形成或发展从数学角度提出问题、数学交流、数学表征与变换、数学建模等核心能力。

(二)逻辑地组织数学材料

当学生经历从数学角度组织或积累经验材料后,还需要抽象出原始概念和公理体系,并在这些概念和体系的基础上演绎地建立理论。理论的演绎结构是数学概念体系

---

① [苏联]A. A. 斯托利亚尔. 数学教育学[M]. 丁尔陞,等,译. 北京:人民教育出版社,1984.

的一个重要特点,在教学过程中能够而且应当建立有助于向学生揭示这个特点的教学情境。例如,正方形是含有直角的菱形;菱形是含有相等邻边的平行四边形;平行四边形是对边两两平行的四边形;四边形是含有四条边的多边形;多边形是封闭折线所围成的图形;图形是点的集合。这样从一个概念引导到另一个概念,最后引导到用来作为原始概念的"集合"和"点"这两个概念。逻辑组织还包括用演绎法来"证明"由归纳而形成的、以假设的形式叙述出来的命题。在这一数学活动阶段,还应该重视数学活动中的归纳法的作用和一般的似真推理的作用,包括寻求证明什么、从何证明、怎么证明等。通过这样的数学教学过程,可以培养学生数学地解决问题、数学交流、数学表征与变换、数学推理与论证等核心能力。

(三) 数学理论的应用

无论现代数学有多么抽象,它的根仍然深深地扎在实践之中,从过去的土地测量和商业贸易,到现代的物理学、生物学、经济学等。当科学、技术或实践活动,甚至历史的某个领域中产生问题时,数学方法往往有助于这些问题的解决。而要解决这些非数学领域的问题,首先必须把它翻译成数学语言。经过这样的翻译,问题就转化为数学问题,然后就能在严格的数学世界中解决抽象出的数学问题。这一活动阶段强调学生通过积极的思维活动由具体内容中抽象出数学问题。而观察问题并由问题的具体内容抽象出它的数学方面,这样的能力是通过长期练习培养并巩固起来的。这一阶段重在培养学生学会把具体情况数学化,有助于培养学生数学地解决问题、数学交流、数学推理与论证、数学建模等核心能力。

基于上述分析,数学活动与若干数学核心能力密切相关,它们包括从数学角度提出问题、数学表征与变换、数学推理与论证、数学地解决问题、数学交流、数学建模等,因此这类数学教学,将有助于学生形成和发展这六大核心能力。图 2.1 反映了这三个数学活动阶段与数学核心能力的关系。①

第三节 数学核心能力内涵

数学活动的本质决定着学生数学核心能力的构成,在作为数学活动的数学教学

① 徐斌艳. 数学学科核心能力研究[J]. 全球教育展望,2013(6):67—74.

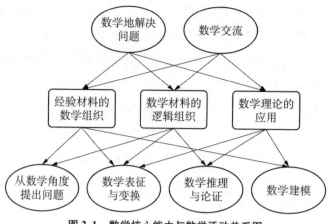

图 2.1 数学核心能力与数学活动关系图

中,学生将形成并发展这些能力。下面详细分析这些能力的内涵。

一、从数学角度提出问题

研究者从不同视角探讨从数学角度提出问题(以下简称"数学问题提出")能力的内涵,并提出各自的认识或界定。如西尔弗(E. A. Silver)从两个层面来定义问题提出:(1)分析、探究一个给定的情境,产生一个新的数学问题;(2)在问题解决的过程中对问题进行阐述(formulation)和再阐述(reformulation),从而形成一个数学问题①。而且,问题提出可以发生在问题解决前、问题解决时或者问题解决后。我国台湾学者梁淑坤则将数学问题提出定义为:用自己的看法想出一个数学问题。在问题提出的过程中,问题提出者会用自己的数学知识和生活经验把情境、人物、事件、数字、图形等建立关系并组织起来,提出一个数学问题②。基于上述分析,本书将数学问题提出能力界定为:基于某情境或问题会产生自己新的数学问题,或者在问题解决过程中或解决后产生新的子问题,并用数学语言表述出这些生成的、创造的、独立的新数学问题。

---

① Silver, E. A.. On mathematical problem posing [J]. *For the Learning of Mathematics*, 1994(14): 19 - 28.

② Leung, S. S.. Mathematical problem posing: The influence of task formats, mathematics knowledge, and creative thinking [C].// I. Hirabayashi, N. Nohda, K. Shigematsu, & F. Lin (Eds.), *Proceedings of the 17th International conference of the International Group for the Psychology of Mathematics Education*. Tsukuba, Ibariki: University of Tsukuba, 1993: 33 - 40.

二、数学地解决问题

对于数学活动过程中重要的能力——数学地解决问题(以下简称"数学问题解决")的能力,目前没有统一的界定。例如,美国 NCTM 在 2000 年颁布的《美国学校数学教育的原则和标准》中将数学问题解决描述为:通过解决问题掌握新的数学知识;解决在数学及其他情境中出现的问题;采用各种恰当的策略解决问题;能检验和反思数学问题解决的过程[①]。德国在 2003 年颁布的数学课程标准中将数学地解决问题界定为:拥有适当的数学策略去发现解决问题的思路或方法并加以反思[②]。我国数学教育一直非常重视数学地解决问题的能力,2012 年颁布的《义务教育数学课程标准(2011 年版)》[③]对其做了较为详细的说明,强调通过数学课程学习初中学生应获得数学问题解决能力。通过文本分析,本书将数学问题解决界定为:采用各种恰当的数学知识、方法与策略,解决在数学或其他情境中出现的问题,并能检验与反思数学问题解决的过程。

三、数学推理与论证

推理是数学的基本思维方式,也是人们学习和生活中经常使用的思维方式。数学推理则是指人们在数学观念系统的作用下,基于若干数学条件,结合一定的数学知识、方法,对数学对象形成某种判断的思维操作过程。作为一类推理,它有其自身的特点:首先,数学推理的对象既不是生活中的常识,也不是社会现象,而是表示数量关系和空间形式的数学符号;其次,在某一个思考过程中,数学推理相较一般推理更加环环相扣、连贯进行;第三,推理的依据主要来自问题所在的数学系统。数学高度的抽象性和逻辑的严谨性使得数学推理相对具有一定的难度。

论证离不开推理。在论证过程中,之所以能够根据已知判断的真确认另一判断的真或假,正是因为在已知判断和需要论证其真或假的判断之间建立了必然的逻辑联系,而后者是通过推理形式从前者推导出来的,所以说论证过程必须应用一个或一系列的推理,是推理形式的运用,而推理是论证的工具。基于上述分析,数学推理与论证

① 全美数学教师理事会. 美国学校数学教育的原则和标准[M]. 北京:人民教育出版社,2004:50—68.
② 徐斌艳. 关于德国数学教育标准中的数学能力模型[J]. 课程·教材·教法,2007(9):84—87.
③ 中华人民共和国教育部. 义务教育数学课程标准(2011 年版)[M]. 北京:北京师范大学出版社,2012.

能力的具体内涵为：通过对数学对象(数学概念、关系、性质、规则、命题等)进行逻辑性思考(观察、实验、归纳、类比、演绎),从而作出推论;再进一步寻求证据、给出证明或举出反例,说明所给出推论的合理性的综合能力。

四、数学表征与变换

上述对研究背景的分析已经表明,数学表征与变换是各国数学教育改革中最受关注的核心能力之一。从相关研究上看,数学表征是指用某种形式表达数学概念或关系的过程。数学表征有助于学生理解概念、关系或关联以及解决问题过程所使用的数学知识①。学习者若要理解某个数学问题,就必须在这个数学问题与一个更易理解的数学问题之间建立一个映射,而表征就是这个映射过程。对照已有的研究成果,我们将数学表征能力界定为:用某种形式,例如书面符号、图形(表)、情境、操作性模型、文字(包括口头文字)等,表达要学习或处理的数学概念或关系,以便最终解决问题。

数学变换是指在数学问题解决过程中,保持数学问题的某些性质不变而改变信息形态,将要解决的问题进行数学转化,使之由繁到简,由未知到已知,由陌生到熟悉。因此,数学变换能力是指为了使得问题能够简化或成功解决,会使用改变信息形态的某种数学转化策略。

五、数学交流

重视数学交流能力的培养是现代社会发展对数学教育的要求。目前世界许多国家在其数学课程标准中都明确提出了培养学生数学交流能力的要求。如英国国家课程在"关键概念"板块中指出"有效的数学交流能力"是三大能力之一,要求学生能理解和解释以多种形式呈现的数学,并以最合适的方式有信心地交流数学②。PISA 也将数学交流能力作为数学能力评估框架中的一种,且将其描述为"伴随交流过程的数学

---

① Cai,Jinfa,Frank,K.,& Lester,Jr. Solution representations and pedagogical representations in Chinese and U. S. classrooms [J]. *Journal of Mathematical Behavior*,2005(24):221 - 237.

② Department for Education,UK. Mathematics programme of study for key stage 3 and attainment targets. [EB/OL]. [2016 - 03 - 01]. http://www. qca. org. uk/curriculum.

读写能力"①。我国2011版《义务教育数学课程标准》也明确要求学生能与他人交流各自解决问题的算法和过程,并能表达自己的想法等②。不仅各国数学课程标准等文本对数学交流能力作出说明,亦有丰硕的研究成果为我们认识数学交流能力提供参考。本书将数学交流能力界定为:能不同程度地以阅读、倾听等方式识别、理解、领会数学思想和数学事实;能以写作、讲解等方式解释自己的问题解决方法、过程和结果;并能针对他人的数学思想和数学事实作出分析和评价。

六、数学建模

数学建模经常与数学应用归在一起,但两者着重点不同,建模着重建立真实世界与数学世界之间可逆的联系,关注抽象出数学问题与解决现实问题的过程。数学建模不是线性过程,需要不断地从数学世界返回真实世界中检验结果、完善模型。研究者布鲁姆(W. Blum)提出数学建模是一个非线性的循环过程,它由七个步骤组成③:(1)理解现实问题情境;(2)简化或结构化现实情境,形成现实模型;(3)将被结构化的现实模型翻译为数学问题,形成数学模型;(4)用数学方法解决所提出的数学问题,获得数学解答;(5)根据具体的现实情境解读并检验数学解答,获得现实结果;(6)检验现实结果的有效性;(7)反馈给现实情境。因此,数学建模能力表现为:面对某个综合性情境,能够理解并建构现实情境模型,会将该模型翻译为数学问题,建立数学模型,然后会用数学方法解决所提数学问题,再根据具体的情境解读与检验数学解答,并验证模型的合理性。

综合以上分析,我们获得由六大数学核心能力内涵,现汇总于表2.1中。

表2.1 数学核心能力内涵

核心能力	核心能力内涵
数学问题提出	基于某情境或问题会产生自己新的数学问题,或者在问题解决过程中或解决后产生新的子问题,并用数学语言表述出这些生成的、创造的、独立的新数学问题

① OECD. PISA 2012 Mathematics Framework [EB/OL]. [2016 - 03 - 01]. http://www. oecd. org/dataoecd/8/38/46961598. pdf.

② 中华人民共和国教育部. 义务教育数学课程标准(2011年版)[M]. 北京: 北京师范大学出版社,2012.

③ Blum, W. , et al. (Eds.). *Modelling and application in mathematics education*: *The 14th ICMI study* [M]. Berlin/Heidelberg: Springer, 2007.

核心能力	核心能力内涵
数学问题解决	采用各种恰当的数学知识、方法与策略,解决在数学或其他情境中出现的问题,并能检验与反思数学问题解决的过程
数学推理与论证	通过对数学对象(数学概念、关系、性质、规则、命题等)进行逻辑性思考(观察、实验、归纳、类比、演绎),从而作出推论;再进一步寻求证据、给出证明或举出反例,说明所给出推论的合理性的综合能力
数学表征与变换	用某种形式,例如书面符号、图形(表)、情境、操作性模型、文字(包括口头文字)等,表达要学习或处理的数学概念或关系,以便最终解决问题;为了使得问题能够简化或成功解决,会使用改变信息形态的某种数学转化策略的能力
数学交流	能不同程度地以阅读、倾听等方式识别、理解、领会数学思想和数学事实;能以写作、讲解等方式解释自己的问题解决方法、过程和结果;并能针对他人的数学思想和数学事实作出分析和评价
数学建模	面对某个综合性情境,能够理解并建构现实情境模型,会将该模型翻译为数学问题,建立数学模型,然后会用数学方法解决所提数学问题,再根据具体的情境解读与检验数学解答,并验证模型的合理性

第四节　数学核心能力评价模型

一、数学核心能力水平分层

本书拟构建的数学核心能力模型将为我国实践学业质量测评提供一种理论框架。为使数学核心能力模型具有实践指导意义,我们依据国际经验与我国实际情况,梳理数学学科有代表性的内容,并结合这些内容,将六大数学核心能力细化为可观察的学生的行为表现。另外,由于学生认知水平的差异,在处理数学内容时,他们会有不同的数学核心能力的行为表现,这些行为表现的差异能反映学生能力水平的差异。我们试图对能力进行分层研究,通过参考一系列国际性评价项目对能力分层或能力认知水平的划分,从三个水平上划分数学核心能力,包括记忆与再现,联系与变式,反思与拓展。

水平一:记忆与再现。指能记住数学基本概念、定理以及方法,同时会模仿性地应用这些内容。

水平二:联系与变式。指会综合利用所获得的认识、技能与技巧加工处理熟知的内容,同时会连结其他相关知识。

水平三：反思与拓展。指善于加工处理复杂内容，获得解决方案，同时会论证、推理、解释或者评价解决方案。

针对不同的数学内容领域，数学核心能力分别在三个水平上有具体的表现，因此我们的数学核心能力评价模型包含了数学内容、能力成分、能力水平三个维度，如图2.2所示。[①]

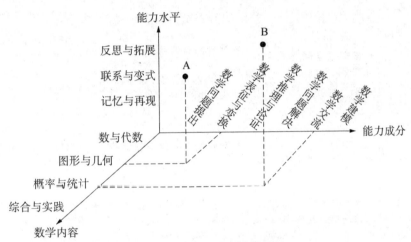

图 2.2　数学核心能力评价模型

注：例如，A代表在图形与几何领域数学表征与变换能力的联系与变式水平；B代表在概率与统计领域数学交流能力的反思与拓展水平。

二、不同水平上核心能力的行为表现

对照国际比较的成果，结合我国人才培养目标和我国数学教育特点，我们提出上述义务教育阶段数学核心能力的内涵与水平分层。为研究开发测评学生数学核心能力的具体测试任务以及测试分析工具，需要描述出不同水平上数学核心能力的行为表现。在此，我们主要思考如下问题：我国义务教育阶段数学课程标准中的数学内容领域分别提出了哪些数学核心概念？与相关国家的数学核心概念的研究成果有何异同？基于不同数学内容领域内核心概念的各个数学能力是如何表现的？针对不同的能力

① 徐斌艳，朱雁，鲍建生，等. 我国八年级学生数学学科核心能力水平调查与分析[J]. 全球教育展望，2015，44(11)：57—67.

水平编制出可操作的行为指标(见表2.2)。

表 2.2 数学核心能力在不同水平上的行为表现

能力	水平分层		
	水平一：记忆与再现	水平二：联系与变式	水平三：反思与拓展
数学问题提出(P)	• 能识别出所给数学问题的结构 • 能模仿或改造一个给定的题目,提出相似的数学问题 • 根据数学问题缺少的要素,进行适当补充,使之成为完整的数学问题	• 能在真实的情境或任务背景之下,发现或提出(完成任务所需的)较主要的数学问题 • 结合自己的数学知识和经验,能进行信息的拓展或筛选,建立数学的联系,提出不同的数学问题	• 能对自己提出的各种数学问题进行分类,解释分类的依据和过程 • 对同伴提出的数学问题进行评价 • 提出更为复杂的拓展性数学问题
数学问题解决(S)	• 面对较简单的问题情境能识别并选择熟悉的数学信息,依据所学的数学方法和策略,解决简单的数学问题 • 能表达简单的数学问题解决过程	• 能联系不同数学领域的知识和表达形式(如图表、文字、符号等) • 能简要有逻辑地表述思考过程、解决方法以及结果 • 能在判断的基础上解释自己的数学结果对于情境的意义	• 会综合运用数学知识、方法与策略解决复杂数学问题,并对数学模型、模型结果与现实的一致性进行解释 • 反思自己的解题结果和策略 • 会比较、评价并纠正他人的理解 • 能根据具体情况选择最佳的解决策略
数学推理与论证(R)	• 能够获得一些合理的猜测 • 能够表述获得猜想的推理过程 • 能够在简单情境下论证命题的正确性 • 会采用较为规范的符号语言进行表达	• 能在较复杂的问题情境下联系相关知识获得较高层次的猜想 • 能清晰地表述思考过程 • 能够联系他人的推理与已有经验对较复杂命题进行论证,过程简洁完整	• 能够获得更多猜想,对结论进行反思和检验,进而将数学对象系统化 • 说理充分,富有逻辑 • 能够拓展思路,根据具体问题情境选择恰当的推理论证方法进行严格论证 • 表述清晰严谨
数学表征与变换(E)	• 能够在标准化的情境下直接处理较为熟悉的表征并加以利用,如将熟悉的文字表达转化为符号、图形或图表等	• 在较为熟悉的情境中,能够清楚地解释和转换两个以上不同的表征形式 • 针对问题情境设计出某种表征形式	• 能够理解和应用非标准形式的表征 • 能够在较为复杂的问题情境中,为问题的关键步骤设计出特定的表征 • 能够比较并权衡不同的表征形式

能力	水平分层		
	水平一：记忆与再现	水平二：联系与变式	水平三：反思与拓展
数学交流（C）	• 能表达简单的数学事实 • 从简短的数学类文本中识别并选择信息	• 从数学类文本中识别和选择信息，并领会其意义 • 能把他人的数学思想由一种载体转换成另一种载体 • 能简要逻辑地表达思考过程、解决方法以及结果； • 能在判断的基础上解释他人对数学类文本的说明（正确的或错误的）	• 领会复杂数学类文本的意义，比较、判断他人的数学思想 • 设计能完整呈现某个复杂的解决与论证过程的方案 • 能灵活转换数学思想的载体，并能根据具体情况选择最优的表达载体 • 表达对学习过程的检查和反思
数学建模（M）	• 能够在简单并熟悉的情境下，识别出标准模型，直接将现实情境翻译为数学模型，并尝试解决数学问题，但没有检验模型的合理性	• 能在情境较为熟悉、但较为复杂的非常规问题情境中，与熟悉的模型进行对照，提出相应的现实模型，进而转译数学模型，并尝试解决数学问题，也尝试检验模型的合理性，但过程不是十分完整	• 能在复杂且较为陌生情境中，识别合理的现实模型，进而创建数学模型，加以解决该数学问题，尝试进行检验、评价模型。但过程不是十分完整

第三章　数学问题提出能力

第一节　研究背景

　　问题是数学的"心脏"。著名数学教育家波利亚(G. Polya)在《数学的发现》一书中曾这样给出"数学问题"的定义:"问题就是意味着要去寻找适当的行动,以达到可见而不立即可及的目标。"[①]科学始于问题,数学作为一门研究纯粹量的形式关系(或称为模式关系)的科学,同样具有这种特点。数学问题的产生、解决与数学学科的发展存在着紧密的依赖关系,在产生一个数学问题后往往就是探索如何解决这个问题,在解决了一个旧的问题后又会产生新的数学问题……就数学发展的纯粹模式而言,它遵循这样一个无限循环的往复运动。按美国数学哲学家基切尔的观点,问题的提出与问题的解决都是数学发展的基本模式。也有科学家认为提出一个问题有时候甚至更有意义。早在 20 世纪 30 年代,著名物理学家爱因斯坦(A. Einstein)在《物理学的进化》中指出:"提出一个问题往往比解决一个问题更重要,因为解决一个问题也许只是一个数学上或实验上的技巧问题。而提出新的问题、新的可能性,从新的角度看旧问题,却需要创造性的想象力,而且标志着科学的真正进步。"[②]当人们对产生或提出的数学问题争论异常激烈之时,往往也是数学学科发生重大变革或发展之际,而数学学科的变革

---

① [美]乔治·波利亚. 数学的发现——对解题的理解、研究和讲授[M]. 刘景麟,曹之江,邹清莲,译. 北京:科学出版社,1982:164.

② [德]爱因斯坦,等. 物理学的进化[M]. 周肇威,译. 湖南:湖南教育出版社,2007:66.

与发展又会带来更多更有价值的数学问题。因此,发现或提出数学问题对于数学学科的发展至关重要,也对数学创造性思维的激发有着重要的价值和意义。

一、问题提出理论研究的需要

数学问题的提出是推动数学学科发展与体现数学思维本质的核心数学活动之一。在数学学习中,发现和提出数学问题能够有效地激发学生的数学创造性思维,进行数学问题的积极探究,这是学生数学经验和能力的重要组成部分。"问题提出"一词在近年来的国际数学教育改革中被多次提及和强调。问题提出已成为独特的、包含自身教育意义和价值的数学活动。如 NCTM 在《美国学校数学教育的原则与标准》中指出,教师应该经常让学生根据不同的情境来提出问题,包括数学内外的问题;应该让教师通过问题提出发展并挑战学生的思维。[①] 一些非常杰出的数学家和数学教育家如弗赖登塔尔(Freudenthal)、波利亚等也都将数学问题提出视为学生在课堂和数学活动经历的重要组成部分。

尽管数学问题的提出对个人数学素养和创造性思维的提升乃至数学学科的发展有着非常重要的意义和价值,但在数学教育领域里,问题解决的研究较早受到普遍重视和关注,迄今已有相对成熟的理论体系,而问题提出的研究也是近三十年来才开始受到国内外学者的关注。但是,纵观近三十年来的研究脉络,问题提出的相关研究与问题解决的研究在数量、范围和深度上有着明显的差距。古巴学者拉米雷斯(C. Ramirez)[②]利用 MATH - DI 数据库对数学教育领域中关于问题提出和问题解决的研究成果进行分析后发现,问题提出在许多重要方面,如问题提出的认知过程,问题提出能力的评估等方面的研究还处于探索性的阶段。研究的许多结论和理论模型还不成熟,尚未展开深入的研究,未形成系统性理论体系。理论研究的成果需要进一步地充实,理论体系需要建立和完善。

---

① 全美数学教师理事会.美国学校数学教育的原则和标准[M].蔡金法,等,译.北京:人民教育出版社,2004.

② Ramírez, M. C.. A mathematical problem-formulating strategy [M]. *International Journal for Mathematics Teaching*, 2006:79-90.

二、课程与教学的实践需要

我国传统的数学教育偏重于培养分析和解决问题的能力,我们的学生善于准确高效地解决教师或教材呈现的数学问题,但是往往无法自己发现或提出数学问题,善于"学答"而不善于"学问"。由于数学教学中长期忽视对学生发现和提出问题能力的培养,很大程度上致使我国学生的数学批判性和创新性等思维能力普遍较为薄弱。

面对这一现状,2012年颁布的《义务教育数学课程标准(2011年版)》,明确指出要在分析和解决问题的基础上,进一步强调学生发现和提出数学问题的能力的重要性和要求:"初步学会从数学的角度发现问题和提出问题,综合应用数学知识解决简单的实际问题,增强应用意识,提高实践能力。"[1]可以看出,我国课程标准对学生在问题提出能力方面提出了更高的要求。要求学生不仅能从社会生活中发现与提出问题,并且能综合地运用知识对所提的问题加以解决,将问题提出的能力整合到了整个问题解决中。要从社会生活中发现问题,这就要求学生能够用数学的眼光来看待周围的世界。从能够提出问题到能够对提出的问题进行评价反思,这需要学生具备一定的批判性思考能力,能进行更高层次的思维活动。

国内已有一些研究将问题提出活动融入传统的教学中,进行问题提出教学新模式的尝试与探索。自2000年开始,首先在中国西南地区开展的中国教育学会"十五"规划重点课题"中小学'数学情境与提出问题'教学实验研究",经过五年多的教学实践,探索出了中小学数学"情境—问题"教学模式。[2]这一教学模式以学生提出数学问题的活动作为数学教学的主线和干预措施,对提高中小学生的数学素养和观察、分析、探索、创新能力的培养有良好的效果。这一教学模式也为基础教育的数学课程改革开辟了一个新的视角和路径。

尽管在数学课程标准中已经有了宏观的理念和导向,但在课程内容中尚未有系统的问题提出活动的课程设计,在教学中缺乏可操作和执行的目标内容,缺少系统性的理论来指导问题提出能力的相关课程设计、评价和相应的教学实践,问题提出的理论

① 中华人民共和国教育部. 义务教育数学课程标准(2011年版)[M]. 北京:北京师范大学出版社,2012:9.
② 吕传汉. 中小学数学情境与提出问题教学研究[M]. 贵阳:贵州人民出版社,2006.

研究凸显了其滞后的一面。在我国数学教育领域,问题提出的研究起步相对较晚,而国际上现有的研究成果也尚未形成体系,国内的数学课程改革和教学实践在问题提出方面亟待理论指导。

问题提出理论研究不足,一系列相关问题缺乏深入的探究,亟待构建系统化的研究理论体系,同时,课程标准和课堂教学逐渐对学生问题提出能力的培养给予关注和尝试,无论是理论还是实践层面都对问题提出能力的研究提出了迫切要求和呼唤。学生数学问题提出能力表现水平怎样,如何改革传统的数学课程和教学模式以提高学生的问题提出能力,对这些实际问题的回应显得非常必要。

结合我国八年级学生数学学习的知识能力水平,本章试图构建评价学生在问题提出能力上的不同表现水平的指标和框架,编制问题提出能力的测评工具,对初中学生在数学问题提出能力上的不同表现水平进行预测和分析,对学生在问题提出能力上的不同表现及其差异进行比较与探究,旨在为数学问题提出的相关课程设计和教学实践提供参考。以下是本章主要的研究问题:

1. 如何建立针对初中学生数学问题提出能力的评估框架? 如何在建立的评估框架下开发适合现阶段初中学段的问题提出能力测试题和评价标准?

2. 八年级学生在数学问题提出能力方面的表现如何,有怎样的特点?

3. 学生的数学学业成绩与数学问题提出能力之间是否具有统计上的相关性?

4. 男女学生在数学问题提出能力方面是否有性别上的差异?

第二节　文献综述

20 世纪 80 年代以来,越来越多的研究者开始关注问题提出在数学课程和课堂教学中的重要价值,并尝试着将问题提出活动和传统的数学教学进行整合,进而催生了一系列关于数学问题提出能力及其相关问题的研究成果。本节从七个方面对问题提出的相关研究进行了整理和评述,首先是对问题提出的概念和内涵的讨论,然后是问题提出对数学学习的影响、问题提出的认知过程、问题提出与问题解决的关系、问题提出能力的培养和发展、问题提出能力的评价,最后是对问题提出能力的影响因素及其相关研究的讨论。

一、问题提出的概念

有关问题提出的内涵可以首先从词义上来考究。大量外文文献在较多情况下使用的是"problem posing",另外一些学者,如克伯屈(Kilpatrick)用"problem formulation",狄龙(Dillon)使用"problem finding",而西尔弗则使用"problem generation"、"problem creating"或"problem envisaging"。[①] 从这些动词的选用来看,可以了解到,问题提出包含了一系列诸如问题的提出、发现、编制和创造等较为丰富的活动类型。另外台湾学者在研究问题提出时则用"拟题"或"布题"来表达,与英文中的问题编制和创造在含义上是大体一致的。

从问题提出概念的阐述来看,研究者的观点和视角不尽相同。前期的许多学者从问题解决过程的角度来阐述问题提出的概念,如邓克(Duncker)曾于1945年指出,"问题解决包含成功地对内在问题进行重新的表述构想。"[②]自那时起,问题提出被普遍认为是在解决复杂的问题过程中产生的,对问题的提炼和再表达。如狄龙提出,问题的发现是在寻求问题解决的过程中产生的;玛门纳-当斯(Mamona-Downs)也认为问题提出就是某一结果性的问题伴随其他问题的产生。[③] 数学家波利亚从两个不同的方面解释了问题提出的概念:一个是问题解答的一种方式,另一个是在问题解决之后构想的新问题。[④]

也有许多研究者从独立的数学活动的角度来阐述问题提出的概念。如斯多亚诺娃和埃尔顿(Stoyanova & Ellerton)将问题提出定义为这样的过程:在数学经验的基础上,学生从具体的情境中建构自己的解释并从这些情境中提出有意义的数学

---

① Yuan, X. & Sriraman, B.. An exploratory study of relationships between students' creativity and mathematical problem-posing abilities [C]//B. Sriraman & K. H. Lee (Eds.). *The elements of creativity and giftedness in mathematics. advances in creativity and giftedness* (Vol. 1). Rotterdam/Boston/Taipei: Sense Publishers, 2011: 5 - 28.

② Sliver, E. A., Mamona-Downs, J., Leung, S. S., & Kenney. P. A.. Posing mathematical problems: An exploratory study [J]. *Journal for Research in Mathematics Education*, 1996,27(3): 293 - 309.

③ Stoyanova, E. & Ellerton, N. F.. A framework for research into students' problem posing in school mathematics [C]// P. C. Clarkson (Ed.), *Technology in mathematics education*. Melbourne: Mathematics Education Research Group of Australasia, The University of Melbourne, 1996: 518 - 525.

④ Song, S. H., Yim, J. H., Shin, E. J., & Lee, H. H.. Posing problem with use the "What if not" strategy in NIM game [J]. *PME*, 2007(4): 193 - 200.

问题。① 台湾学者梁淑坤（Leung）也给出了类似的定义："问题提出是用自己的角度思考出一个数学问题。在问题提出的过程中，问题提出者会用自己的数学知识和生活经验把情境、人物、事件、数字和图形等建立关系并组织起来，提出一个数学问题。"②

另外一些研究者则界定问题提出内涵。如西尔弗指出，问题提出涉及两个方面的活动：一是从一个情境或经验中创造出新的问题；二是对给定的问题进行重新阐述或构想出的问题。而这些问题可能发生在问题解决之前（问题产生于给定的或自然的情境下），问题解决的过程中（解决者主动地改变条件或目标生成的问题），或是问题解决之后（在获得解决特定问题经验的基础上，新的问题的产生）。③

二、问题提出对数学学习的影响

问题提出或问题发现，在过去很长一段时间里都被视作创造性活动，或是各领域中特殊人才的一个基本特征。如在艺术领域，艺术创作经验的核心之一就是问题的发现。在数学学科领域中，关键性研究问题的发现和提出是数学特殊人才的重要指标。当数学家投入到数学的智力活动时，一个重要特征是他们常常"自编自导"地提出问题来加以解决。④ 基于对问题提出和数学能力这样的认识，许多研究者反过来提出假设：学校中的数学学习能否通过问题提出活动来塑造学生类似的数学能力？许多研究者对此进行了一些有益的探索，并且在教学实验的过程中发现，问题提出对于学生数学学习的影响远不止在数学能力上，而是具有其他更大的教育价值和功能。

早期研究的主要目的是明确问题提出活动是否有利于创造性思维的产生。如范登布林克（Van den Brink）设计的一个教学实验，让一年级的每一位小学生做教材的作

① Stoyanova, E. & Ellerton, N. F.. A framework for research into students' problem posing in school mathematics [C]// P. C. Clarkson (Ed.), *Technology in mathematics education*. Melbourne: Mathematics Education Research Group of Australasia, The University of Melbourne, 1996: 518 - 525.

② Shukkwan, S. L.. Mathematical problem posing: The influence of task formats, mathematics knowledge, and creative thinking [J]. *The 17th PME*, 1993, v - 01: 33 - 40.

③ Sliver, E. A.. On problem posing [J]. *For the Learning of Mathematics*, 1994,14(1): 19 - 28.

④ Silver, E. A.. Fostering creativity through instruction rich in mathematical problem solving and problem posing [J]. *ZDM*, 1997,29(3): 75 - 80.

者,为下一年即将入学的孩子写出和解释每一页的算术内容,最后集合成一本算术课本。在实验中每一个孩子,不论算术能力是强是弱,都表现出极大的积极性和热情;不同于学校的官方教材,学生编制的教科书中充满了他们提出的许多新奇的、具有创造性的想法。① 研究者认为让学生自行组织编写教材内容,不仅能够让学生自主地回顾算术知识,增强数学学习动机,帮助教师了解到学生算术知识的掌握程度,还能够激发学生的创造性思维。斯金纳(Skinner)在研究中要求小学生提出大量的数学问题,并在班级里进行分享,形成后续问题解决活动的基本问题材料。这些案例研究表明,学生在课堂中经历问题提出活动能够激发数学思维的多样性和数学的创造力。②

另外,众多的研究者将问题提出作为数学学习活动的补充,并且发现开展问题提出活动可以提高学生的思维水平,为不同层次的学生创造更多的学习机会。坪田(Tsubota)研究发现,数学课堂中通常表现得较为消极的学生,在问题提出活动中反而会变得出奇的活跃,对数学课程的态度变得更加积极,能够更加主动地参与到数学学习中。此外,研究者还发现,有时学生们产生的问题甚至跨越到其他的学科领域。坪田认为问题提出是一种认知和元认知的策略,在提出问题的过程中,学生需要把重点放在学习资料中的重要概念上,这样可以提高他们对材料的理解,也能帮助他们对自己的理解进行自我监控。③

利兹和卡恩(Writz & Kahn)观察到,让学生编制数学应用问题可以帮助他们缩小具体情境和数学抽象之间的鸿沟和差异,并且似乎可以帮助学生学会如何概括以及如何使数学更有意义;写故事情境数学问题的学生往往倾向于学会整合数学与其他学科领域,并且发展他们的创意写作技巧。④

① Van den Brink, J. F.. Children as arithmetic book authors [J]. *For the Learning of Mathematics*, 1987,7(2): 44 - 48.

② Skinner, P.. *What's your problem: Posing and solving mathematical problems, K - 2* [M]. Portsmouth, New Hampshire: Heinemann, 1991.

③ Chang, K. E., Wu, L. J., Weng, S. E., & Sung, Y. T.. Embedding game-based problem-solving phase into problem-posing system for mathematics learning [J]. *Computers & Education*, 2012,58: 775 - 786.

④ Stoyanova, E. & Ellerton, N. F.. A framework for research into students' problem posing in school mathematics [C]// P. C. Clarkson (Ed.), *Technology in mathematics education*. Melbourne: Mathematics Education Research Group of Australasia, The University of Melbourne, 1996: 518 - 525.

后期的许多研究也支持了上述观点。一些研究表明,问题提出能够使学生降低学习数学的焦虑,同时培养学生的创造力水平。许多研究者在深入探究问题提出与问题解决之间的关系时也发现,在课程中设置问题提出活动可以培养学生多样化和灵活性的思维,提高学生的问题解决能力,开阔其数学视野和观点,还能够丰富和稳固其基本的数学概念;[1]让学生参与问题提出的生成性教学活动(通常是根据已有的条件或情境重写一些故事情境问题),对于学生真实的问题解决表现和数学态度都有积极影响[2]。

随着问题提出活动与教学结合的研究逐渐深入,近年来许多研究者又进一步挖掘出了问题提出对学生数学学习更丰富的意义和价值。总体而言,主要体现在下面几个方面:增强学生理解课程内容的能力;提高学生从获取信息到应用信息的迁移能力,帮助其获得更深层次的持续性思维和批判性反思;使学生更容易地识别课程内容、自己的学习和非学术世界之间的联系。[3]

纳尔顿和李(Nardone & Lee)提出了一个重要的观点,强调问题提出要真正发挥出对数学学习的功能与价值,必须建立在以学习者为中心的课堂之上,并且接纳学生在课堂上使用他们在课堂以外新发现的知识或方法,进行学习和提出问题的活动。在经历这种情境下的问题提出活动之后,学生能够以一种积极的态度对自己的学习负责,促进自身形成批判性思维和学习责任感,增加其课堂参与和对学科内容的兴趣。该研究表明,经历这样一个过程,转变了学生以下三方面思维:第一,由自我中心转变为实现超越自我的思维能力;第二,由不可见的假设转变为可见的和具有批判性的假设;第三,由接受已给的假设到开始思考质疑假设。另一方面,研究者还指出,高效的问题提出技能对于学生应对未来的工作,尤其是当要求其提出可供分析和决策的关键问题时,无疑是非常有价值的。

---

[1] English, L. D.. The development of fifth-grade children's problem-posing abilities [J]. *Educational Studies in Mathematics*, 1997,34: 183-217.

[2] Silver, E. A. & Cai, Jinfa. An analysis of arithmetic problem posing by middle school students [J]. *Journal for Research in Mathematics Education*, 1996(27): 521-539.

[3] Nardone, C. F. & Lee, R. G.. Critical inquiry across the disciplines: Strategies for student-generated problem posing [J]. *College Teaching*, 2011,59: 13-22.

三、问题提出的认知过程

从早期研究者基于经验和理论的论述到逐步深入的实证探索和理论建构,有关问题提出的认知过程的研究总体来说还尚未形成系统的理论模型和框架。

较早开始探讨问题提出的认知过程的是克伯屈,他认为,问题提出涉及的基本的认知过程是联结(association),因为知识表示的是联结起来的观念的网络,该网络可以通过操作概念网络中的节点来产生问题,提出与联结相关的问题。[1] 尽管克伯屈的"联结"的观点只是基于一些理论和经验上的讨论,但后来的一些相关的实证研究也表明"联结"的确在问题提出的过程中起到一定的作用。在西尔弗和蔡金法(Silver & Cai)的研究中,学生被要求从已给的信息中提出三个不同的数学问题,其中学生给出的相当一部分问题之间表现出联结的关系,提供了"联结"观点的相关证据。研究数据显示,超过半数的学生提出了三个数学问题,一般都是可解决的问题。因此对于学生而言,一旦开始提出了一个有数学性质的问题,那么他们会倾向于继续产生这样的问题。并且,近半数的学生给出了系统式的问题反应和连锁的问题反应,这一现象也直接支持了问题提出的过程运用了"联结"的观点。许多学生似乎会把第一个提出的数学问题作为线索和信号,相继提出第二、第三个问题。[2]

穆佛德(Mumford)等人于1994年提出关于问题建构(problem construction)的理论模型,该理论模型认为问题建构的一个重要方面是基于过去问题解决经验的表征。当问题情境中的有关线索被激活时,人们将会对原有的表征进行搜索和筛选,识别和精选一些起作用的经验并为新的情境提供服务。[3]

澳大利亚研究者英格里希(English)对小学三年级学生进行了问题提出能力和发生过程的调查,调查的主要内容是学生在正式或非正式情境下如何提出算术问题及其具体表现。

---

[1] Kilpatrick, J.. Problem formulating: Where do good problems come from? [C]// A. H. Schoenfeld (Ed.), *Cognitive science and mathematics education*. NJ: Erlbaum, 1987: 123 - 147.

[2] Silver, E. A. & Cai, Jinfa. An analysis of arithmetic problem posing by middle school students [J]. *Journal for Research in Mathematics Education*, 1996, 27(5): 521 - 539.

[3] Mumford, M. D., Reiter-Palmon, R., & Redmond, M. R.. Problem construction and cognition: Applying problem representations in ill-defined domains [C]// M. A. Runco, *Creativity research: Problem finding, problem solving, and creativity*. Westport, CT: Ablex Publishing, 1994: 3 - 39.

英格里希在研究中设计了两种不同的情境来探究学生如何提出这些算术问题,一种是具有标准算术结构(如 $a+b=c$ 或 $a-b=c$)的情境,另外一种是非正式的(如图表或照片)情境。研究发现,学生在不同的情境下识别正式运算符号的困难同样较为明显,这也证实了此前相关的研究结论。在正式的情境下,学生倾向于用"改变式"或"部分—整体式"这样的情境来解释标准的算术语句,能够提出一些属于这两种类型的问题,而不情愿提出与这些情境结构不一致的算术问题,总体来说问题类型的范围有所限制;在非正式的情境下,学生提出的算术问题的类型更加多样化,其中包括"比较式"和"相等式"的算术问题,不过"改变式"和"部分—整体式"的问题仍然受到青睐。研究还发现,无目标的特殊情境对产生多样化问题最无效,英格里希分析认为这可能与学生对开放式的情境不熟悉和任务缺少可见的刺激有关。整体来说,学生在创造"比较式"和"相等式"的算术问题方面仍然存在较大困难,一种观点认为这是由于这些问题涉及几种思想的整合,因而会对学生造成困难;另外一种观点认为主要原因在于学生在课堂中缺少多样化的问题提出情境,学生倾向于使用学校教材内容的反映,因而常规的学校数学教学往往会阻碍学生提出问题。英格里希则认为原始模型理论也许能解释这一现象,即算术的基本规则通常关联着"隐性的、非意义的和原始的直觉模型",包含了运算的原始含义,因此对儿童来说行为上是自然而有意义的。这种心理模式也通常会运用到他们对于加减句式的解释,导致儿童很难提出与他们的原始模型不一致的问题来,这也同样限制了在非正式情境下的问题提出。①

皮塔利斯(M. Pittalis)等人在综合了许多研究的基础上,建构了一个关于问题提出认知过程的理论模型,试图描述学生在问题提出时的思维模式和图景。他们认为问题提出涉及四个认知过程:筛选过滤信息(filtering information)、转化信息(translating information)、理解与组织信息(comprehending information)和编辑信息(editing information)。他们指出这四个过程在不同的问题提出任务情境下各有侧重,并且从有助于学生问题提出能力发展的角度看,在问题提出的这四个认知过程中过滤

① English,L. D.. Children's problem posing within formal and informal contexts [J]. *Journal for Research in Mathematics Education*,1998,29(1):83-106.

和编辑信息比理解和转化信息显得更为重要。① 他们在后续的研究中发现理解在编辑信息的任务与筛选信息的任务中存在不同:(1)在编辑信息的任务中理解意味着能从情境中抽象出信息;(2)在筛选信息任务中理解意味着在故事情境提供的信息中掌握它们之间的数学关系。② 下文给出的是四个认知过程图示(图3.1)。

图3.1 问题提出的四个认知过程

我国的一些研究者则从静态和动态的角度描述问题提出活动的过程。③ 从静态的角度看,问题提出是指提问者对已经发现或产生的"问题"进行文字或言语的表达;从动态的角度看,问题提出是指主体形成"问题意识"和生成数学问题的过程。其中,内隐的思维活动指的是主体基于对情境的观察和分析,以及对"问题"信息收集、选择和处理,从而产生认知冲突、形成问题意识和生成数学问题。外显的数学行为指的是主体以书面或口头的方式表达书写数学问题的过程。图3.2表示的是学生提出数学问题的动态过程。

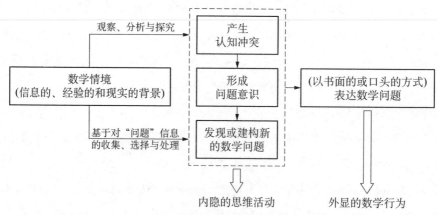

图3.2 问题提出的动态与静态过程

① Pittalis, M., Christou, C,, Mousoulides, N., & Pitta-pnatazi, D.. A structure model for problem posing [J]. *PME28*, 2004(4): 49-56.
② Christou, C., Mousoulides, N., Pittalis, M., Pitta-Pantazi, D., & Sriraman, B.. An empirical taxonomy of problem posing processes [J]. *ZDM*, 2005,37(3): 149-158.
③ 吕传汉.中小学数学情境与提出问题教学研究[M].贵阳:贵州人民出版社,2006.

四、问题提出的策略

对于采用什么样的策略和方法才能提出一个好的数学问题,许多学者都进行了有益的探索,尝试构建问题提出能力的提升和发展模式,将问题提出的方法综合地融入数学教学中,从而构建问题提出的教学模式。

布朗和沃尔特(Brown & Walter)提出了经典的"What-If-Not"策略。他们将问题提出分成两个主要的阶段:第一阶段,接受问题已给的条件(accepting the given)为初始状态,提出问题;第二阶段,如果题目某个已知条件改变,结果会怎样(即What-If-Not),"挑战"或超越已给的条件或情境来提出问题。具体包括以下五个步骤:

- 选择出发点(starting point)
- 列出一些题目已知的条件(attribute)
- 如果……不是(What-If-Not-ing)
- 问题提出(Problem posing)
- 分析问题(Analying the Problem)[①]

布朗和沃尔特提出的这个方法模型是一种较为有用的问题提出策略,也被后来的许多相关研究所采用、推广和发展。康特拉斯(Contreras,2007)就以"What-If-Not"策略为基础,构建了教学中问题提出的框架(见图3.3)。

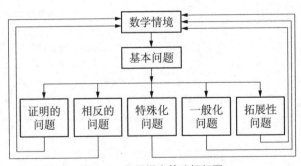

图 3.3　问题提出策略框架图

① Brown, S. I. & Walter, M. I.. *The art of problem posing* [M]. Philadelphia, PA: Franklin Institute Press, 1983.

拉米雷斯提出了一个问题提出的思维策略模型,该策略包含6个非线性的相关活动。[①] 具体的模型结构图如图3.4所示。

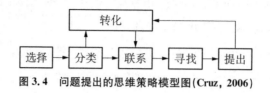

图3.4 问题提出的思维策略模型图(Cruz, 2006)

比较和分析上述两个不同的问题提出策略,可以看出它们的侧重点不同。布朗和沃尔特的"What-If-Not"策略的运用强调在教育教学工作者的引导下开展,是外部策略,可操作性更强。而拉米雷斯的问题提出思维策略模型更多的是从提出者的思维过程本身出发,更加侧重于内部的思维策略。

梁淑坤以波利亚对问题解决四阶段模型为基础,提出了有关问题提出能力发展和培养的四阶段循环模式:(1)提出问题;(2)计划;(3)实施;(4)回顾。在回顾阶段,可以在原来问题的基础上产生新的问题,继而作为下一个问题提出模式新的起点阶段,由此形成循环的问题提出模式。[②] 表3.1为梁淑坤的问题提出四阶段模型与波利亚问题解决四阶段模型的对比。

表3.1 问题解决与问题提出四阶段模型对比

阶段	问题解决四阶段(Polya, 1945)	问题提出四阶段(Leung, 1993)	问题提出的程序
1	理解	提出问题	自己提出的问题试图解决,自己提出的问题获得教师的反馈
2	计划	计划	判断方案是否合理,重新定义问题
3	实施	实施	基于游戏情境解决提出的问题

① Ramírez, M.C.. A mathematical problem-formulating strategy [J]. *International Journal for Mathematics Teaching*, 2006.

② Leung, S.S.. Mathematical problem posing: The influence of task formats, mathematics knowledge, and creative thinking [C]// I. Hirabayashi, N. Nohda, K. Shigematsu, & F. Lin (Eds.), *Proceedings of the 17th International conference of the International Group for the psychology of Mathematics Education*. Tsukuba, Ibariki: University of Tsukuba, 1993: 33 - 40.

阶段	问题解决四阶段 (Polya, 1945)	问题提出四阶段 (Leung, 1993)	问题提出的程序
4	回顾	回顾	获得教师更多的反馈,获得新的观念,并能激发创造新的问题

冈萨雷斯(Gonzales)也提出了一个有关提高和发展问题提出能力的循环模型,具体包括:

- 阶段 1:开始(提出理解性问题);
- 阶段 2:提出一个相关性问题;
- 阶段 3:产生任务;
- 阶段 4:发现数学情境;
- 阶段 5:产生问题;
- 阶段 6:新的开始.

通过比较可以看出,冈萨雷斯与梁淑坤的问题提出能力发展模式都强调问题提出能力的提高和培养可以以一种循环的方式开展。[1]

我国的一些研究者对问题提出能力的培养及其教学模式进行了一些探索,构建了"数学情境—问题提出"教学模式。[2] 该模式是指中小学生在教师的引导下,从学生熟悉的数学情境出发,通过积极思考、主动探究,提出、分析和解决数学问题的整个过程。"数学情境—问题提出"基本教学模式如图 3.5 所示。

五、问题提出能力的评价

(一) 问题提出能力的测评

在对学生或数学教师进行问题提出的研究时,很多情况下研究者需要对他们的问题提出能力进行检测,并对他们提出的数学问题进行分析评价。如何检测问题提出的表现水平,也是受到关注的一个重要方面。许多学者对如何评价问题提出进行了一些探索。

① Gonzales, N. A.. A blueprint for problem posing [J]. *School Science and Mathematics*, 1998, 98(8): 448-456.
② 吕传汉,汪秉彝. 论中小学"数学情境与提出问题"的数学学习[J]. 数学教育学报,2001,10(4):9.

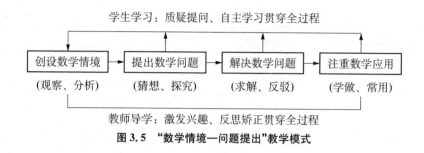

图 3.5 "数学情境—问题提出"教学模式

早期检测和考查学生问题提出能力的研究的评价方法大多是基于经验的,其评价标准并不严谨和专业化。如伊勒顿(Ellerton)选择了两组小学生为研究对象,分别是 8 个高能力的学生和 8 个低能力的学生,要求他们提出"让他们的朋友无法解决"的数学问题,通过这些问题的复杂程度来考察学生问题提出的表现,并且发现问题提出能力较高的表现是能够更有思想和计划性地提出问题。[①] 在另外一项调查中,西尔弗曼(Silverman)等人让五年级的学生提出一个数学的故事性问题,要求在难度、新奇性或兴趣上超过教材给出的数学应用练习,以此来判断学生问题提出的表现水平。[②] 但是很显然,和上述两项研究类似,他的评价标准同样缺乏科学的认知分析作为基础。尽管如此,这些早期的研究为后来者提供了一些可供参考的检测学生问题提出能力的评价要素和指标。如果要在过程中理解数学问题提出的性质,或者试图研究有关数学问题提出的严格干预措施对教学的影响,那么必须开发出更好的分析技术来研究中小学生的问题提出。

一些针对成人被试的问题提出研究所使用的较为广泛和严格的分析方法和手段,也开始被用于学生问题提出能力发展的图解分析研究中。例如,梁淑坤成功地运用了多种认知分析工具,如一般性问题规划求解图(General Problem Solver,GPS)和算术问题图解分析,对 50 名准小学教师根据要求提出的书面算术问题,进行提出的产品和过程的检测评价。[③] 另外一项调查也是以成人作为研究对象。西尔弗等人针对 80 名

① Ellerton, N. F.. Children's made up mathematics problems: A new perspective on talented mathematicians [J]. *Educational Studies in Mathematics*,1986(17):261-271.

② Silverman,F. L.,Winograd,K.,& Strohauer,D.. Student-generated story problems [J]. *Arithmetic Teacher*,1992(39):6-12.

③ Leung,S. S.. The relation of mathematical knowledge and creative thinking to the mathematical problem posing of prospective elementary school teachers on tasks differing in numerical information content [D]. Dissertation Abstracts International,University of Pittsburgh,1993.

准中学教师和在职中学教师提出的问题产品采取了不同于梁淑坤的图解分析方法，西尔弗等人的研究设计了相对复杂的桌球问题提出任务，其中涉及在不同尺寸和形状下桌球路径的假设分析。他们的分析图解针对所提出问题中与任务环境信息有关的性质，对教师被试提出的问题采用布朗和沃尔特的"What-If-Not"策略中的"接受情境"和"挑战情境"两个层次进行编码分类，并在任务环境下按照不同的性质对问题进行分类，进行双重分析。① 图 3.6 和图 3.7 给出的是桌球任务的设计和分析模式所示。

　　图 3.6 中，对于一个 4×6 大小的台球桌，一个球以 45°角从左下角顶点 A 出发。当球击中桌子的一边，再以 45°角反弹。连续撞击三次后，球落入顶点 B 处的洞口。图 3.7 中是一个 2×4 的桌子，一个球沿 45°角从 A 点出发，经过 1 次撞击后落入 B 处的洞口。请以此情形为基础，提出并写下一些有趣的数学问题。

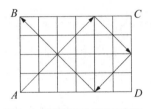

图 3.6　问题提出桌球任务图 a

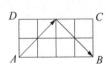

图 3.7　问题提出桌球任务图 b

　　西尔弗和蔡金法对美国六年级和七年级共计 509 名中学生进行了算术问题提出能力的调查分析，参加测试的被试学生所在的四个中学全部参与美国实行的 QUASAR（Quantitative Understanding: Amplifying Student Achievement and Reasoning)项目。② 该研究中有关的问题解决任务（8 个开放题③）和问题提出任务是 QUASAR 学校里的认知评价工具（Cognitive Assessment Instrument，QCAI)的四种

① Silver, E. A. & Cai, Jinfa. An analysis of arithmetic problem posing by middle school students [J]. *Journal for Research in Mathematics Education*，1996，27(5)：521 - 539.

② 美国中学 QUASAR 项目的目的是为处于经济不利地位地区提供创新中学教学计划.

③ 8 个开放的问题解决任务涉及到各种数学知识领域，如函数、几何（测量）、数论、模型和关系、比例（比率）和统计.

形式之一。QCAI 是由西尔弗和莱恩(Lane)开发的用于测量学生数学思维、推理和理解的认知评价工具。其中问题提出的任务设计是给出一个关于三人驾车出行的情境，要求学生根据情境提供的信息，提出三种难易程度不同的数学问题。对于学生提出的问题，从是否为数学问题、是否可解决和语义复杂程度三个方面进行编码分析。[①] 图 3.8 给出的是研究的任务设计和编码分析框架。

根据以下一段叙述中提供的信息，写出三个不同的问题：

Jerome、Elliot 和 Arturo 在一次旅行中轮流开车，Arturo 比 Elliot 多驾驶 80 英里，Elliot 驾驶的路程是 Jerome 的两倍远，而 Jerome 驾驶了 50 英里。

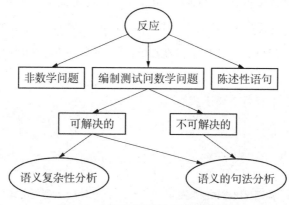

图 3.8　QCAI 问题提出编码分析框架

梁淑坤和西尔弗对美国 63 名准初中教师的算术问题提出能力进行了调查。研究对被试进行了包括问题提出能力在内共三种能力的测试，分别是美国数学教师职前测试(Mathematics Subtest of Pre-professional Skill Tests，PPST-M)，托伦斯创造性测试(Torrance Test of Creative Thinking，TTCT-V)和算术问题提出能力测试(Test of Arithmetic Problem Posing，TAPP)。之所以进行这三种能力测试，是因为该研究试图找出教师的数学知识和创造力与问题提出能力之间的相关性。算术问题提出任务

① Silver，E. A. & Cai，Jinfa. An analysis of arithmetic problem posing by middle school students [J]. *Journal for Research in Mathematics Education*，1996(27)：521 - 539.

包含四个测试项目,这四个项目改编自 Getzels 和 Jackson 在 1962 年所使用的创造力测试。该任务设计了两种问题项目,分别是房子采购任务和水池清理任务,每一种任务分别进行两个情境设计,一个是包含特殊数字的情境,另外一个是不包含特殊数字的情境。对被试提出的问题进行两个维度的分析:问题的质量和问题的复杂度。在问题质量的维度分出三个二级指标:(1)数学问题和非数学问题;(2)合理的问题和不合理的问题;(3)包含充足的或不充足的信息。在问题的复杂度上,按照所提出问题的算术复杂度来评价,即解决该算术问题所需要的算法的步骤人。[①] 下面给出的是TAPP 的任务设计以及针对提出问题的分析编码流程(如图 3.9)。

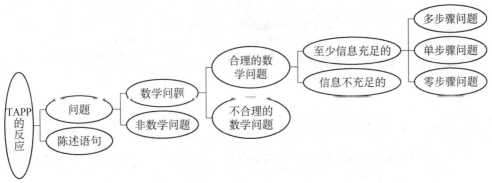

图 3.9   TAPP 的任务设计以及针对提出问题的分析编码流程

另外有研究者从国际比较的角度对学生的问题提出能力进行调查,蔡金法分别要求 181 名来自美国和 223 名来自中国的六年级学生完成问题提出黑点任务,继而对于学生提出的问题进行两个维度的评价:(1)问题的扩展性;(2)问题的性质(事实性的、比较性的和基于规则的)。[②] 下面给出的是问题提出的任务设计和问题反应的编码分析表。

① Leung, S. S. & Silver, E. A.. The role of task format, mathematics knowledge, and creative thinking on the arithmetic problem posing of prospective elementary school teachers [J]. *Mathematics Education Research Journal*, 1997,9(1): 5 – 24.

② Cai, Jinfa. An investigation of U. S. and Chinese students' mathematical problem posing and problem solving [J]. *Mathematics Education Research Journal*, 1998,10(1): 37 – 50.

Miller 先生按照某种模式画出了下列四幅图：

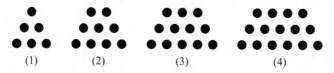

图 3.10　问题提出黑点任务图

他想以此模式为基础，出一些数学题给他的学生作为家庭作业，请你帮助
Miller 先生尽可能写出一些数学问题来。

表 3.2　提出的问题反应编码分析表

	扩展性问题（extension）	非扩展性问题（non-extension）
事实性的 （factual）	● 第 10 幅图是什么样子的? ● 在第 100 幅图有多少个黑点	● 第 2 幅图里有多少个黑点? ● 第 4 幅图是什么形状?
比较性的 （comparative）	● 第 100 幅图比第 99 幅图多多少 　个黑点?	● 第 3 幅图里第 2 排比第 1 排多多少个 　黑点?
基于规则的 （rule-based）	● 每一幅图是从前一幅图按什么 　样的规则变化而来的?	［没有显示，所有基于规则提出的问题都属 于扩展性问题］

　　蔡金法和黄（Hwang）还从比较的角度，分别对 98 名来自美国和 155 名来自中国
的六年级学生开展了问题提出能力的调查。他们在研究中设计了两个任务，分别是黑
白点任务和门铃任务，其在设计上的一个不同之处在于，问题提出任务与问题解决任
务之间具有紧密的联系和内在的一致性。而在分析上，研究采用了问题的扩展性这个
维度来评价能力水平。[①]

　　近年来，有关问题提出的评价研究方面，有了新的认识和观点。西尔弗和蔡金法
指出，"学生问题提出产生的题目数量"、"创造力"和"复杂性"可作为评价提出的问题
的三个标准。其实在早期西尔弗就提到问题提出能力与创造力之间存在相关性，并给
出了问题提出能力的三个要素：流畅性、灵活性和原创性。西尔弗和蔡金法认为，问

---

① Cai, Jinfa &. Hwang, S.. U. S. and Chinese students' generalized and generative thinking in mathematical
problem solving and problem posing ［J］. *Journal of Mathematical Behavior*，2002，21（4）：401－421.

题提出可以选择性地应用于大部分的问题提出评价,而且这三项标准是相当有用的。

(1)学生问题提出产生的题目数量。在评价的前提下,问题提出能力最明显、可观察的特征,是学生问题提出产生的题目数量。问题提出任务的显著特征是允许多样化的正确答案的产生。

(2)创造力。当以问题提出任务或测验对众多学生施测时,可能会累积非常多套典型的答案。

(3)复杂性。学生问题提出的复杂性可以从很多不同的侧面来说明。其中一个侧面可以是考虑问题内数学关系的复杂性;另外一个就是数学问题的语言结构类型,即语义结构的复杂性。[①]

(二) 问题提出能力的影响因素

由上述许多研究对问题提出能力与问题解决能力之间关系的调查,能够得出二者之间存在着较强的正相关性这个结论,说明问题解决能力是影响问题提出能力的一个不可忽视的重要因素。

许多研究者还从其他方面探索影响问题提出能力的其他因素。英格里希分别对小学 5 年级和 3 年级的学生开展一系列实证研究,发现 3 年级学生的数感和问题解决能力是影响学生算术问题提出表现的两个重要因素,另外提供给学生的正式和非正式的算术情境对他们问题提出的多样性也有一定的影响。[②] 对于 5 年级学生的研究表明,对数学问题的看法、对问题类型的偏好、对问题结构的识别和学生思维的多样性等因素影响着他们的问题提出表现。英格里希认为,对于小学生而言,培养和提高他们的数感和对数学问题本身的理解与看法对于提高问题提出能力有一定的积极意义。[③]

西尔弗和梁淑坤在针对初中职前教师算术问题提出能力的调查中,将任务设计、数学知识和创造性思维这三个因素作为影响教师算术问题提出能力的三个可能的变量来考虑。数据分析结果显示,教师的创造性思维对于被试教师问题提出表现水平的影响

① Silver,E. A. & Cai,Jinfa. Assessing students' mathematical problem posing [J]. *Teaching Children Mathematics*,2005(12):129 - 135.

② English,L. D.. Children's problem posing within formal and informal contexts [J]. *Journal for Research in Mathematics Education*,1998,29(1):83 - 106.

③ English,L. D.. The development of fifth-grade children's problem-posing abilities [J]. *Educational Studies in Mathematics*,1997(34):183 - 217.

并不显著;而问题提出的相关任务设计中有无特殊的数字信息对于教师算术问题提出有较大的影响;另一方面,教师的数学知识对他们的问题提出能力也有较大的影响。[1]

与英格里希对于教师研究的结论不同的是,西尔弗在研究学生创造性思维与问题提出之间的关系后认为,托伦斯创造性思维测试的一个重要部分就是问题提出的表现,其中分别用问题提出的数量、类型和新颖性来刻画创造性思维的三个核心要素,即思维的流畅性、灵活性和原创性。[2] 因此,西尔弗认为,创造性思维与问题提出能力之间具有内在的联系。

还有一些研究者从教学环境的角度,探索影响问题提出复杂度的相关因素。柯托罗维奇(Kontorovich)等人以小组合作的形式对学生的问题提出进行研究,探究在这种组织形式下问题提出的复杂性受哪些因素的影响。柯托洛维奇等人认为问题提出的表现受到以下因素的影响:(1)任务组织(教师安排问题提出活动的教学决定);(2)个人思维倾向(对于问题提出任务中显性的和隐性的条件的解释);(3)知识基础(数学的事实、定义、原型问题和数学语言表达与书写能力);(4)启发和课程(问题提出者广义的和情境化的经验);(5)小组活动和交互作用(小组化的问题提出活动中的社会性过程),由此建立了影响问题提出复杂性的五因素模型。[3]

纵观国内外近期问题提出相关研究的进展,可以看出许多学者从不同的视角和方面对问题提出展开调查和研究,主要集中在以下几个方面:(1)问题提出对数学学习的影响。许多学者都探究了提出数学问题对数学学习产生的积极影响,从目前的研究结论来看,主要的影响一方面表现在思维方式上的转变,尤其是有利于多样性和创造性思维的激发与产生,另一方面表现在对数学的学习方式和态度的转变,数学问题提出活动可以降低学生数学学习的焦虑,有助于表达自己的数学思想,能使学生进行更有意义的数学学习;(2)对问题提出的思维和认知过程的研究。目前主要有联结理论,

① Leung. S. S & Silver, E. A. The role of task format, mathematics knowledge, and creative thinking on the arithmetic problem posing of prospective elementary school teachers [J]. *Mathematics Education Research Journal*, 1997,9(1): 5 - 24.

② Silver, E. A. Fostering creativity through instruction rich in mathematical problem solving and problem posing [J]. *ZDM*, 1997(3): 75 - 80.

③ Kontorovicha, I., Koichua, B., Leikinb, R., & Bermana, A. An exploratory framework for handling the complexity of mathematical problem posing in small groups [J]. *The Journal of Mathematical Behavior*, 2012,31(1): 149 - 161.

简单来说就是问题提出过程中存在关联性思维,这体现在提出的问题之间具有某种相关性。另外对于认知过程的分析关注的是以信息加工理论为基础建构,或是以情境下的认知冲突为导向的数学问题产生过程;(3)问题提出与问题解决的关系。许多研究结论都表明问题解决能力与问题提出的表现有一定的相关性,但是两者之间有着怎样的内在联系目前尚不明确。(4)问题提出能力的培养和发展。不少研究者都是将问题提出融入一些数学活动和问题情境来展开的;(5)在问题提出能力的评价。不少研究者提出了不同的评价思路和方法,总的说来,主要有两个方向的评价方式:一是对于研究对象不同的问题提出水平,从不同情境的预设来评价其问题提出的表现,三是对提出的数学问题进行不同角度和层面的分类比较,以此给出问题提出不同表现的预测和评价,而评价工具的开发和使用往往需要考虑被试对象已有的数学知识和能力,因此在评价思路和方向的导向下,问题提出能力的评价工具需结合研究对象和研究内容来开发和实施。(6)影响问题提出能力表现的因素。这一研究问题之所以能引发讨论和探究,是由于产生和提出数学问题是一种生成性的数学活动过程,受到诸如问题提出者本身的数学知识背景及思维方式的制约,尤其是在数学教学环境下,问题提出活动还受到周围其他因素的影响,总体来说可以分为自身因素和外界因素两个方面。

随着近年来问题提出相关研究的进一步发展,尤其是关于问题提出能力的测评工具的开发和问题提出表现水平的分析等内容,能够为问题提出能力评价的研究提供思路导向。

第三节 研究过程与方法

本研究包括如下环节:首先根据文献分析和专家研讨构建数学问题提出能力的测评框架,然后以评价框架为参照开发测评工具,对八年级学生进行预测和正式测试,最后对测试结果进行编码整理,进行定性内容分析和定量统计分析。

一、数学问题提出能力测评框架构建

本研究主要评估初中学生在问题提出方面的表现,是一种关于能力的评价性研究,但是从许多相关研究的进展来看,目前还没有比较标准和统一的测评工具。许多

研究涉及问题提出能力的分析和评价手段，也包含一些测试题的编制和实施。笔者通过梳理和分析这些测试题的特点，发现在问题提出的评价方法上，广泛认同和采用的一种评价思路和手段是为被试提供或设计一定的问题提出任务，而这些问题提出的任务都是以一定的生活或数学的情境为背景，要求被试面对所提供的情境提出正确的数学问题，对被试提出的问题进行某个维度或视角的分析和评价。此时，研究者评价的重点就聚焦在被试对任务的反应和回答中，通过这些反馈信息来分析他们在问题提出表现方面的差异和特点。

研究者为学生设计的任务情境是学生提出数学问题的背景和起始状态，不同的任务情境对学生提出数学问题具有不同的导向性。根据情境中信息的来源和情境的结构化程度的不同，斯多亚诺娃把问题提出的情境分类为三种范畴：自由的(free)、半结构化的(semi-structured)和结构化的(structured)问题提出情境。① 通过研究，他发现更加开放性的任务情境能够反映出学生更高层次的数学思维水平，如创造性思维和反思性思维。为了充分反映学生的问题提出水平，起始的情境就应该具有一定的结构化程度和复杂程度，这样首先可以使我们了解学生对于问题结构本身的理解和本质的把握。简单地说，就是要求我们给问题提出者预设高低不同的"门槛"（所提供的情境内容的结构化程度），用来控制（检测）问题提出者的表现。不少研究者发现，处在结构良好的情境下和处在结构不良的情境下，学生的问题提出表现存在着能力上的差异。为了分析和评价这些差异，可以在问题提出任务设计的情境方面预设一个水平分层。这个水平分层要考虑到两个因素：一是不同情境的任务为学生提出数学问题设计了一定的难度梯度；二是不同任务情境的设计对于学生提出更高水平的问题更具有激发性和导向性。

另一方面，对于问题提出来说，即使提供的情境具有一定的限制性，也有可能无法完全限制数学问题的优劣，因此分析和评价的另一个焦点将放在学生提出的数学问题本身，即学生创造的"产品"的差异——数学问题的质量能够反映学生问题提出能力的差异，这也是问题提出评价任务另一个不可忽视的重点。故而本研究在问题提出评价

---

① Lowrie，T. & Stoyanova，E.. *Free problem-posing*：*Year* 3/4 *students constructing problems for friends to solve* [C]. English，Article，Conference paper edition，1999.

方面,对评价框架构建和测试题开发采用的两条思路进行了尝试性的整合,对问题提出任务情境的设计预设了不同的水平层次(如图 3.11 所示)。

图 3.11　问题提出评价任务设计

二、测评工具的开发

确定测试题编制和开发的思路后,本研究查阅和借鉴相关研究文献资料中的测试题,尤其是情境任务的设计思路,发现任务情境的设计较为灵活,常采用简答的形式,因而在编制最初的测试题时,作了下面三个方面的考虑:(1)任务情境中涉及的内容和知识点应是学生已经学过或可以达到的。由于测试对象是八年级的学生,所以选取的内容都是八年级或以下的学生可以理解的。(2)任务情境的设计应在某些方面具有一定的梯度或分层,能够使不同水平的学生做出解答。(3)任务情境应有助于学生尽可能地表达自己的思维过程。总体而言,各分层的测试题之间既有起点低且入口宽的任务,又有具有一定区分度和广度等特征的任务,这样可以多角度、多层次地测试出学生在问题提出方面的不同表现和思维水平。

在编制好最初的测试题后,本研究先尝试完成各层次的情境任务,确定各题可能出现的答案情况,随后对上海某中学八年级学生进行了小范围的预研究测试,之后请一些一线中学教师对测试题的区分度以及与学生知识结构的符合程度进行了讨论,并请相关课题组专家成员对测试题的水平分层和标准进行了合理性评估和审核,再根据预测结果,结合专家的意见对测试题进行修订,最后确定了测试卷由以下三个水平的问题提出情境任务组成,每个水平包含了两道不同的情境任务题。

水平一:在结构良好的情境下,能够提出与情境结构一致的数学问题;能够利用所提供的结构良好的数学情境问题,提出结构相似的数学问题。

该水平中为问题提出者预设的情境是结构良好的,这些情境可以是结构完整的数学符号运算、数学公式、图形和文字等,或者直接呈现结构良好的数学问题,要求问题提出者能够把握情境的数学结构,提出与该结构一致或相似的数学问题。此水平阶段的问题提出者能够对情境中的数学结构进行识别、把握,并能对已给的情境问题结构进行模仿,进而提出数学问题。该水平提供的情境或问题的结构化程度较高,问题提出者只要识别或模仿出情境中的问题结构就能相应地提出数学问题,比如运用条件和结论的更换,改变已有的条件或已有的结论等,对于问题提出者来说这也算是一种思维"支架"或模型,尽管问题的范围有所限制和固定。而提出的问题需要包含完整的条件和结论的数学问题,并且条件和结论需要达到一致。

试题 3.1 请你用下面给出的二元一次方程组 $\begin{cases} y - x = 1 \\ 2x + y = 16 \end{cases}$,设计提出一个数学应用题,用图形或文字表达皆可。

选题说明:

这个情境任务是预设在水平一中的第一个题目,以结构化的数学符号运算为情境,提出完整的符合情境内容的数学问题。此处给出的是一个完整的二元一次方程组,要求学生依据这个方程组提出与此结构一致的实际生活中的数学问题,要求学生对通常熟悉的列方程组解应用题进行逆向思维,由方程组生成数学问题。这个情境对学生来说比较熟悉,相对容易入手,因此将此题预设在水平一中。

试题 3.2 依据图形,模仿下面的题目提出另一个实际的数学问题(不必给出解答)。

如图 a 是一副两边对称的折叠式梯子,已知上下两格之间的距离都是 40 cm,上面格子的长度比下面格子的长度少 5 cm,最下面格子的长度是 50 cm。如果梯子的总长度是 480 cm,那么最上面格子的长度是多少?

图 a

选题说明:

这个情境任务也预设在水平一中,反映的是水平一的另外一个方面,即对结构良好的问题情境进行模仿。给出的任务情境也是来自实际生活的数学问题，以一个折叠梯子中的一些数学变量为条件，不同变量间具有一定的数量关系，问题的结论是求解其他的相关变量，问题的结构性完整。该任务要求学生抓住任务情境中的问题结构，主要考查学生对任务情境中结构良好的问题结构的识别，要求提出结构相似的实际情境中的数学问题。

水平二： 在半结构化或真实的情境下，能够结合已有的知识经验，从数学的角度提出问题；能够从结构不良的情境中，归纳总结出数学结构，提出数学问题（包括数学命题）。

该水平中为问题提出者预设的情境是结构不良或真实的情境，这些情境为问题提出者呈现了一定的信息量，但是其中的数学结构并不清晰，需要问题提出者结合自身的知识背景，归纳总结出新的问题结构。问题的条件需要从情境中选择性地加以运用，问题的结论需要问题提出者依据所选择的条件进行补充。在真实的情境下，问题提出者能够从情境中筛选与数学相关的信息加以组织，从数学的角度提出问题，并且尽可能地提出情境中有关的数学想法。由于提供的情境是半结构化的，任务向问题提出者开放了一些自由组织问题结构的空间，但是另一方面要求问题提出者能够通过信息的筛选、组织提出问题（或命题）。这些问题不但要结构完整，还要保持其条件和结论在逻辑上前后一致，并与原有的情境具有数学上的相关性。

试题 3.3　下面是一则《阿王卖蟹》的故事：

阿王是一个卖螃蟹的小贩。这天他带了一篓螃蟹到集市上出售，开价是每500克100元。这时来了两名顾客。其中一个说："这蟹倒是不错，要是只卖蟹肚就好了。"另一个说："正好，我倒只要蟹脚和蟹钳。"于是他们对阿王说："这些蟹我们俩全包了。一个拿蟹脚，另外一个拿蟹肚。你现在每500克100元。那么蟹肚算70元，蟹脚算30元，70元加30元还是100元，我们没杀你价，不过麻烦你把每只蟹的蟹脚都掰下来，分别称一下，怎么样？"

阿王想了想，觉得没有什么不对的地方，就同意了。称下来蟹肚共1 500克，蟹脚共500克，于是一个人付了210元，另一人付了30元，共计240元。两人付完钱后便扬长而去……

看完这则小故事,从数学的角度,你能提出哪些问题(或是疑问)？请写出你的想法。

选题说明：

这个情境任务是设在水平二中的,情境的主体内容来源于真实的生活经验。此情境提供了一定的数学变量和关系的信息,但是并没有包含完整的问题结构,是一种半结构化的情境。因为这不是一个精心设计的数学问题结构,而是反映生活与数学问题的联系和结合点,所以学生需要对情境中的一些信息进行筛选和组织,发现情境中与数学相关联的数学关系和信息,从数学的角度提出结构完整的数学问题。此外,这个任务还设计要求学生对此情境的思维方面加以陈述,以便了解学生如何在半结构化的情境下从数学的角度提出问题。

试题 3.4 下面的数组称为"勾股数"：

$$3^2 + 4^2 = 5^2;$$
$$6^2 + 8^2 = 10^2;$$
$$9^2 + 12^2 = 15^2;$$
$$\cdots\cdots$$

请围绕上面的勾股数编制一些数学命题。

选题说明：

这个情境任务同样预设在水平二中,与前面几个情境任务的不同之处在于,该任务要求学生提出完整正确的数学命题,即真命题。此处数学问题提出的考查范围不局限于数学问题。数学命题也包含条件和结论部分,并且条件与结论之间具有数学上严谨的逻辑性,因此在一定情境下提出数学命题也是考查数学问题提出能力的一个方面。此情境给出了若干个学生能够理解的"勾股数"恒等式,而这几个恒等式之间隐含着某些数学规律,但是情境中没有结构良好的命题条件和结论,需要学生从情境中的若干数学等式中寻找和发现一定的数学规律,并提出反映此规律的数学命题。

水平三：在开放性的情境下，能够结合情境中的实际需要，补充数学问题必要的条件和结论，使情境中的数学结构完整，提出具有一定复杂性或解决难度的不同的数学问题。

该水平中为问题提出者预设的情境是开放性的，情境呈现的条件信息不充足，需要问题提出者对开放的情境有整体性的把握，对情境中的信息进行拓展和补充，并确保补充的条件在此情境中是合理和不重叠的。在此基础上，问题提出者能够整合情境提供的信息和补充的信息，组织问题的条件和结论，提出具有一定难度的不同的数学问题。在此水平中，尽管开放性的情境给予问题提出者足够的空间和自由来补充信息和条件，但拓展的信息要与情境和问题的结论保持逻辑上的一致性。另外，该水平对提出的问题的类型和质量提出了更高的要求，除了要求提出不止一种类型的数学问题，同时还要求提出具有一定复杂性的问题。这种复杂性存在于两个层面，即语义结构上与解决该问题步骤上的复杂性。

试题3.5　如图b、图c，分别将一个正方形的顶点 B、C 折叠到边 AD 的中点 E，得到两条折痕 FG 和 LM，试根据所给的条件提出至少两个你认为有难度的数学问题。

选题说明：

这个情境任务预设在水平三中，情境中仅仅含有一定的数学条件和信息，没有完整的问题结构。这道测试题以平面几何的一些边角性质及相关证明为载体，以熟悉的几何图形的翻折作为数学信息，需要学生根据问题结构的需要，对情境中的信息进行整合，提出与情境内容相关的数学问题。当然提出的问题并不局限于平面几何相关的问题，问题本身也需要与情境中的数学信息保持数学上的一致性。为了区分出学生在问题提出方面的不同表现，该情境任务在设计上也对学生提出的数学问题的难度和数量提出了更高的要求。

试题3.6　已知两个三角形均为等边三角形，如图d所示。请你编几个条件，提出至少两个你认为有难度的数学问题。

选题说明：

该情境任务预设在水平三中，也是以学生学习过的平面几何知识为载体，涉

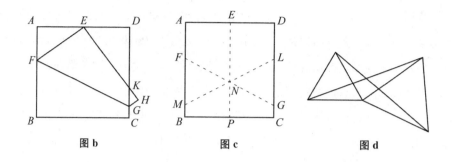

| 图 b | 图 c | 图 d |

及平面图形的旋转。与前面两个水平不同的是,此情境中的数学信息并不完整,需要学生依据情境和问题结构的需要,对原有的信息进行拓展,对原有的条件进行补充,因此情境的开放性更强,学生自由展示的思维空间也更大。另一方面,该任务的设计在提出问题的要求上与试题5是一致的,即要求学生提出多个有难度的数学问题。这也是为了确保水平三的测试题发挥其水平层次在检测学生问题提出表现中的有效性。

三、数学问题提出能力测评的实施

课题组采用编制的测试题对上海市三所初中的121名八年级学生进行了调查,并对收集的数据进行编码统计、量化分析,以了解学生在每一个问题提出能力水平上的整体表现。此外,本研究还对每个水平层次下各个测试题中学生的书面回答进行质性分析,目的是对三种不同的能力水平的表现及其差异进行较详细的描述和分析。

整个研究过程主要包括前期准备、生成正式测试卷和正式研究三个阶段。

前期准备阶段主要进行文献研究,为整个研究提供理论基础和前提;测试题的编制和生成为研究提供了工具,是落实研究问题的具体手段;正式研究是整个研究的主体部分,主要包括研究的实施、研究资料的分析和研究结论的得出与讨论。本研究的工作流程如图3.12所示。

(一)研究样本

本研究从上海市某区三所学校的八年级各选取了一个班级作为样本。这三所学校都是从六年级至九年级的初级中学。其中两所中学为公办初中,都是教学设施完善的普通初中,学生成绩属于中等水平,第三所中学是一所民办初级中学,学生成绩较其

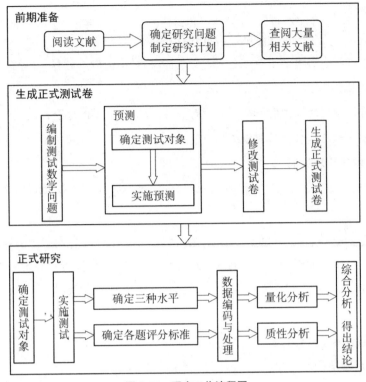

图 3.12　研究工作流程图

他两所学校要好。由于受测试时间等客观条件的限制,随机选择样本学校比较困难,因此本研究主要采取目标抽样法。现将三所学校分别用代码 A 中学、B 中学和 C 中学表示,其中 A、B 为公办中学,C 为民办中学。

表 3.3　研究样本情况表

学校	A 中学	B 中学	C 中学
班级	八(5)班	八(3)班	八(2)班
人数(男,女)	42(15,27)	45(15,30)	34(23,34)
合计(男,女)	121(53,68)		

(二) 研究实施

本研究的测试资料和数据收集于 2013 年 3—4 月。测试前,课题组先向被试学生做一个简短说明,然后由该班级任教的数学老师进行的,测试时间为 35—40 分钟,测试说明的重点是：

（1）告知学生尽可能详细地写出解答过程或想法；

（2）告诉学生尽可能不要在卷面上出现空白，对不会做的题目可以写出已有的思路及出现的困惑；

（3）告诉学生对于他们所填写的所有信息，我们都会予以保密；

（4）本次测试与数学学业成绩和考核无关。

（三）被试信息编码

之后，将收集到的数据进行编码，本研究采用 ABCDEF 的形式对每个学生进行编码。

AB 表示地区，所测的上海地区编码为 SH；CD 表示学校，所测三所学校中 A 中学编码为 01，C 中学编码为 02，B 中学编码为 03；EF 表示学生在班级的序列编号。例如，编码 SH0204 表示这个学生是 C 中学八（3）班编号为 04 的被试学生。

四、数据编码与处理

（一）试题编码

本研究在处理数据的过程中施行逐级编码，先把水平一、二、三编码为 L1、L2、L3，接着形成与每个水平分层对应的各个试题的评分标准；然后对每个被试的测试卷中的每一道题进行编码，试题 3.1 至试题 3.6 分别编码为 P1、P2、P3、P4、P5 和 P6。每一道题都拥有一个相应水平和试题合成的编码，如 P2_L1 代表的是水平一中的试题 3.2；最后针对答题情况，根据每一道测试题的不同特征进行二次编码，以便后续进行量化分析。二次编码主要从两个方面编码试题结果：一是看试题结果是否达到评分标准，达到了标准即被试学生在某一试题上完成了提出数学问题的任务，则将这一结果编码为 1；如果未达到评分标准，则编码为 0。二是对结果中提出数学问题呈现的不同特征和形式进行归类和细化，这便是进行二次编码。如未达到评分标准的数学问题（编码 0）中将具有某些相同特征的数学问题再作一次编码，用数字 1、2、3 来表示，则每一个试题都可用两个数字来编码，表示为 01、02、03，代表未完成任务以及任务结果的类型特征；对于达到评分标准的数学问题（编码 1），根据不同的答题类型和特征，则可将编码由 03 顺延为 14、15、16 等。主要的编码结构如图 3.13 所示。

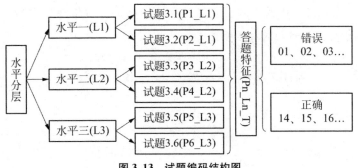

图 3.13 试题编码结构图

（二）各水平试题编码及分析

1. 水平一试题 3.1 的分析

（1）评分标准及编码说明

该题对应于水平一的标准："能利用包含数学语言、符号等抽象的表达式，提出具有实际情境的、结构良好的数学问题。"表 3.4 是详细的评分标准和编码说明。

表 3.4 试题 P1_L1 评分标准和编码说明

试题评分标准	编 码 说 明
提出的数学问题包含完整的条件和结论部分； 条件和问题的数学意义与所给的二元一次方程组保持一致； 提出的数学问题具有一定的实际背景或应用性。	14：以日常生活、生产为情境的应用题。 15：具有日常生活中交流、问答形式的应用题。 16：将表达式作为整体进行组织、利用而提出的应用题。
	01：未提出问题。 02：仅提出一些包含情境或条件的陈述句，未写出问题。 03：提出的数学问题无实际背景或应用性。问题的条件与方程组的数学意义不一致。

每个编码所对应的试题解答的表现是怎样的呢？下面是从样本试题中选取的典型数学问题。

● **达到水平一试题 3.1 标准的典型数学问题：**

14：小明去买水果，如果每斤桃子比每斤苹果贵 1 元，小明买了 2 斤苹果和 1 斤桃子共花了 16 元，那么桃子和苹果各多少钱一斤？

15：小明和小红有不同数目的零花钱，且小明的零花钱比小红的多。小明：

"我们俩的零花钱相差 1 元。"小红:"我的零花钱的两倍加上你的零花钱是 16 元。"问小红和小明分别有多少零花钱?

16:已知一个长方形,边长为 y^2 和 x/y,且符合方程组 $\begin{cases} y - x = 1 \\ 2x + y = 16 \end{cases}$,求长方形的面积。

已知二元一次方程组 $\begin{cases} y - x = 1 \\ 2x + y = 16 \end{cases}$,求 x、y 的值。

● **未达到水平一标准的典型数学问题**:

01:空白或无意义的符号、文字。

02:仅有条件而无问题。

铅笔比钢笔便宜 1 元,2 支钢笔和 1 支铅笔共 16 元。

03:$x =$?,$y =$?

某数学俱乐部共有 16 名成员,其中男生比女生多一个人,请问:该数学俱乐部有男生和女生各多少名?

(2) 试题 3.1 的结果分析

尽管有典型的数学问题,但是不同的数学问题即使被归为相同的编码,也含带着问题提出者不同的思维方式和独特的个人特质。下面将选择几个角度来解读和分析试卷中呈现出来的丰富信息。我们将从问题背景的素材来源和信息加工方式这两个角度展开具体分析。

● 问题背景的素材来源

家庭生活:家庭生活是学生获取生活经验和知识的重要阵地,也是学生最熟悉和自然的体验,例如与父母亲之间、兄弟姐妹之间的日常生活经历。这些背景是学生在编制问题时最容易选取的素材,因此以家庭日常生活为素材和背景的数学问题占了总体很大的比例,下面给出的就是学生提出的有关家庭生活的数学问题。

妈妈分苹果给甲、乙、丙三兄弟,甲、丙两人分到的一样多,而且乙比甲和丙两人多一个。已知共有 16 个苹果,问甲、乙、丙三兄弟分别分到几个苹果?

期中考试刚结束,妈妈奖励给小明 20 元,小明用这 20 元买了 2 支签字笔和 1 支钢笔,最后找回 4 元。已知一支钢笔比签字笔贵 1 元,求两种笔的单价。

王伯伯养了一些鸡,火鸡比柴鸡多 1 只,柴鸡的 2 倍加上火鸡是 16 只,问王伯伯两种鸡分别养了多少只?

小明去超市买果汁,他买了 2 瓶苹果汁和 1 瓶橙汁,共花费 16 元,他在对账单时发现橙汁比果汁贵 1 元,请问苹果汁和橙汁各多少元?

小二和小三的岁数一样大,他们和小四的岁数之和是 16 岁,小四比他们大 1 岁,求他们三人分别多少岁?

已知小明有苹果若干个,哥哥小冬比他多 1 个,如果小明再有相同的一袋苹果,则他们哥俩的苹果总数为 16 个,问小冬有多少个苹果?

学校生活:学校是学生获取知识、与人相处的一个重要场所,学生非常熟悉在学校里的学习生活和人际交往过程,因此以学校生活为背景提出的数学问题也占了相当大的比重。下面给出的就是学生以此为素材提出的数学问题。

某班老师给同学们买礼物,铅笔的价格比橡皮低 1 元,买 2 支铅笔和 1 块橡皮共花 16 元,问铅笔和橡皮每个各是多少元?

已知初二(10)班女生比男生多 1 人,2 倍的男生加上女生一共是 16 个人,求男生、女生各有多少人?

小红和小明做数学题,小红每小时做 x 道,小明每小时做 y 道,小明每小时比小红多做 1 道。一天,小红做了 1 个小时的数学题,后来小明和她一起做,1 个小时后,两人共做了 16 道题,求 x 和 y。

学校组织春游,共有 16 名学生,现在租大巴车和中巴车,大巴车的座位比中巴车多一个,刚好坐满两辆中巴车加上一辆大巴车,求大巴车、中巴车各有多少座位?

学校要买体育用具,已知排球比篮球多 1 个,排球数量的 2 倍加上篮球的数量为 16 个,问排球和篮球各有多少个?

社会生活：除了家庭和学校,学生也会接触社会的方方面面,他们直接或间接地积累一些有关社会生产和发展的知识经验。学生也会较多地以社会生产、生活中的素材为背景提出数学问题出现频次也是较多的。下面给出几个相关的例子。

有两种载货船 A 和 B, B 船的载货量比 A 船多 1 吨,两艘 A 船和一艘 B 船一共能载 16 吨,求 A、B 一次各能载多少吨?

如图所示(图略),要靠墙用栅栏围成一个长方形菜地,已知有栅栏 16 m,宽比长小 1 m,求长方形的长和宽。

一个牧场中有牛和马若干,马的总数与牛的总数差 1,两倍马的总数与牛的数量为总合 16,求牛和马各有多少只?

有两个村庄,第二个村庄比第一个村庄多 1 人,且第一个村庄人数的 2 倍加第二个村庄的人数一共是 16 人,求两个村庄各有多少人。

甲乙两个工程队,甲的施工速度是 x/小时,乙的施工速度为 y/小时。在一项总量为 16 的工程项目中,甲需要干 2 小时,乙需要干 1 小时,求甲、乙的施工速度。

已知 B 组一个工人比 A 组一个工人每天多做一个零件,A 组两个工人和 B 组一个工人每天共做 16 个零件,A 组与 B 组每个工人每天能做多少个零件?

数学知识：数学知识本身同样蕴含许多可以用来提出问题的素材。针对给出的二元一次方程组,许多学生结合已学过的代数、几何中的一些数学概念和原理,提出应用性的数学问题。

已知一条直线的方程为 $y-x=1$,另外一条直线方程 $2x+y=16$,求这两条直线的交点坐标。已知 $\begin{cases} y-x=1 \\ 2x+y=16 \end{cases}$,点 A 为 $(2x, y)$,点 B 为 $(2x, 0)$,原点为 O,求 AO 的长。

有两个连续的自然数,后一个数比前一个数大 1,前一个数的 2 倍与后一个数的和是 16,求这两个数的值。

有一个等腰三角形,底边比腰长1,三角形的周长为16,设腰长为x,底边为y,求腰长、底长各为多少?

个人特点:还有一些问题的背景带有很明显的个人特质,或是具有丰富的想象力,看上去似乎有些荒诞不经,但给我们提供了一个了解学生自由思维的空间;或是展现了其兴趣爱好,比如有关军事、体育运动等方面不同的个性特征。下面给出的就是具有学生个人特点的数学问题。

某大型机场原有两个战斗机中队 A 和 B,A 队比 B 队多一架飞机。后来基地进行军演,从别处调来 C 中队,C 队与 B 队的飞机数目相同,此时机场共有 16架。问 A 队、B 队分别有多少架飞机?

著名篮球运动员科比本赛季的场均篮板比另一个球员杜兰特的少一个。在一场比赛中,科比手感火热,火力全开,拿下赛季场均篮板两倍的数据,而杜兰特发挥平平,恰巧得到与他场均篮板相同的数目,在这场比赛中,两人共拿下 16 个篮板。请分别求出科比和杜兰特本赛季的场均篮板数。

通过呈现出来的这些案例,我们不难发现,初中学生在提出数学问题时选择的素材是比较丰富的,选择的问题背景也是比较广泛的,其中一些数学问题还综合了多种素材,提出的数学问题包含的信息量还是比较大的。从统计数据来看,70%的学生都能够从上述几个角度和类型来组织、提出数学问题。这也显示出学生在提出问题的过程中思维的广度和流畅性。

● 信息加工方式

观察学生提出的大量数学问题,可以初步分析得出学生提出问题的过程的大概脉络:学生先从已有的知识经验中提取合适的素材,将这些素材中的信息与所给的方程组蕴含的数学意义进行联系与结合,进而加工成一个完整的数学问题。通过这些数学问题,我们发现学生提出问题的过程差异性非常大,即使是取自同样的素材和背景,他们的信息处理和加工方式各有不同,最后呈现的数学问题也各有差异。那么,这些差异体现在哪些方面呢?下面从背景信息的处理和数学语言的转换两个方面,对学生提出问题的过程进行初步分析。

背景信息的处理：

学生从已有的知识经验中提取相关素材后,在组织和联系这些信息的方式上有什么差异呢? 我们选取了一些具有同样背景和素材的数学问题,对学生采用的信息加工方式进行对比分析。

> 买 2 袋 A 饼干和 1 袋 B 饼干共用 16 元,已知 1 袋 B 饼干比 1 袋 A 饼干贵 1 元,则 1 袋 A 饼干多少元?

> 已知 $\begin{cases} y-x=1 \\ 2x+y=16 \end{cases}$,解二元一次方程组,求 $2x+4y$ 及 $y^2+xy-2x^2$ 的值。

> 小明、小红各有一些苹果,小红比小明多一个,此时小力也有一些苹果,和小明一样多,三人共有 16 个苹果,求小红、小明各有几个?

> 小明去超市买饼干,第一天去 A 超市买了 1 盒饼干,第二天去 B 超市,惊喜地发现 B 超市的饼干便宜 1 元,他很激动,于是买了 2 盒。回到家,他发现两天共花了 16 元,问 A 超市、B 超市饼干的单价分别为多少元?

> 小明在抄这道题时抄错了一个符号,所得的结果是 $\begin{cases} x=15 \\ y=-14 \end{cases}$,抄错的题是 $\begin{cases} x+y=1 \\ 2x+y=16 \end{cases}$,而别人的答案是 $\begin{cases} x=5 \\ y=6 \end{cases}$,求原本正确的二元一次方程组。

> 老师领着小红、小兰和小明去采摘苹果。采摘结束后,老师说:"小红、小兰摘的苹果一样多,小明比小兰多摘了 1 个,你们总共摘了 16 个苹果。"那么小红、小兰、小明各摘了几个苹果呢?

对比上面几组数学问题不难发现,学生对于相同背景和素材的加工和处理方式是存在很大差别的。把学生分成前 3 个和后 3 个两组,第一组学生提出的数学问题是将信息进行初步组合,将基本的数学关系客观准确地予以呈现,是相对较为"标准"的数学问题。后一组学生在信息加工和处理上就更加多样化了,他们将个人生活、学习中的体验融入其中,创造出带有故事性和情节化的数学问题,显得更加丰富和生动有趣,充分体现出学生在提出数学问题时思维的灵活性。

数学语言的转换：

在利用和组织信息提出数学问题时，另外要涉及的思维过程就是将素材信息与任务中给出的方程组进行有意义的联系，信息加工后的实际意义与方程式的数学意义要保持一致，也就是将方程式中的数学语言、符号及其运算关系转换成具有实际意义的问题情境。那么，学生进行数学语言转换的方式有哪些特点和差异呢？下面从三个方面进行对比分析：未知量 x 与 y 的转换；方程 $y-x=1$ 的转换；方程 $2x+y=16$ 的转换。

（直接用 x 与 y）"一只猴子，第一次摘了 x 个桃子，第二次摘了 y 个桃子"；"一块橡皮 x 元，一把尺子 y 元"。

（x 与 y 具有实际意义）"甲和乙每人都有一些苹果，甲比乙少一个"；"一支钢笔比一本本子的单价多 1 元"。

以上摘选了数学问题中的一部分内容来说明学生对于 x、y 的符号转换，分别是在结果中大量出现的两个具有实际意义的情境物——数量和单价，学生 1 直接使用 x、y 符号，尽管其在情境中也具有实际意义，但是这种转换并不流畅；学生 2 则将 x、y 很自然地进行了实际意义的转换，问题的情境化体现得更好了。

（$y-x=1$，$y=x+1$，没有经过现实意义的转化，直接使用数学运算符号，显得生硬）"一个西瓜的价格减一个苹果的价格为 1 元，两个苹果加一个西瓜共花 16 元，问西瓜和苹果单价分别是多少？"

（$y-x=1$，$y=x+1$，数学运算自然地过渡到实际的意义）"马与牛的总数差1"；"小红比小明多 1 个"；"B 超市的饼干便宜 1 元"。

观察上面两个数学问题，我们同样可以看出对于方程式 $y-x=1$ 的转换。

（$2x+y=16$）"小明比小刚少 1 本子，小明本子数的 2 倍加小刚本子数的总和是 16，求两人本子的数量"；"2 斤苹果和 1 斤梨共 16 元"；"买 2 件甲衣服和 1 件乙衣服共花 16 元"。

（$x+x+y=16$）"有三个工程队甲、乙、丙，丙比甲每小时多加工 1 个零件，甲和乙的工作效率相同,甲、乙、丙三个工程队一小时能加工16个零件,问甲、乙、丙三个队每小时各加工多少零件?

数学语言转换失败举例(方程组的数学意义没有与实际意义保持一致):

有一堆苹果,如果按一组来分还多一个,如果按两组分还少16个,问这堆苹果有多少个?

小明家有 x 亩田,大明家有 y 亩田,大明家田地的亩数比小明家田地亩数的2倍少16亩,大明家田地又比小明家田地少1亩,大明家和小明家各有多少亩田?

2. 水平一试题3.2的分析

(1)评分标准及编码说明

表3.5　试题 P2_L1 评分标准和编码说明

试题评分标准	编码说明
掌握原有数学问题的结构及其变量之间的关系; 提出的数学问题包含完整的条件和结论部分。 提出的数学问题在数学结构上与所给的问题情境具有一定的相似性和模仿性。	14:问题情境不变,模仿问题结构,改变或更换条件和问题; 15:模仿原有情境,设计相似的实际情境,模仿问题结构提出问题。
	01:未提出问题; 02:原有的问题情境和结构无任何变化,或仅有数量上的变化; 03:自设的问题情境或结构无相关性、模仿性。

下面是每个编码对应的试题典型样例。

● **达到水平一试题3.2标准的数学问题:**

14:如图是一副对称折叠的梯子,已知上下两格的距离都是40 cm,上面格子比下面格子的长度少3 cm,最上面格子的长度为30 cm,如果梯子总长为420 cm,那么最下面格子的长度为多少?

15:如图是一个两边对称的小型水渠,已知上下两刻度的距离都是40 cm,下面格子比上面格子长度少5 cm,最上面的刻度线所在位置的宽度为50 cm,如果水渠一斜边的长度是 480 cm,那么水渠底面的宽度为多少?

● **未达到水平一试题 3.2 标准的数学问题:**

01:空白或是无意义的符号、文字。

02:一个梯子,上下两格的距离是 30 cm,上面格子比下面格子长度少 4 cm,最下面的格子长度是 40 cm,如果梯子总长度是 450 cm,最上面格子长度是多少?

03:已知等腰直角三角形的腰比底边小 2 cm,又已知斜边长为 6 cm,求边长。

(2)试题 3.2 的结果分析

该题旨在考查学生能否对已有的数学实际问题进行一定的模仿,提出相似的数学问题。学生在模仿之前,首先要掌握已有的问题情境的数学结构,识别出这个数学结构中变量之间的关系,抓住原有问题情境的数学本质。问题提出者应该清楚的是,如果要提出相似的数学问题,哪些问题要素是必备的。通过已有的结果来看,学生从两个角度来提出相似的数学问题,一种是不改变原有的问题情境,模仿问题结构提出数学问题;另外一种是改变原有的问题情境,创设相似的实际情境,模仿原有的问题结构提出数学问题。下面将从这两个方面具体来分析这些问题的一些特点和差异之处。

● 问题情境不变

在不改变原有情境的情况下,就需要模仿原有问题中的数学结构。原有的问题情境是:提供折叠梯子的实物结构如梯格间距、格长、梯长等一些数量关系为已知条件,将问题设置为求解其他变量。该题的数学结构就是梯子上下格等量递推关系,本质上就是等差数列"知三求二"的原理,尽管对于初中生来说这部分数学知识还很陌生,但是该题的任务不在于解决此问题,而是识别其数学问题结构和几个基本变量关系来模仿提出问题。在达到评分标准的数学问题中,大部分是基于原有的折叠梯情境的,存在差异的是问题结构的模仿方式,主要体现在对问题的条件和结论的处理上。模仿方式通常有以下四种类型:更换条件和结论、改变条件、改变结论、改变条件和结论,下面具体来举例分析。

更换条件和结论:将原有问题情境中的某个条件变量变成问题变量,原有的问题变成现在的条件。原有的条件要素是上下格间距、上下格长度差、底格长和总长,原问题是求顶格长度。下面是更换原有条件和问题所提出的数学问题。

已知上下两格间的距离都是 40 cm,上面格子的长度比下面格子的长度少 5 cm,最上面格子的长度是 10 cm,最下面格子的长度是 50 cm,求梯子总长。

有一副梯子,上下两格间距是 40 cm,上面格子比下面格子的长度少 5 cm,最上面格子长 80 cm,梯子总长度为 480 cm,求最下面格子的长度。

改变条件：原有问题的结论不变,改变问题的条件。

如图(图略)是……,梯子打开 60° 平放在地面上时,梯子顶端到地面另一端的距离为 400 cm,梯子从下到上依次递减 3 cm,梯子总共 6 格,那么最上面格子的长度是多少?

改变结论：原有问题的条件不变,改变问题的结论。(求格数、长度比、面积,用料量)

问题条件如上(省略),假如梯子各处一样粗,那么建造这个梯子需要多少米长的木料?

有一副两边对称折叠式的梯子,已知最上面一格距离为 40 cm,每向下一格,距离增加 5 cm,总长为 315 cm,问共有几格?

改变条件和结论：原有问题的条件和结论都有所改变,但与原有问题的基本结构是相似的。

已知梯子上下两格的距离依次递增 10 cm,如果梯子总长度为 210 cm,且最后一格与地面相距 60 cm,那么最上面与最下面格子之间距离是多少?

此处需要说明一点的是,若提出的数学问题既没有改变任何条件,也没有改变问题变量,仅仅是改变条件中基本的数量,那么这样的数学问题不能作为达到评分标准的数学问题。

● 改变问题情境

除了基于原有的问题情境来提出数学问题外,还有许多数学问题跳出了已有的问题情境。尽管问题提出者创设了新的问题情境,其中的数学问题的结构与原问题的结构是相似的,情境的变化始终不能脱离对数学结构的模仿。改变情境的数学问题中也有相当一部分没有考虑到问题结构的相似性,这些数学问题就没有达到评分标准。下面将就这两个方面举例分析。

问题结构具有相似性:通过观察可以发现,许多变化了的问题情境和原有的问题情境具有某种程度的相似性,从整体上看都是具有梯形形状的实物,比如量杯、灯塔、电影院座位、多层蛋糕、叠罗汉等;还有一些问题情境的相似不是实物形象上的相似,而是先结构后情境,如某个动态过程中呈现出的一种递推关系。下面就是几个典型的例子。

　　一座规则的上窄下宽、横截面为正四边形的灯塔高 80 m,分为若干层,每两层之间相距 4 m,底边长 70 m,问最顶层的上底长度是多少?

　　有一堆木条堆在一起,最下面的厚度为 10 cm,每往上一层减小 2 cm,厚度共为 24 cm,问有多少层?

　　电影院中,第一排有 10 个座位,每往后一排,在前一排的两边各多出一个座位。如果电影院共有 220 个座位,那么请问最后一排可以坐多少个人?

　　小明计算了这段时间他的身高变化,每 6 个月量一次,每次均长高 0.8 cm,若一开始他高 166 cm,3 年 6 个月后他有多高?

　　甲乙两地相距 4 670 km,如果有人结伴开车从甲地去乙地办公,开始每小时行 120 km,之后每小时加速 10 km,车辆时速最高可达 220 km,忽略换人和休息的时间,他们多少小时可达到乙地?

问题结构无相似性:在改变情境的数学问题中,有一部分数学问题的结构与原问题的结构之间并无一定的关联和相似性,下面先来看几个相关的例子。

如图(图略),在过年期间,同学甲把一个花炮放在 B 处,点燃花炮后,花炮飞到 A 处并炸开,已知炸开后的火花角度为 30°($\angle BAC = 30°$),其高度为 30 m。问在不受外力的情况下,以花炮为中心火花覆盖的圆的半径最多为多少米?

上述数学问题尽管也是有实际情境的应用题,但在问题结构上与原问题并无任何相似性。在观察大量的数学问题后可以发现,这个现象不仅在改变情境的问题中出现,在不改变情境的数学问题中也有同样的例子。

一个梯子斜靠在墙上,梯子顶端到地面为 8 m,梯子底端到墙角的距离为 6 m,求梯子的长度为多少?

这个数学问题的数学结构实际上是勾股定理,与原有的问题结构也没有相似性,这可能是由于学生并没有抓住所给问题情境的数学结构。

总体说来,学生在提出相似的数学问题时能够尝试改变情境再加以模仿,这本身也表明学生在此过程中进行了积极的思考和探索,体现出思维的多样性,可以多加引导和鼓励。

3. 水平二试题 3.3 的分析

(1) 评分标准及编码说明

表 3.6　试题 P3_L2 评分标准和编码说明

试题评分标准	编 码 说 明
针对现实背景的材料,提取关键的数学信息; 从数学的角度出发,提出相关的结构完整的数学问题; 适当地用数学的原理作出一定的解释和说明。	14:提出针对故事情境的结构良好的数学问题; 15:提出与故事相关的有启发性或反思性的数学问题。
	01:未提出问题; 02:仅提出一些陈述性想法,无数学问题; 03:提出的问题与材料无关,或不是从数学角度出发的问题。

(2) 试题 3.3 的结果分析

该题是基于一个真实的故事情境提出的数学问题,本试题处在水平二中,因此问题的情境不是结构良好的,情境里包含的信息既有与数学相关的,也有一些无关的。情境中无结构化的数学问题,需要问题提出者从已有的故事情境中筛选、过滤掉无关的信息,针对与数学相关的信息,结合故事情境,从数学的角度提出问题,并能适当地用数学的原理作出一定的解释和说明。与水平一的两个任务要求不同的是,本题对提出的数学问题的结构性没有严格的要求,但是要求问题提出者能准确地对所给情境中的数学信息进行筛选和提取,再从数学的角度提出相关的问题。下面将从问题的数学性和问题的相关性两个方面来举例分析。

- **问题的数学性**

要结合情境提出数学问题,首先要求给出的结果是问题的形式,而不是只有一些数学原理的解释或想法,其次问题是从数学的角度出发而提出的,并非由一些无关的信息而提出的问题。下面举几个例子来分析。

> 蟹肚和蟹钳应该每 500 g 100 元。
>
> 买蟹肚的人不应该付 210 元,称下来的蟹肚共 1 500 g,蟹肚算每 500 g 70 元是不对的,蟹肚和蟹钳付的钱都不对,付的钱应共计 400 元。
>
> 阿王是否赔本了,如果赔本了,赔了多少钱?
>
> 蟹的总重应是 1 500+500=2 000 g,若合卖,每 500 g 100 元,应是 400 元,为什么这两个顾客"分开"卖就只付了 240 元? 少的 160 元去哪了?
>
> 阿王亏了吗? 如果亏了,请说明为什么,亏了多少? 如果没有,请说明理由。

本题中的情境是有关商品买卖中的数学计算问题,顾客故意混淆单价和质量的概念,进行了数学上的诡辩,欺骗商贩、少付了钱,因此该情境中关键的数学信息就是交易中因数学概念的混淆而少付了的金额。由上述几个例子可以发现,前面的两个数学问题尽管已从故事情境中准确地提取出了数学信息,但并没有将其转化成相关的数学问题,因此未达到评分标准。而后面的几个数学问题是围绕故事情境中的数学信息而提出的,符合情境任务的要求。

- ● 问题的相关性

本题给问题提出者呈现的信息量较大,其中有些信息和提出数学问题并没有很大的关联,尽管有些信息也有一定的数学特征,但对于解决情境中的实际问题并没有起到关键性的作用,而学生能否从中筛选出关键性的数学信息就是很重要的一个方面。有一些学生在提出相关数学问题的基础上,能够进一步针对情境内容提出反思性的问题。下面观察几个例子:

一只螃蟹多少钱? 两人各买了多少只?

一只蟹钳多少元? 蟹肉的密度是多少?

蟹肚与蟹钳之比是7:3,那为什么最后付的钱是7:1?

蟹肚与蟹钳所占比例是否为7:3?

最后的成交价与阿王的开价相比多了还是少了? 少了多少元? 这是怎么回事?

两个人付的钱对吗? 如果对,请说明理由;如果错,请写出两人各应付多少钱? 为什么会付错钱,请说明理由。

顾客的算法合理吗? 为什么? 如何修改方法使其合理?

通过观察这几个数学问题可以发现,前面的几个数学问题虽然也是和情境有关,却没有抓住关键的数学信息,如蟹的比重、蟹的个数等都是无关的数学信息。后面的几个数学问题除抓住了关键的数学信息之外,还在反思出现这种现象的原因和解决办法,体现出思维的深度。

- ● 解释的方式和角度

学生应能够从数学的角度对故事情境中出现的现象作出解释和说明。通过观察大量的问题可以看出,学生进行解释的方式是有一些差异的。有些学生擅长用较多的文字语言作出解释,另外一些学生则擅长使用较多的数学语言作出解释。下面举例来分析。

在计算时单位要统一,阿王的蟹本来是每500 g要100元,后来两人出价是每1 000 g要100元,可见平时计算一定要细心。

螃蟹一共有:1 500 g+500 g=2 000 g,按每500 g要100元卖:2 000 g÷500×100=400元,现在卖了240元,显然是少付钱的。

4. 水平二试题3.4的分析

(1) 评分标准和编码说明

表 3.7　试题 P4_L2 评分标准和编码说明

试题评分标准	编码说明
提出的命题包含完整的条件与结论; 命题是真命题; 命题与所给的情境具有数学上的相关性。	14:提出的数学命题是依据已给的命题作出归纳、提升; 15:提出的数学命题结合所给的命题和已学的一些数学结论、定理而写成。
	01:未提出问题; 02:提出的不是数学命题,或是错误命题; 03:提出的数学命题与原有命题无相关性、数学逻辑性。

(2) 试题3.4的结果分析

本题的问题提出任务与前三题稍有不同,要求学生提出数学命题。关于本题编制的过程不再赘述。要提出一个数学命题,学生首先必须清楚数学命题的相关概念,然后再结合情境内容组织命题的条件和结论。命题对于条件和结论之间有严格的数学逻辑关系,即"若……,则……"或"如果……,那么……"这样规范的数学语言。从试题的结果看,非命题的结果中有一部分错在数学问题的形式,另外一部分是不完整的命题;命题的结果中有小部分是错误命题或与情境无关的数学命题;另外的就是达到标准的数学命题,这部分命题主要是从两个角度提出的:从原有情境中的数学关系式出发,或结合已有的数学知识、定理提出的命题。下面从这几个方面举例分析。

● **非命题**

非命题是指任务结果呈现的是数学问题或不完整的命题。

已知桌上有三根木棍，一根长 6 cm，一根长 8 cm，一根长 10 cm，请问这三根木棍能否构成一个直角三角形？

第 7 个式子是什么？第 n 个式子是什么？

有一个直角三角形，已知 $AB=3$，$BC=4$，求 AC 的长。

已知 $a^2+b^2=c^2$，求证：a、b、c 为 3、4、5 的倍数。

$13^2+16^2=18^2$。

已知 $3^2+4^2=5^2$，$6^2+8^2=10^2$，$9^2+12^2=15^2$，若 $A^2+B^2=C^2$。

从上述非命题的例子可以看出，在学生没有提出命题的结果中，提出数学问题的可能是因为学生对数学命题的概念还比较模糊，没有区分数学命题与问题之间的差别；另一方面可能是由于前面三个问题提出任务对他们造成了思维定势的影响，把提出命题任务习惯性地当成了问题提出任务。而提出的命题不完整，则可能是因为学生没有掌握数学命题的基本结构和必要组成成分，这也是把提出命题任务设置在水平二对学生的一个挑战之处——学生首先要能对正确的数学命题有一个清晰准确的把握。

- **未达到标准命题**

未达到标准的命题是指错误命题和无关命题。

勾股数是一组等差数列；勾股数所有项底数的和为 12 的倍数。

第 n 组的勾股数用代数式表示为：$3n^2+[3(n+1)]^2=[3(n+2)]^2$。

若 $A^2+B^2=C^2(B>A)$，那么 $C=5(B-A)$。

若 $a^2+b^2=c^2$，则 $\angle c=90°$。

若 $a^2+b^2=c^2$，则 $\sqrt{a}+\sqrt{b}\neq\sqrt{c}$；若 $a+b>c$，则 $a<c$，$b<c$。

如果知道直角三角形的两边，那么可以求出第三边。

从上述几个例子可以看出，学生提出错误命题通常是因为由命题的条件并不能推出结论，如第一个命题"勾股数是一组等差数列"，显然是错误的，情境中的第二组勾股数 6、8、10 就不成等差数列。可以看出，提出错误命题的学生在提出的过程中并没有经过严密的逻辑推理进行合理的验证，完成任务比较草率。提出无关的命题,则通常表现为命题与任务情境中的信息无数学上的直接关联,如"如果知道直角三角形的两边,那么可以求出第三边",尽管是真命题,但与情境中的勾股数之间无直接的关系,并不是围绕勾股数提出的命题,脱离了命题主旨,因此未到达评分标准。

● **达到标准的命题**

达到标准的命题是指基于原有情境,结合其他数学原理的命题。

如果三个数分别是 3、4、5 的倍数,那么它们一定是勾股数。

在勾股数中,如果每个勾股数都扩大或缩小相同的倍数时,那么所得的三个数依然是勾股数。

若 $a^2 + b^2 = c^2$,那么 $(xa)^2 + (xb)^2 = (xc)^2$。

如果在一个三角形中,两边分别为 6、8,第三边为 10,那么这一定是一个直角三角形。

如果一组数是勾股数,那它们一定是某个直角三角形的三边,且最大的那个数是斜边。

当三角形的三边成勾股数时,这个三角形就是直角三角形。

上面几个数学命题都是结合情境内容提出的真命题。通过观察可以发现,一类命题是基于情境中对"勾股数"的定义而提出的,提出命题的思维过程大致是先对情境中的三个数学等式进行数学规律的归纳、总结和提升,验证总结的规律,提出关于勾股数的命题;另外一类是根据"勾股数"的定义,结合已学过的相关数学原理,如勾股定理、直角三角形三边关系等,将两个方面有机地结合、组织条件和结论,提出数学命题。这也体现出学生在组织命题时对其他数学原理的思考和引入,还是值得鼓励的。

5. 水平三试题 3.5 的分析

(1)评分标准和编码说明

表 3.8 试题 P5_L3 评分标准和编码说明

试题评分标准	编码说明
提出的数学问题结构完整； 至少提出两个不同的数学问题； 提出的数学问题具有一定的难度； 问题与原有情境中的信息逻辑上保持一致性。	14：依据条件，提出具有一定难度的结构良好的证明性或判断性问题； 15：提出具有一定解决难度的求解性（如求角、线段长等）的数学问题。
	01：未提出问题； 02：仅提出一个合理的数学问题； 03：提出的数学问题与条件不一致，或无难度的数学问题（仅依据条件即可解决）。

（2）试题 3.5 的结果分析

该题是一个开放性的数学情境，关于一个平面几何图形的折叠，经过折叠后的图形包含了丰富的数学信息。学生首先要能够把图形情境中一些基本变量之间的关系厘清，再由这些条件关系出发，提出具有一定难度的若干个数学问题。当然，此处的"难度"是对问题提出者自身的知识水平而言的，判断"难度"的指标主要有两个方面：问题结构的复杂程度和问题解决上的复杂性。在问题数量上该题的最低标准是两个数学问题。通过分析大量的结果可以发现，学生提出这些数学问题主要是从两个角度出发：一是变量之间关系的一些证明或判断性的数学问题；二是求解某些变量或变量之间关系的数学问题。下面将从问题的类型和问题的复杂性两个方面举例分析。

● 问题的类型

折叠后的图形必然会产生新的线段、角和多边形，有些数学问题就是对这些线段、角、多边形之间的关系的证明和判断（自己要能证明或判断出来），另外一些数学问题则是求解这些变量的值或探索它们之间的关系（添加变量）。下面是几个例子。

求证：$FG = ML$；求证：$MN = GN$。

证明 $\triangle FMN \cong \triangle NLG$；连接 FL，MG，证明四边形 $MGLF$ 为矩形。

$LM = FG$ 吗？试证明；交点 N 在连接 AD 与 BC 中点的线段上吗？

$\triangle FMN$ 是不是一个等边三角形？；过点 C 作 $CH \parallel NG$，梯形 $NHCG$ 是不是一个等腰梯形？

通过这几个例子可以发现,证明性的数学问题一般集中在求证线段的相等,或者三角形的全等、相似。对于问题提出者而言,提出证明类的数学问题之前,首先应能够保证所证明结论的正确性,要证明的变量关系在这个情境中是能够成立的。不同的是,对于判断性的数学问题,问题提出者似乎并不需要准确地确定某些关系,只需抛出一个有待求证的问题即可,由此来看证明性数学问题提出的思维过程更有挑战性。但是当问题提出者对情境中的一些变量关系判断出错时,那么这个证明题本身就是不可证明的,这种情况下的证明问题就未达到评分标准了。如:

证明:$FE = \dfrac{1}{2}BC$。

通过情境的图形分析可知,线段 EF 与 AB 之间的关系不是一半的关系,而提出者要求证明这样的关系就不能作为正确的问题了。

若 $AD = m$,求 MB 的值;求 NP 的值。
若正方形的边长 $AB = 4$,连接 EF,求 EF;求 $\angle FEN$。
连接 E 与 LM、FG 的交点 N,延长 EN 交 BC 于 P,问 PN 与 BF、CG 的关系;
问 FG 与 LM 之间的数量关系。
AE、DE、AF、DK 的数量关系如图;探究 FM 与 LG 的大小关系。

通过上述几个例子可以发现,与证明性、判断性问题不同的是,由于情境的开放性,仅通过情境中的数学信息来求解某个变量的条件还不足,因此求解性的数学问题通常要先补充一些数学信息作为条件,再提出数学问题。而当提出者补充数学信息时需考虑与情境中的一些数学信息要保持一致性,如果忽略了这一点,往往导致条件之间相互矛盾,那么这个数学问题就未达到评分标准,如:

已知 $BC = 2$,$AF = \dfrac{1}{2}$,求出梯形 $FGHE$ 的面积。

若 $AE=5$，$EF=6$，$\angle EFG=60°$，求 DK 的长。

通过对情境中的数学信息分析可以看出，上述两个例子中补充的线段长的比例和角的度数与情境中的信息是不一致的，因此补充的条件就是错误的。这也从另一个侧面反映出学生并没有从整体上把握情境中一些变量的基本关系，他们提出问题的思维还不够严谨。

● **问题的复杂性**

如前文所述，对学生提出的问题的复杂性，主要从问题结构如问题语义结构、信息量等，以及问题解决本身的复杂程度两个方面进行分析。有些数学问题的结构、信息量较大，但并不算难解；有一些问题结构简单，但解决起来对于学生现有的知识水平而言却具有一定的挑战性；另外一些问题兼有结构上和数学上的复杂性。下面举例分析。

折痕 LM、FG 相交于点 N，小明说：$ML \perp FG$，小亮说：$ML=FG$，则 $ML \perp FG$，请问谁说的对？

以 B 为原点构造平面直角坐标系，求 K 点的坐标；求 LM 的解析式。

设 AF 长为 x，HK 长为 y，求出 x 与 y 之间的函数关系式。

点 P 是从 B 到 C 移动的一点（不与 B、C 重合），速度 $S=1$，问当时间 t 为几秒时，四边形 $MNGP$ 是菱形？

观察上面几个例子可以发现，学生在开放的情境下提出问题的角度也是多样化的，甚至还具有一定的语义结构或数学上的复杂性，能够体现出学生在提出问题过程中思维的灵活性和深度。如果学生能够提出相对于自身水平来说较为复杂的数学问题，那么也从侧面反映出学生解决数学问题的能力也是比较强的。

6. 水平三试题3.6的分析

（1）评分标准及编码说明

表 3.9　试题 P6_L3 评分标准和编码说明

试题评分标准	编 码 说 明
添加、编写一些条件； 提出的数学问题结构完整； 条件与情境的信息保持一致； 提出至少两个添加了条件的数学问题。	14：编写一些条件，并以此提出相关的结构良好的数学问题； 15：基于添加的条件，提出具有探索性的数学问题。
	01：未提出问题； 02：通过编写条件提出的数学问题不足 2 个； 03：没有编写条件，或编写的条件与问题不一致。仅提出一个合理的数学问题。

（2）试题 3.6 的结果分析

该题是本套测试题的最后一道试题，情境的开放性更大，给出的是两个等边三角形拼接的图形式情境，情境中没有多余的信息，需要提出者结合情境和自己要提出问题的方向补充编写一些条件，基于添加的条件，再提出两个不同的数学问题。从测试的结果来看，能够达到评分标准的学生比例并不大，有相当一部分学生没有编写或添加条件，还有一些解答虽然达到评分标准，但数学问题的数量不足 2 个。下面将从条件的编写和问题的探究性两个方面举例分析。

● **条件的编写**

在只有两个等边三角形的情境中，提出者需要额外添加一些数学信息对原有的情境进行限定和"改造"，再在自己创造的新情境中，提出若干数学问题。提出者可以根据自己提出问题的方向来编写信息。如果提出者没有编写信息而是直接提出问题，或仅仅是将原有的情境信息进行一些转述，重复原有的条件，则该问题没有完成编写条件的要求。如：

> 请问 AD 与 BE 的数量关系？问：当 $\angle BCD$ 为多少度时，$CGFH$ 为菱形？
> 图中有几对相似图形？请选择一对加以证明。
> 已知 $\triangle ABC$ 为等边三角形，$\triangle CDE$ 为等边三角形，分别连接 AD、BE，求证：$\triangle ADC \cong \triangle BEC$。

上面几个例子中的数学问题都没有添加新的条件，也就没有产生新的情境，因此未达到评分标准。

已知 $\angle DAC = \angle BEC$，$AC = 4$，$CE = 6$，求 BE 与 AD 的比值。

已知 $AB = 5$，$AB : DC = 1 : 2$，求 $BO : OE$。

连接 BD，若 $BD \parallel AE$，A、C、E 在同一条直线上，求 AB 与 DE 的长度关系。

当 $\angle BCD = 90°$ 时，四边形 $OWCN$ 是什么形状？

通过这几个添加条件的例子可以发现，学生编写的条件一般都是关于两个三角形的边长和旋转的角度，除了添加主要条件外，还能够对情境中需要的变量进行编号、连线等，使情境的数学信息更加丰富。

- **问题的探究性**

在符合标准的问题中，有一部分问题对于问题解决者来说具有一定的探索性和开放性，如：

若 $\triangle DCE$ 的面积为 2，$\triangle ABC$ 的面积为 1，能否求出 $\triangle BCF$ 和 $\triangle CDG$ 的面积？若不能，说明理由；若能，请求出结果。

该问题创设较为灵活，求解问题中两个三角形的面积，还需要问题解题者进行一些探究才能做出判断，判断后还需要进一步做出解释或求解，因此具有一定的开放性和探索性。

还有一些数学问题能够新设独特的问题情境，呈现的数学问题具有一定的探究性和创造性。如：

设点 D 和点 B 为动点，移动速度为 $1/s$，$S_{\triangle ACB} = \sqrt{3}$，$S_{\triangle CDE} = \dfrac{\sqrt{3}}{2}$，求 $\triangle ACD$ 的面积与点 D 与移动时间 t 的关系；当点 D 移动几秒后，$\triangle ACD$ 与 $\triangle DCE$ 的面积相等。

该题抓住情境的特点，创设了一个动态的数学问题情境，在动态中探索一些数学变量关系的变化规律，具有一定的创造性。尽管提出这种数学问题的情况在测试结果中相当稀少,但其体现出的独创性的思维还是值得鼓励和引导的。

第四节 研究结论

本研究通过考察三种任务情境(结构良好的情境、半结构的情境、开放性情境)下学生所提出问题的质量,评价学生的问题提出能力。测试结果数据借由双重计分制的编码标准处理,对数据的分析包括以下三方面:(1)八年级学生的数学问题提出能力总体水平,包括总体平均能力水平,在不同能力水平任务上的表现(即各题正确率和解题类型等);(2)八年级学生数学问题提出能力水平的性别差异,包括平均水平及三个水平任务表现的性别差异;(3)八年级学生数学问题提出能力水平与其学业表现相关性分析,包括学生数学问题提出能力水平与其学业成就的相关系数分析、各个水平任务的表现与学业成就的相关系数。

一、数学问题提出能力总体水平
(一)数学问题提出能力总体水平分析

表 3.10 反映了本次调查中的样本在每个测试题中的基本统计量,是对样本总体的描述。可以看出,样本中性别的分布以女生居多;从学生的校级期中成绩平均分可以看出,所选择的被试学生的学业成绩集中在中等水平,成绩之间的离散程度合理,符合预设的被试初始状态。从每一道测试题的总体统计指标来看,不同水平的正确率随着水平层次的提高而逐渐递减。具体来说,水平一对应的 P1 和 P2 两题的正确率分别为 90% 和 80%,水平二对应的 P3、P4 两题的正确率分别为 43% 和 50%,水平三对应的 P5、P6 两题的正确率分别为 20% 和 9%。这些结果基本符合预设的表现,其中以水平一的测试表现较好,大部分被试学生能够达到水平一,能达到水平二的学生则不足半数;学生达到水平三的比例在两个试题上相差较大,从结果看,P6 的正确率更能体现出水平的区分度。从各个试题答题的特征(T)来看,水平一中的 P1、P2 和水平二中的 P3 大部分被试学生的答题特征编码为 14,而在水平二中的 P4 和水平三中的 P5 大部分被试学生的答题特征编码为 02,在水平三中的 P6 大部分学生的答题特征编码为 03。这也反映了学生在测试时具有一些共同的倾向。从答题表现的离散程度上看,学

生在 P2、P4 和 P5 这三题表现的离散程度较大,而另外在 P1、P3 和 P6 这三题表现的离散程度较小,以 P6 的离散程度最小,标准差小于 1。

表 3.10 被试总体统计量指标

		性别	校级期中成绩	P1_L1	P1_L1T	P2_L1	P2_L1T	P3_L2	P3_L2T	P4_L2	P4_L2T	P5_L3	P5_L3T	P6_L3	P6_L3T
N	有效	101	101	121	121	121	121	121	121	121	121	121	121	121	121
	缺失	20	20	0	0	0	0	0	0	0	0	0	0	0	0
均值		0.44	79.706	0.91	3.97	0.80	3.53	0.43	3.26	0.50	3.55	0.21	2.51	0.11	2.53
均值的标准误		0.045	1.097 2	0.026	0.075	0.036	0.100	0.045	0.083	0.046	0.114	0.037	0.099	0.028	0.077
中值		0.44[a]	82.000	0.91[a]	4.06[a]	0.80[a]	3.79[a]	0.43[a]	3.33[a]	0.50[a]	3.65[a]	0.00	2.00	0.00	3.00
众数		0	79.0	1	4	1	4	0	3	1	3	0	2	0	3
标准差		0.498	11.026 5	0.289	0.826	0.400	1.104	0.497	0.918	0.502	1.258	0.412	1.089	0.311	0.847

注:a 表示利用分组数据计算。

表 3.11 是学生能力系数的基本统计量,由表 3.11 可以看出,均值比 0 略大,接近于 0,说明学生的问题提出能力平均在中等左右,呈正态分布。由表 3.11 可知标准差小于 1,说明学生问题提出的能力系数离散程度不大。

表 3.11 学生能力系数基本统计指标

能力		
N	有效	121
	缺失	0
均值		0.105 511 45
均值的标准误		0.056 189 169
中值		0.151 013 59[a]
众数		−0.301 314
标准差		0.618 080 857

注:a 表示利用分组数据进行计算。

(二) 在不同能力水平任务上的表现分析

表 3.12 反映了水平一的 P1 答题情况的基本统计量,正确率 0 和 1 分别占 9.1%

和 90.9％。从答题的特征(T)来看,错误的类型里 02 所占比例最大,达 63.7％,其次为 01,而 03 类型最少。正确类型里 14 占了大部分为 84.5％,有少数的学生属于 15 类型,占到 12.8％,极少数属于 16 的正确类型,说明绝大部分学生善于提出常规的数学应用题。

表 3.12　试题 P1_L1 与试题 P1_L1T 基本统计量指标

			频率	百分比	有效百分比	累积百分比
P1_L1	有效	0	11	9.1	9.1	9.1
		1	110	90.9	90.9	100.0
		合计	121	100.0	100.0	
P1_L1T	有效	1	3	2.5	2.5	2.5
		2	7	5.8	5.8	8.3
		3	1	0.8	0.8	9.1
		4	93	76.9	76.9	86.0
		5	14	11.6	11.6	97.5
		6	3	2.5	2.5	100.0
		合计	121	100.0	100.0	

表 3.13 是水平一的 P2 答题情况的基本统计量,正确率 0 和 1 分别占 19.8％ 和 80.2％。从答题的特征(T)来看,错误的类型里 01 占的比例较大,为 70％,其次是 02 和 03,分别占 12.6％ 和 16.6％,相差不大,这表明许多学生对 P2 的情境不知如何着手。正确的类型方面,14 占了绝大多数为 95％,极少数为 15,这表明大部分学生倾向于基于原有情境模仿提出数学问题。

表 3.13　试题 P2_L1 与试题 P2_L1T 基本统计量指标

			频率	百分比	有效百分比	累积百分比
P2_L1	有效	0	24	19.8	19.8	19.8
		1	97	80.2	80.2	100.0
		合计	121	100.0	100.0	
P2_L1T	有效	1	17	14.0	14.0	14.0
		2	3	2.5	2.5	16.5

			频率	百分比	有效百分比	累积百分比
		3	4	3.3	3.3	19.8
		4	93	76.9	76.9	96.7
		5	4	3.3	3.3	100.0
		合计	121	100.0	100.0	

表 3.14 是水平二的 P3 答题情况的基本统计量,正确率 0 和 1 分别占 57.0% 和 43.0%,错误占多数。从答题的特征(T)来看,错误类型中 03 最多,占到 56%,其次是 02 和 01,正确类型中 14 占绝大多数,比例高达 87.3%,其余为 15,说明在 P3 中能提出反思性数学问题的学生非常少。

表 3.14　试题 P3_L2 与试题 P3_L2T 基本统计量指标

			频率	百分比	有效百分比	累积百分比
P3_L2	有效	0	69	57.0	57.0	57.0
		1	52	43.0	43.0	100.0
		合计	121	100.0	100.0	
P3_L2T	有效	1	6	5.0	5.0	5.0
		2	15	12.4	12.4	17.4
		3	48	39.7	39.7	57.0
		4	46	38.0	38.0	95.0
		5	6	5.0	5.0	100.0
		合计	121	100.0	100.0	

表 3.15 是水平二的 P4 答题情况的基本统计量,正确率 0 和 1 所占比例相当,都在 50% 左右。从答题的特征(T)来看,三种错误类型中 03 类型所占比例最高为 72%,其次为 01,占 23.2%,这表明大部分学生未能提出正确的数学命题或提出的是非命题。正确的类型 14 和 15 占了绝大多数,分别为 40% 和 60% 左右,这说明被试学生善于运用内在规律或已有的定理来组织数学命题。

表 3.15 试题 P4_L2 和试题 P4_L2T 基本统计量指标

			频率	百分比	有效百分比	累积百分比
P4_L2	有效	0	60	49.6	49.6	49.6
		1	61	50.4	50.4	100.0
		合计	121	100.0	100.0	
P4_L2T	有效	1	14	11.6	11.6	11.6
		2	2	1.7	1.7	13.2
		3	44	36.4	36.4	49.6
		4	25	20.7	20.7	70.2
		5	36	29.8	29.8	100.0
		合计	121	100.0	100.0	

表 3.16 是水平三的 P5 答题情况的基本统计量,正确率 0 和 1 分别占 78.5% 和 21.5%,仍然是错误占大多数。此任务的错误类型里 02 占了大多数,达到 72.6%,其次是 01 和 03,这表明该题错误的学生多数是由于提出的问题类型或数量不足。在正确的类型里 14 占大多数,达到 65.3%,其次是 15,占 27% 左右,这表明对于该题被试学生善于提出证明类的数学问题,其次是提出求解类的数学问题;16 类型非常少,说明学生不善于提出不同类型的数学问题。

表 3.16 试题 P5_L3 与试题 P5_L3T 基本统计量指标

			频率	百分比	有效百分比	累积百分比
P5_L3	有效	0	95	78.5	78.5	80.2
		1	26	21.5	100.0	100.0
		合计	121	100.0	100.0	
P5_L3T	有效	1	12	9.9	9.9	9.9
		2	69	57.0	57.0	66.9
		3	15	12.4	12.4	79.3
		4	17	14.0	14.0	93.4
		5	7	5.8	5.8	99.2
		6	1	0.8	0.8	100.0
		合计	121	100.0	100.0	

表 3.17 是水平三的 P6 答题情况的基本统计量,正确率 0 和 1 分别为 90.9％和 9.1％,正确率较之前的测试题更低了,说明本题要求学生提出符合要求的数学问题难度较大,从评价的角度看更具区分性。从答题的特征(T)来看,错误的类型中 03 最多,达到一半左右,其次 02 也较多,占到 1/3 左右,说明近半数的学生是在量或类型上未达到要求,另外一种类型是提出不符合要求的数学问题。正确的类型绝大多数是 14 型,达到 94％,说明类型 14 对于提出问题的学生来说也是比较困难的,15 类型是能够提出具有开放式或探究式的数学问题,这其中需要融入创造性和批判性思维,而这恰恰是我国学生在数学学习中比较薄弱的方面,测试反映出我国学生在这方面存在不足。

表 3.17 试题 P6_L3 与试题 P6_L3T 基本统计量指标

			频率	百分比	有效百分比	累积百分比
P6_L3	有效	0	110	90.9	90.9	90.9
		1	11	9.1	9.1	100.0
		合计	121	100.0	100.0	
P6_L3T	有效	1	15	12.4	12.4	12.4
		2	41	33.9	33.9	46.3
		3	54	44.6	44.6	90.9
		4	11	9.1	9.1	100.0
		合计	121	100.0	100.0	

二、数学问题提出能力水平的差异性比较

有研究者指出,在九年制义务教育阶段里数学能力的性别差异从总体上说不具有显著性[1],但在空间想象能力、逻辑推理能力以及抽象概括能力方面存在显著差异[2]。那么对于数学问题提出能力而言,会存在性别差异吗?本研究首先对男女学生的问题提出能力进行独立性 t 检验,然后又对不同能力任务水平上男女学生的表现进行差异

---

① 范叙保,汤炳兴.数学能力成分的性别差异测试分析[J].数学教育学报,1999(4):70—73.
② 范文贵,李伟华.西方数学学习性别差异研究述评[J].比较教育研究,2008(9):77—82.

性检验,从而回答是否存在性别表现差异的问题。如表 3.18、表 3.19 所示。

表 3.18   不同性别的相关变量统计指标

	性别	N	均值	标准差	均值的标准误
校级期中成绩	女生	54	99.111	21.960 2	2.988 4
	男生	47	91.489	19.546 9	2.851 2
能力	女生	68	0.078 141 32	0.653 987 935	0.079 307 686
	男生	53	0.140 627 85	0.572 958 934	0.078 701 962

表 3.19   男女性别的独立样本 t 检验表

		方差方程的 L 检验		均值方程的 t 检验						
		F	Sig.	t	df	Sig.(双侧)	均值差值	标准误差值	差分的95%置信区间	
									下限	上限
校级期中成绩	假设方差相等	5.021	0.027	1.830	99	0.070	7.621 7	4.164 0	−0.640 6	15.884 1
	假设方差不相等			1.845	98.944	0.068	7.621 7	4.130 4	−0.573 9	15.817 4
能力	假设方差相等	0.551	0.459	−0.550	119	0.583	−0.062 486 5	0.1 135 824	−0.287 391 1	0.162 418 0
	假设方差不相等			−0.559	117.329	0.577	−0.062 486 5	0.111 730 5	−0.283 756 5	0.158 783 1

表 3.18 和表 3.19 对男女生答题表现分别作了独立样本检验、方差方程的 L 检验和均值方程的 t 检验,表 3.20 为相关变量的性别假设检验汇总。

表 3.20   性别差异的假设检验汇总

	原假设	测试	Sig.[*]	决策者
1	校级期中成绩的分布在性别类别上相同	独立样本 Mann-Whitney U 检验	0.125	保留原假设
2	能力的分布在性别类别上相同		0.630	保留原假设
3	P1_L1 的分布在性别类别上相同		0.908	保留原假设
4	P1_L1T 的分布在性别类别上相同		0.799	保留原假设

	原假设	测试	Sig.*	决策者
5	P2_L1 的分布在性别类别上相同		0.250	保留原假设
6	P2_L1T 的分布在性别类别上相同		0.103	保留原假设
7	P3_L2 的分布在性别类别上相同		0.413	保留原假设
8	P3_L2T 的分布在性别类别上相同		0.290	保留原假设
9	P4_L2 的分布在性别类别上相同		0.405	保留原假设
10	P4_L2T 的分布在性别类别上相同		0.436	保留原假设
11	P5_L3 的分布在性别类别上相同		0.250	保留原假设
12	P5_L3T 的分布在性别类别上相同		0.804	保留原假设
13	P6_L3 的分布在性别类别上相同		0.604	保留原假设
14	P6_L3T 的分布在性别类别上相同		0.812	保留原假设

注：* 表示渐进显著性水平为 0.05。

表 3.20 为几个变量在性别上差异的假设检验汇总，由结论可知不同的变量对于原假设的检验结果是一样的，原假设为"男女生的问题提出表现在不同的变量方面没有显著差异"，表 3.20 显示检验结果均为保留原假设，即表明男女生在这几项变量中没有表现出显著差异，这说明在问题提出能力的表现上来说，男女生的能力相当，不存在男强女弱或女强男弱的现象。

三、数学问题提出能力与学业成就的相关性分析

表 3.21　学业成绩及各试题间的相关分析表

		学业成绩	P1_L1	P2_L1	P3_L2	P4_L2	P5_L3	P6_L3	能力函数
学业成绩	Pearson 相关	1	−0.011	−0.021	0.049	0.294**	−0.051	0.071	0.118
	Sig.（单侧）		0.456	0.417	0.313	0.001	0.307	0.240	0.119
	N	101	101	101	101	101	101	101	101
P1_L1	Pearson 相关	−0.011	1	0.131	0.158*	0.204*	0.165*	0.017	0.442**
	Sig.（单侧）	0.456		0.076	0.041	0.120	0.035	0.427	0.000
	N	101	121	121	121	121	121	121	121

		学业成绩	P1_L1	P2_L1	P3_L2	P4_L2	P5_L3	P6_L3	能力函数
P2_L1	Pearson 相关	−0.021	0.131	1	0.264**	0.253**	0.008	0.173*	0.565**
	Sig.（单侧）	0.417	0.076		0.002	0.003	0.466	0.029	0.000
	N	101	121	121	121	121	121	121	121
P3_L2	Pearson 相关	0.049	0.158*	0.264**	1	0.160*	0.074	0.022	0.563**
	Sig.（单侧）	0.313	0.041	0.002		0.040	0.209	0.404	0.000
	N	101	121	121	121	121	121	121	121
P4_L2	Pearson 相关	0.294**	0.204*	0.253**	0.160*	1	0.237**	0.077	0.675**
	Sig.（单侧）	0.001	0.012	0.003	0.040		0.004	0.200	0.000
	N	101	121	121	121	121	121	121	121
P5_L3	Pearson 相关	−0.051	0.165*	0.008	0.074	0.237**	1	0.078	0.508**
	Sig.（单侧）	0.307	0.035	0.466	0.209	0.004		0.196	0.000
	N	101	121	121	121	121	121	121	121
P6_L3	Pearson 相关	0.071	0.017	0.173*	0.022	0.077	0.078	1	0.272**
	Sig.（单侧）	0.240	0.427	0.029	0.404	0.200	0.196		0.001
	N	101	121	121	121	121	121	121	121
能力	Pearson 相关	0.118	0.442**	0.565**	0.563**	0.675**	0.508**	0.272**	1
	Sig.（单侧）	0.119	0.000	0.000	0.000	0.000	0.000	0.001	
	N	101	121	121	121	121	121	121	121

注：＊＊表示相关系数在 0.01 水平上显著（双侧）；＊表示相关系数在 0.05 水平上显著（双侧）。

表 3.21 是对测试中几个变量作的皮尔森（Pearson）相关分析，由表中的结果可以看出，学生的校级期中成绩与问题提出的能力系数值之间不存在统计意义上的相关性，期中成绩与水平二的 P4 的相关性在 0.01 水平上显著（P＜0.4），校级期中成绩与其他几个测试题中未出现统计上的相关性，这可能是由于 P4 的问题提出情境中的数学知识背景与学生学校中的数学知识内容有较大的联系。关于测试题之间的相关性，表 3.21 显示，水平一的 P2 与水平二的 P3、P4 之间，水平二的 P4 和水平三的 P5 具有 0.01 水平上的显著性相关（P＜0.4）。其中 P4 与其他测试题间具有较为普遍的相关性，可能是因为试题在编制和开发过程中在数学知识内容、情境的预设方式上具有一

定的相关性。

四、讨论及分析

通过对测试结果进行定性内容分析和定量数据分析,本研究得到了关于总体能力水平、性别差异以及数学问题提出能力与数学学业成绩相关性的一些结论,为研究者进一步探究我国八年级学生的数学问题提出能力提供了依据,而对研究结果及其相关要素的讨论则有利于后续研究的开展。

(一) 问题提出任务的不同层次与学生的表现

从整体上来看,测试预设的三种不同层次的问题提出水平与学生的表现基本上是保持一致的,即学生在三种不同的任务背景下,其表现具有一定规律的差异性。这些差异性与不同层次的问题提出任务是有相关性的,具体体现为大部分学生在水平一问题提出任务中的表现优于在水平二中的表现,水平二问题提出任务中的表现优于水平三,这就表明学生在问题提出表现上一定程度地受到所给任务的不同层次的影响。

水平一的问题提出任务具有结构良好的问题情境,要求学生提出与情境结构一致或相似的数学问题。学生在这种任务情境下提出数学问题的表现最好,原因可能在于任务已经为学生提供了较为完整的数学问题结构,对他们来说,提出结构相同或相似的数学问题就相对容易一些。水平二的任务为学生提供的是半结构化的或真实的情境,要求学生结合已有的知识经验从数学的角度提出问题,能够从结构不良的情境中,归纳总结出数学结构,提出数学问题或数学命题。在这个任务情境下,学生提出问题的表现就没有在水平一的任务中那么好了。由于该层次的任务没有明确清晰的数学问题结构,需要学生结合情境自己归纳出数学或数学问题结构,进而提出数学问题,这对学生来说显然就不会那么容易了。水平三的任务中,提供了更具开放性的问题情境,分为两条任务路径:一是情境本身含有较为丰富和复杂的数学信息,要求学生从情境中的数学信息出发,提出具有一定难度的数学问题。二是数学信息不完整,要求学生结合任务情境补充数学问题必要的条件和结论,使情境中的数学结构完整,提出具有一定复杂性或解决难度的不同的数学问题。在这个层次的任务下,对学生来说提出符合要求的数学问题最为困难,他们的表现也不如前两种任务那么好。该层次的任务要求学生能够利用情境复杂的数学信息,自己组织问题结构,提出具有一定难度的数学问题,这不仅需要学生对数学问题的提出具有较高的要求,而且对学生如何理解和利用情境中已有的信息,并且能够补充符合情境要求的其他数学信息也有较高的要求,因此该层次任务对学生具有更强的挑战性,对他们来说也是最为困难的。

尽管学生的问题提出表现与任务的层次总体上是一致的,但是通过对答题结果的分析也可发现,有些学生在三个不同层次任务表现上具有一定的"反常"现象。具体表现为,在结构化的任务情境中他们的表现并不佳,反而在开放性的任务情境下表现得更好。这一方面可能是由于他们更加偏好没有预设太多信息的情境任务,倾向于在一定自由空间下提出自己创造的数学问题,这也表明了他们在提出数学问题时表现出的个人特质和倾向;另一方面,也可能是由于他们对该层次任务中的数学内容或相关的数学知识更加熟悉。这也促使研究者反思如何完善问题提出任务,使测评工具能够具有更加广泛的适用性和可靠性。

(二) 学生提出数学问题的特点

从问题背景的信息来源来看,学生善于运用自身已有的生活经验作为组织数学问题的素材,主要包括:(1)家庭生活经验,如与父母亲之间、兄弟姐妹之间的日常生活经历,以家庭中的日常生活为素材和背景的数学问题比较多。(2)学校生活经验,学校里的学习生活和人际交往过程也是学生非常熟悉的,因此以学校生活为背景提出的数学问题也占了相当多的部分。(3)社会生活,主要以社会生产、运作的一些知识经验,以社会生产、生活中的素材为背景也是学生提出数学问题加以利用的重要信息。(4)已有的数学知识,数学知识本身也同样蕴含了许多可以用来提出问题的素材,许多学生把代数、几何中一些已学过的数学概念、原理整合起来,提出应用性的数学问题。

从数学问题的组织来看,可以发现即使学生利用的是相同类型的素材,他们组织数学问题的方式却各不相同,具有以下几个不同的特点:(1)直接运用信息组织数学问题,即将任务情境中的相关数学信息直接融入所选择的素材中组织问题,如数学中两个量的倍数关系、大小关系在素材中的表现与组织方式都是直接和显性地呈现出来,或直接运用已有的数学结构组织数学问题。(2)间接的问题组织方式,即数学问题中的数学关系和结构是隐含在素材中的,以较为隐性和间接的方式呈现出来;或是对原有的数学关系进行一定的改变,间接地利用数学结构组织数学问题。

从个体提出的问题来看,可以发现同一个学生在某个任务情境下提出的数学问题具有以下的特点：（1）相似性，即在同一任务情境下的数学问题之间有一定的相似性，在问题的结构和组织上具有一定的相似性，不同的问题在条件或结论上具有一定的对称性，甚至这种相似性还会在不同的任务情境之间有所体现。（2）连续性，学生在提出某种类型的数学问题后，会倾向于连续性地提出这类数学问题，问题之间具有一定的连续性。（3）可解决性，大部分学生都倾向于提出自己能够解决的数学问题，即使任务情境中鼓励他们提出有难度的数学问题。

（三）学生的学业成绩与问题提出能力的相关性

对测试结果数据进行相关性统计分析发现，学生在校的数学期中成绩与测试结果中的问题提出能力系数之间并没有显著的相关性，仅仅与某个测试题之间具有一定水平上的相关性，但这种相关性也是比较微弱的。这说明学生的问题提出能力具有自身独特的特性，并非数学成绩优异的学生在问题提出方面就能表现得同样出色，相反一些数学成绩不突出的学生在测试中表现并不差，这也能够说明数学能力的多样化和复杂性。不少前期研究者认为数学的问题解决能力与问题提出能力之间具有较强的相关性，这与本研究的结论有一定的差异。分析其中的原因，可能会引发另外一种猜测和预想——学校中的数学测试成绩在多大程度上反映出数学问题解决能力？这个问题是不是值得进一步探究？由此可以引导我们继续思索相关的研究课题。

（四）不同的问题提出水平表现出的差异性

从数学问题提出的问题性和数学性来看，不同学生问题提出水平的差异性表现为：有的学生尽管进行了数学信息的筛选与组织，但是最终呈现的并不是真正意义上的数学问题，仅仅是一些含有数学信息的陈述句，不具有问题性。另外一些学生提出的则称得上是问题，但问题本身却不包含数学关系或数学结构，不具有数学性。这就表明，对于数学问题本身的基本要素和结构能否清晰地把握和辨识是问题提出水平高低的一个重要判断因素。

从数学问题的拓展性来看，学生问题提出水平的差异性表现为：在一定的任务情境的信息下，有一些数学问题是在原有的情境下利用情境中的数学结构提出的。另外一些数学问题是学生基于自己的生活经验进行信息的拓展，或对情境中的数学结构、数学关系进行类比、归纳，提出具有拓展性的数学问题。是否对原有任务情境中的信息或数学结构进行拓展进而提出数学问题，也体现了学生问题提出的不同水平，能够提出拓展性问题的学生在问题提出水平上表现更优。

从数学问题的语义结构来看,学生问题提出水平的差异性表现为:一些数学问题在语义结构上语言逻辑不清,或与情境中的数学信息或条件不一致,或在将数学符号语言转化为数学问题时在语义上缺乏流畅性,甚至引发歧义。另外一些数学问题在语义结构上表述清晰,逻辑严密,比如在问题后附加一些条件的说明,或结果数据的说明,在阐述不同量之间的数学关系时能够准确无误地进行语义表述,并使语义结构完整。学生提出的数学问题在语义表达的准确性、逻辑性,结构的完整性和复杂度也是体现问题提出水平差异性的一个标准。

从数学问题的复杂性来看,在问题结构完整的前提下,如果试图解决一个提出的数学问题,问题解决者思维中进行的解题步骤越多,那么这样的一个数学问题更具复杂性。当解决学生提出的数学问题时,可以发现有些数学问题可能只需条件中的一两个步骤就可以解决,也有一些数学问题需要经过多个步骤或者更多的步骤才能够得以解决,甚至有一些问题可能超出了学生目前能够解决的范围。能够提出具有一定复杂度的数学问题也表明提出者本身也投入了较多的数学思考,在问题提出过程中的思维容量更大,那么问题提出的水平则更高了。

从问题的开放性和探究性来看,学生问题提出水平的差异性表现为:有些数学问题具有明确的条件与结论,属于封闭性数学问题,也有一些数学问题的条件或结论较为开放,答案并不唯一,或问题的结论需要经过探索才能得出,属于开放性或探究性数学问题,这种数学问题本身就具有激发数学思维的潜在价值,可以说是很好的数学问题。因此,能否提出具有开放性或探究性的数学问题也是学生问题提出水平差异性的一个重要体现。

如果显性地来看问题提出的数量和类型,不难判断提出数量较多的不同类型的数学问题也是问题提出表现较好的一个体现,提出问题的数量较多体现了问题提出的流畅性,提出不同类型的数学问题则表明问题提出更加多样化,体现了问题提出者多样化的思维。

(五)数学问题提出能力评价研究展望

本研究采用自行开发的能力测评框架与测评工具来评价学生问题提出能力的表现,由于缺乏经验借鉴,这些测评框架和测评工具有待进一步完善。而研究方法采用量化和质性分析相结合,对测试结果进行数据编码、统计分析与文本质性分析,但无法对学生提出问题的思维过程进行更加深入的了解,也缺少对问题提出能力的影响因素的假设和分析,这些都有待开展后续相关研究。

今后的研究可从以下几个方向展开:如何建立完善的问题提出测评框架和测评工具;教学实践中如何发展和培养学生的数学问题提出能力;学生提出数学问题的思维过程是怎样的;如何评价教师本身的问题提出能力;数学问题提出能力与其他数学能力之间具有怎样的关系;哪些因素会影响到学生数学问题提出能力的表现和发展,等等。这些课题都有待进一步的研究和探索。

第四章 数学问题解决能力

我国《义务教育数学课程标准(2011年版)》将数学问题解决列为阐述课程目标的四个内容之一,足以看出我国数学教育界对学生问题解决能力的重视。20世纪80年代初,NCTM强调把问题解决(Problem Solving)作为中学数学的核心,并提出将解决问题的成绩作为衡量数学教育成效的有效标准。此外,英国也提出数学教育的核心是培养解决数学问题的能力,强调数学只有在能应用于各种情况下才是有意义的。至此,关于数学的问题解决能力及其教学几乎成为数学教育研究的一大趋势,研究者主要从数学问题的内涵、过程、影响问题解决能力的因素以及教学方法等方面对数学问题解决能力进行了诸多研究。

目前我国对于数学问题解决的研究主要集中在基于问题解决的教学和数学问题解决的策略,对数学问题解决能力的研究相对较少,特别是还没有形成一套评价学生问题解决能力的框架及测试题。因此,关于问题解决能力,本研究主要从数学问题解决的概念界定、发展状况、评价方式等方面来论述,开发测评框架以及测试题,并对学生的数学问题解决能力进行评价和分析。

第一节 研究背景

一、我国数学课程改革的期待

问题解决能力作为数学活动过程中重要的能力之一,目前还没有统一的界定。NCTM在2000年颁布的标准和德国在2003年颁布的数学课程标准中对"数学地解决问题"给出了不同的界定。我国数学教育一直非常重视"数学地解决问题"的能力，2011 年颁布的《义务教育数学课程标准(2011 年版)》对此做了较为详细的说明，强调通过数学课程学习初中学生应获得数学问题解决能力。[①] 虽然我国对这一领域的研究起步较晚，但发展却很迅速，过去的教学主要强调数学自身的逻辑性和学科内容本身的学习，现在已经逐渐转变为将数学视为解决实际生活问题的工具；数学教学过程中数学问题的呈现形式也完成了从数学情境到生活情境的转变，这意味着我国数学教育研究者们已经开始关注学生在实际生活中运用数学知识的情况。

二、数学问题解决的意义

能力是在某个个人的、专业的或社会的生活领域中为拥有竞争力而需要掌握的重要因素。数学能力指在内化或外化的情境里理解、判断、做和使用数学。[②] 数学能力作为学生学习数学的一种结果，着重强调学生不仅能够在数学题的练习、数学活动、数学考试以及竞赛等这些明确给予数学规定的环境中主动地利用数学，还能在未明确给予数学规定的情境如日常生活和数学以外的专业领域中能够主动利用数学的意识以及过程。

数学问题不仅是一种帮助学生发展他们思维能力的工具，还可以帮助他们培养解决日常生活问题的基本技能，数学教学的目的是让学生能够更有效地解决这些问题。事实上，解决问题的经历对学生而言是非常重要的，学生可以通过解决问题发展自己的思维技能，从而能够更好地解决日常生活中的问题。

数学问题解决是一种思维过程，这个过程可以让问题解决者利用数学知识理解问题情境，获得关于情境的新信息，也使得问题解决者在遇到同类情境问题时不再紧张或感到迷惑。[③] 问题解决之所以被视为数学学习的核心内容，是由于这个技能不仅可以帮

① 中华人民共和国教育部. 义务教育数学课程标准(2011 年版)[M]. 北京：北京师范大学出版社,2012.

② Niss, M.. Mathematical competences and the learning of mathematics: The Danish KOM project [C]// A. Gagatses, et al. (Eds.), *3rd Mediterranean conference on mathematical education*. Athens: Hellenic Mathematical Society, 2003: 115 – 124.

③ Lester, F. K., Jr. & Kehle, P. E.. From problem solving to modeling: The evolution of thinking about research on complex mathematical activity [C]// R. Lesh & H. M. Doerr (Eds.), *Beyond constructivism: Models and modeling perspectives on mathematics problem solving, learning, and teaching*. Mahwah, NJ: Lawrence Erlbaum, 2003: 501 – 517.

助学生学习数学知识,而且还能够培养其思维方式。由于解决数学问题的过程与一般的问题解决过程类似,学生也可以将数学知识和问题解决的能力应用在日常生活中。[①]

数学地解决问题不仅要从问题解决者最终得到的问题答案来判断,还要全面地评价问题解决者数学地解决问题的能力,进而对其解决问题的过程进行评价。

第二节 文献综述

根据已有文献,这里主要呈现以下几个关于问题解决过程的重要研究成果。

一、问题解决的各种模型

(一)杜威的问题解决过程模型

杜威(John Dewey)认为,所有年级和所有课程的学习都应该以问题解决为主要学习方式和目的,这也是其实用主义的具体体现。在杜威看来,大量的实践和发现活动都与学生的问题解决有关,他提出了问题解决的五个步骤:(1)开始意识到难题的存在;(2)识别出问题;(3)收集材料并对之分类整理,提出假设;(4)接受和拒绝试探性的假设;(5)形成和评价结论。[②] 这是一般问题的解决过程,对于具有情境的数学问题的解决过程而言,这一过程也是适用的。

杜威的"五阶段论"是根据人们实际解决问题的过程提出来的,是建立在理论思辨与实践藐视相结合的基础之上的。此后的许多阶段论都是基于杜威的理论来建立的,直到皮亚杰提出认知和信息加工策略,认知理论家们认为杜威的模式过于简单。尽管如此,杜威的模式仍然在一定程度上符合数学问题的解决过程。

(二)纽维尔和西蒙的问题解决阶段

依据信息加工理论,纽维尔和西蒙(Newell & Simon)分析了人类解决问题的过程,并将问题解决过程分为两个阶段:[③]

---

① Pimta,S.,Tayruakham,S.,& Nuangchalerm,P.. Factors influencing mathematic problem-solving ability of sixth grade students [J]. *Journal of Social Sciences*,2009,5(4):381-385.

② 刘儒德. 论问题解决过程的模式[J]. 北京师范大学学报(社会科学版),1996(1):22—29.

③ 鲍建生,周超. 数学学习的心理基础与过程[M]. 上海:上海教育出版社,2011:179—180.

（1）了解问题。即问题解决者将问题进行心理表征,并以内在的形式存储在大脑中或以外在的形式呈现在纸上、电脑里或其他外在载体上。

（2）寻找解决方法。即问题解决者提取到的问题信息激活其大脑长时记忆中的知识,并选择问题解决的策略和方法。若找不到有效的策略和方法,问题解决者会修正自己的问题表征;若问题解决者成功地将问题解决,问题解决者会肯定自己的问题表征并确定问题表征正确地表述了问题本身,此时问题解决者会将本次的问题表征保留在长时记忆中,使本次问题解决中的信息变为个体的新知识。

（三）波利亚的问题解决阶段

波利亚以问句的形式呈现了成功的解题者在解题时一般的思维过程,同时希望以这种形式为引导来帮助解题者解决问题。波利亚将成功的问题解决者的思维过程分成四个阶段来呈现,分别是理解题目、拟定计划、实施计划以及检验结果。[①]

（1）理解题目。解题者看到题目之初首先要弄清已知量、未知量以及条件等,并判断这些条件是否确定未知量、是否充分、是否多余或矛盾等。这一阶段波利亚向解题者提出的引导性问题包括：你要解决的问题中的未知量是什么？问题中有哪些数据？问题中的条件是什么？你找到的条件和数据是否满足解决问题所需的数据和条件,条件和数据中是否有多余的,是否存在矛盾？

波利亚关于解决问题的第一阶段,即引导问题解决者理解什么是“理解题目”,以及理解题目所需思考的问题。当面对同一个要解决的问题时,不同的问题解决者找到的条件和数据不同。

（2）拟定计划。在第一阶段找到数据和条件之后找出已知数量和未知数量的联系,包括直接联系和间接联系。找不到时可能需要解题者思考与之相关的、能帮助其建立数学联系的辅助性问题,最终确定解决问题所需的条件和数据。

这一阶段是解决问题的关键,在这一阶段波利亚提出的引导性问题包括：你以前见过它吗,或者见过形式不同的类似问题吗？你是否能回想起与此有联系的问题？是否可以应用一个熟悉的定理？是否需要引入辅助元素以利用已解决的问题？你能不能重新叙述一下这个问题？你能不能用不同的方法来叙述它？

---

① ［美］G.波利亚.怎样解题：数学思维的新方法［M］.涂泓,冯承天,译.上海：上海科技教育出版社,2007.

当问题解决者不能解决问题时,波利亚建议先解出一个与此相关的问题。对此,波利亚提出了以下问题:你是否利用了所有的已知数据或整个条件,是否利用了问题本身所含有的必要概念?你能不能想到一个与之相比容易着手的相关问题,比如一个更特殊的问题、一个更普遍的问题或一个类比的问题?你能否解决这个问题的某一部分?去掉问题的一些条件会如何,这样的问题能解决到什么程度?你是否可以从已知数据中导出一些数据或条件,能不能导出有助于解决问题的数据或条件?如果改变数据或未知数使新数据与新未知数更接近,是否对解决问题有帮助?

这个阶段需要问题解决者回忆与所面对的问题相关的问题,或根据需要适当地改变数据和条件,以找到与之相关的更特殊或更普遍的相对较容易解决的问题,并在这个过程中不断地审视问题中所包含的条件,特别是提醒问题解决者注意问题本身所包含但题目中未表述的隐含性条件。另外,波利亚还提到,在这一阶段中除了需要以前学到的知识、良好的思维习惯、解题时目标集中外,问题解决者还需要好的运气,特别是遇到相似或者相同的问题时。当然,问题解决者的经验是其拥有好运气的前提,从这里也可以看出,波利亚对经验重要性的强调,他把解题者的经验虚化为解题者的运气。

(3)实施计划。将之前分析解决问题的过程付诸行动,并不断地检验计划的正确性。在此阶段,波利亚认为问题解决者应当坚持检查每一个步骤。对此,他提出的引导性问题有:你能清楚地看出这个步骤是正确的吗?你能证明这个步骤是正确的吗?

波利亚之所以要将实施计划作为解决问题的四个阶段之一,是因为执行方案不仅仅包含简单的一步一步的操作,同时还需要问题解决者在实施过程中不断地检验自己的方案计划。所执行的方案计划大致可以分为两种,一种是问题解决者在权威者影响下采纳的从外界获得的方案,一种是问题解决者主要依靠自己而构思出的方案。波利亚认为,如果问题解决者执行的是第一种方案,那么他在执行的过程中很可能忘记自己的方案,这就需要他不断地验证每一步方案的正确性,以确保自己没有遗漏步骤或没有将计划好的方案执行错误;如果执行的是后一种方案,那么执行者可以在执行的过程中检验自己方案的每一步,同时也是在不断地审视题目,不断地思考自己所指定的方案的完整性。

(4)检验结果。问题解决者在执行完解决问题的方案后需要重新检验得到的解决结果,同时也要完整地检验所执行的方案。这一阶段对于问题解决者的引导性问题是:你可以用不同的方式推导出这个结果吗?你能一眼就看出这个结果吗?你能检验这个结果吗?

波利亚认为,这个检验的过程是问题解决者对所得到的完整结果的回顾,同时也是对题目进行再一次的斟酌,对结果以及导致结果的途径审查,能够巩固知识并进一步培养解题者解决问题的能力。其实这就是问题解决者将本次经历的解决问题的过程进行回忆、总结经验的过程。①

需要说明的是,在解题者解决问题的过程中,波利亚所描述的这四个阶段经常会交叉出现。如,解题者可能在找已知量的过程中就在一直制订计划,同时也在不断地修正计划,在执行解题方案计划的同时可能在不断地验证,在发现错误后及时中止现有计划中的错误部分,并重新审视问题及时加以修正,然后再执行修正后的计划。

(四) 舍恩菲尔德的数学解题模型

舍恩菲尔德(Schoenfeld)依据元认知在问题解决中起到关键作用的观点提出了六阶段问题解决过程,这六个阶段分别是读题阶段、分析阶段、探索阶段、计划阶段、执行阶段以及验证阶段。② 下面主要介绍前四个阶段:

(1) 读题

读题即熟悉题目。

(2) 分析

这一阶段主要指用简要的形式表述问题,舍恩菲尔德建议画张图表或草图。分析问题表达的意思,以及明确已知条件是什么、问题是什么;并判断目标是否合理,必须遵守哪些原理和系统或哪些原理和系统是相关的,问题可以归为哪个数学内容中,等等。

(3) 探索

在探索阶段,舍恩菲尔德又将其分为三步:

第一步是考虑类似问题。可以利用等价条件代换题设或结论,同时可以尝试利用

① [美]G.波利亚. 怎样解题:数学思维的新方法[M]. 涂泓,冯承天,译. 上海:上海科技教育出版社,2007.
② 鲍建生,周超. 数学学习的心理基础与过程[M]. 上海:上海教育出版社,2009.

不同的观点或更方便的术语以及逻辑的等价形式对问题进行重新构造,另外还可以通过改变次序或引进新信息来重新组织问题,通过这些方法可以找到与之相等价的问题。之后可以进行尝试性的计划,先考虑常规问题,或考虑有关条件和结论的一般性问题。

第二步是改变问题。在无法找到解决问题的可执行的方案时,可以尝试对问题稍加改变。通过增加条件信息、降低结论的要求或只实现部分结论要求,从而尝试解决与之相关的较容易的问题。也可以通过削弱条件或减少限制条件再尝试解决问题。

第三步是在陷入困境时检验相关问题。尽可能地联想与之条件相似或结论相似的问题,以及解决这些问题时所使用的方法,并尝试使用这些方法解决本问题。或者通过将某个或某些已知条件与问题互换,将问题看作已知、将条件看作未知,然后尝试解决。

（4）计划

计划贯穿整个过程,保证问题解决者进行的活动是有益的,会经常思考有没有其他途径或是否一定要这样做,是否有必要进行计算等。

（五）布川和彦基于问题情境的解决过程

布川和彦(Kazuhiko Nunokawa)提出,问题解决过程含有四个基本的过程：(1)探索问题情境,尝试运用数学知识;(2)从问题情境中获得信息;(3)理解问题情境后,再次分析情境以便获得更多信息;(3′)当问题解决者从问题情境中发现新的数学信息时,他们就可以从中获得解决问题的知识,从而将这些知识纳入到原有的知识体系中;

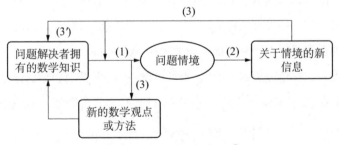

图 4.1　数学问题解决概念①

① Nunokawa, K.. Mathematical problem solving and learning mathematics: What we expect students to obtain [J]. *Journal of Mathematical Behavior*, 2005, 24(3): 325 - 340.

(4)在解决问题过程中,问题解决者可能会发现运用已有方法或缺乏某些方法时,可以建构出新的数学方法和理念。[①]

(六) 关于数学解决问题的思考

从上述文献中我们可以看到,杜威、纽维尔和西蒙是从问题解决这一大的领域进行分析总结,对于问题解决过程的总结较为清晰,也为学科中的问题解决奠定了基础。但他们涉及的问题解决方法不仅仅包括数学地解决问题,同时也包括其他任何可以解决问题的方法。而波利亚和舍恩菲尔德都是站在解数学题的角度分析学生解决问题的过程。但是数学地解决问题不仅仅是解决数学题,更是利用数学知识来解决日常问题。在学生解决问题的过程中,许多问题材料通常是用本国的语言文字呈现,学生要数学地利用这些用文字表述的材料,需要经过一个上述文献均未提及的重要步骤,即将这些材料数学化。这是数学地解决问题中关键的一步,也是数学地解决问题与教育学中的问题解决以及纯粹的解数学题之间的重要区别。

针对这一重要区别,依据已有文献,我们试图从数学活动的角度把问题解决者解决问题的过程分为以下几个阶段:第一阶段,对已给的含有问题的材料进行分析、提取条件,并明确问题;第二阶段,将已提取的条件以及所要解决的问题转化为数学语言;第三阶段,对已提取的条件进行逻辑组织,并进行推理、计算等,得出未知的数量或关系等,并制定解题计划和步骤;第四阶段,执行解决问题的计划步骤,得出最终的问题的答案。需要说明的是,第一,在问题解决者解决问题时所进行的四个阶段不是完全按照从第一阶段到第四阶段的顺序进行的,中间会出现循环往复的过程。第二,在问题解决者解决问题的思维过程中,这四个阶段不是相互独立的,问题解决者进行其中某一阶段的思考将有助于对其他阶段的思考,某些阶段会交叉进行。第三,问题解决者不一定需要完整地经历四个阶段,如当问题可以直接用材料中已给出的条件解决时,那么问题解决者就可能不会经历第四个阶段,在第三阶段得出的未知的数量或关系可能就是解决问题所需要的答案。

---

① Nunokawa, K.. Mathematical problem solving and learning mathematics: What we expect students to obtain [J]. *Journal of Mathematical Behavior*, 2005, 24(3): 325 – 340.

二、数学问题解决能力评价

(一) PISA 的测评框架

PISA 不断完善对数学问题解决能力的测评框架。2009 年提出的问题解决能力认知水平框架包括再现水平、联系水平、反思水平,[①]有关数学问题的提出和解决的不同认知水平具体描述如下:

(1) 再现水平:通过识别和复述练习标准化的纯理论和实用的封闭式问题,能够提出问题并系统地阐述问题;能通过唤起和使用标准化的方法和过程解决问题,且只能用一种方式进行。

(2) 联系水平:在唤起和理解标准化的方法与过程、复述练习过的标准化的纯理论和实用的封闭式问题之外,能够提出问题并系统地阐述问题,且能更独立地联系不同数学领域和表述模型来解决问题和进行交流(如通过纲要图解、表格、图表、文字以及图片)。

(3) 反思水平:在复述练习过的标准化的纯理论和实用的封闭式问题以外,能够较好地提出问题并系统地阐述问题;并能够通过唤起和使用标准化的方法与过程解决问题,以及使用通过在不同的数学领域和表述模型以及交流中建立联系后的更新颖的问题解决过程。

(二) TIMSS 对问题解决能力的测评框架

TIMSS 将学生问题解决能力的评价分为理解、应用以及推理论证,[②]并将其在数学内容上加以细化。

(1) 理解

回忆	回忆定义、术语、数的性质、几何性质以及符号表示(如 $a \times b = ab$,$a + a + a = 3a$)
识别	认知数学对象,如图形、自然数、表达式以及数量;认识数学中的等价性(如熟悉的分数、小数以及百分数的等价;不同位置的几何图形)

① OECD. PISA 2009 assessment framework-key competencies in reading, mathematics and science [EB/OL]. [2016 - 03 - 01]. http://www.oecd.org/dataoecd/11/40/44455820.pdf.

② Mullis, I., Martin, M., Ruddock, G., O'Sullivan, C., & Preuschoff, C.. TIMSS 2011 assessment frameworks[R]. International Association for the Evaluation of Educational Achievement, 2009.

计算	执行算法包括＋、－、×、÷以及这些运算符号与自然数、分数、小数和整数的组合;能够进行常规的计算
检索	从图表、表格或其他资源中检索信息;能阅读简单的刻度
测量	使用工具进行测量;选择合适的测量单位
分类、排序	通过目标的共性对物体、图形、自然数以及表达式进行分类或分组;对类别关系作出正确的决定

（2）应用

选择	在已知的过程、算法或解决方法中选择有效的或合适的运算、方法或策略进行问题解决
再现	利用图表、表格以及一般的表达式针对给定的数学的本质或关系展示数学信息和数据
建模	建立合适的模型,如方程、几何图形或图表以解决常规的问题
应用	应用一套数学说明(如利用已给出的规范画出图形或图表)
解决常规问题	解决与课堂上遇到的相似的标准的问题(这些问题是学生熟悉的情境或纯理论的熟悉的问题)

（3）推理论证

分析	能够判定、描述或使用变量间或目标间的关系,能够从已给信息中作出有效的推断
一般化/特殊化	将数学思考的结果或问题解决应用到更一般化和更广的适用条件中
整合/综合	在一些不同的知识和相关的表述间建立联系,并在相关的数学的观点间建立联系;整合数学事实、数学概念以及数学过程以形成结果,并整合结果以产生进一步的结果
证明	通过参考已知的数学结果或数学性质进行证明
解决非常规问题	在学生未遇到过的相似条件的数学情境或真实生活中,利用数学事实、数学概念以及数学过程解决不熟悉的或复杂的问题集

　　所以,在 TIMSS 对学生评价的分类中,应用中包含理解和推理,此交叉评价会影响评价的准确性。相对来说,PISA 中的认知水平的分类对于学生数学地解决问题能力的评价更有帮助。通过将问题解决者在问题解决过程中的认知水平进行划分,我们可以清晰地看到问题解决者的数学问题解决能力在各个阶段处于哪个水平,对此进行

准确判断,为教师日后对学生开展有针对性的教学会有极大的帮助。

数学问题解决能力是学生学习数学后所能获得的重要的数学能力,但大部分研究主要针对问题解决的教学以及问题解决的模式等,对于数学问题解决能力评价的研究极少,这使得一线教师对于评价学生数学地解决问题的能力水平没有一个可以依据的测评框架,很难准确地把握学生数学问题解决的能力,相应地开展有针对性的教学就更难了,所以利用已有的国际评价项目以及理论研究,找到符合我国数学教学实践情况的测评框架,对我国数学教育事业将会有极大的推动作用。

三、数学问题解决能力的内涵

(一) 数学能力

数学能力是指在内化或外化的情境里理解、判断、做和使用数学。[①] 研究者们对数学能力的研究主要有两个视角:

一是从心理学关于能力的研究出发得出关于数学能力的界定,苏联心理学家克鲁切茨基关于中小学数学能力心理学研究对我国数学能力研究有着重大的影响。基于此,我国数学教育研究者大多从心理学视角将数学能力视作顺利且有效地完成数学活动的个性心理特征。[②]

二是从数学活动特点出发,将数学能力视为数学活动特征,主要代表人物丹麦学者尼斯认为,掌握数学就意味着拥有数学能力,即能在不同的数学背景与情境内外理解、判断和使用数学。[③] 相比而言,从心理学视角出发定义的数学能力更加宏观,而尼斯的定义更能体现能力形成的过程性和方法性,更有针对性地体现了数学能力的本

[①] Niss, M.. Mathematical competences and the learning of mathematics: The Danish KOM project [C]// A. Gagatses, et al. (Eds.), *3rd Mediterranean conference on mathematical education*. Athens: Hellenic Mathematical Society, 2003: 115 – 124.

[②] 徐有标,陶文中. 试谈数学能力成分及其测试方法[J]. 课程·教材·教法,1990(2): 16—17.

[③] Niss, M.. Mathematical competences and the learning of mathematics: The Danish KOM project [EB/OL]. [2016 – 03 – 01]. http://www.nationalacademics.org/mseb/Mathematical_Competencies_and_the_Learning_of_Mathematics.pdf.

或参见: Niss, M. Mathematical competences and the learning of mathematics: The Danish KOM project [C]// A. Gagatses, et al. (Eds.), *3rd Mediterranean conference on mathematical education*. Athens: Hellenic Mathematical Society, 2003: 115 – 124.

质,有利于展开对学生数学能力的培养。①

数学能力作为学生学习数学的一种结果,着重强调学生不仅能够在数学题的练习、数学活动、数学考试以及竞赛等这些明确规定的环境中主动地利用数学,而且包括学生在未明确给予数学规定的情境,如日常生活和数学以外的专业领域中,能够主动利用数学的意识以及过程。

(二) 数学地解决问题

基于问题呈现形式的不同,数学地解决问题与数学问题解决是有区别的。数学问题解决中的问题是用数学语言表述或基于一定的实际情境的数学问题;而数学地解决问题中的问题更倾向于用现实情境呈现问题。如此看来,后者比前者在解题过程中要多一步,即将现实问题情境转化为数学问题。所以基于文本分析,本研究将"数学地解决问题"界定为采用各种恰当的数学知识、方法与策略,解决在数学或其他情境中出现的问题,并能检验与反思数学问题解决的过程。②

(三) 数学地解决问题的能力

对于数学地解决问题的能力,目前没有一个统一的定义。通过对已有的主要文献进行分析可以发现,目前关于数学地解决问题的能力的界定主要分为以下几种:

1. 描述性定义

美国 NCTM 在 2000 年颁布的标准中将数学地解决问题描述为:通过解决问题掌握新的数学知识;解决在数学及其他情境中出现的问题;采用各种恰当的策略解决问题;能检验和反思数学问题解决的过程③。德国在 2003 年颁布的数学课程标准中将数学地解决问题界定为:拥有适当的数学策略去发现解决问题的思路或方法并加以反思。④

PISA 中把数学地解决问题描述为对各种数学问题进行系统阐述和定义,并能用不同的方式解决各种不同的数学问题,其中包括纯理论的、应用的、开放式的以及封闭式的问题。⑤

---

① 斯海霞,朱雁. 中小学数学核心能力的国际比较研究[J]. 比较教育研究,2013(11): 105—110.

② 徐斌艳. 数学学科核心能力研究[J]. 全球教育展望,2013(6): 67—74+95.

③ 全美数学教师理事会. 美国学校数学教育的原则和标准[M]. 蔡金法,等,译. 北京: 人民教育出版社,2004.

④ 徐斌艳. 数学学科核心能力研究[J]. 全球教育展望. 2013(6): 67—74+95.

⑤ OECD. PISA 2009 assessment framework-key competencies in reading, mathematics and science [EB/OL]. [2016 - 03 - 01]. http://www.oecd.org/dataoecd/11/40/44455820.pdf.

2. 纲领性定义

我国教育部颁布的《义务教育数学课程标准(2011年版)》中规定,通过课程学习,初中学生应获得数学问题解决的能力具体包括:

(1)初步学会在具体的情境中从数学的角度发现问题和提出问题,并综合运用数学知识和方法等解决简单的实际问题,增强应用意识,提高实践能力。

(2)经历从不同角度寻求分析问题和解决问题的方法的过程,体验解决问题方法的多样性,掌握分析问题和解决问题的一些基本方法。

(3)在与他人合作和交流的过程中,能较好地理解他人的思考方法和结论。

(4)能针对他人提出的问题进行反思,初步形成评价与反思的意识。①

数学地解决问题的能力是数学能力的重要组成部分,考虑到其思维过程的复杂性,本研究认为纲领性定义对于全面描述数学地解决问题的能力存在困难。依据这些已有的文献以及本研究给出的数学能力的定义,我们从描述性定义的角度将数学地解决问题的能力定义为:在内化或外化的情境里遇到问题时,能够提取出情境中所含的显性或隐性条件,并用数学的语言进行表述,进而利用数学知识对其进行分析、判断、推理以及计算等,最后得出问题结果的能力。

数学地解决问题的能力作为学生学习数学的一种结果,是学生将所学的数学知识内化后,利用头脑中建构起来的数学知识结构对遇到的问题进行分析、判断、推理以及计算等的能力。

当然,从数学教学以及数学评价的角度,在现有的理论以及技术水平下,基于这样的定义对学生的数学地解决问题的能力进行测评难度较大,难以实现全面且客观的评价。但如果从数学活动的角度,根据数学教育家斯托里亚尔的观点,将数学活动看作一种模式的思维活动,并分为三个阶段——对经验材料进行数学化的组织,进而对其进行逻辑化的组织,最后建立数学理论,②从而可以对数学地解决问题的能力给出描述性的定义。

基于以上分析,本研究将数学地解决问题界定为:采用各种恰当的数学知识、方法与

① 中华人民共和国教育部. 义务教育数学课程标准(2011年版)[M]. 北京:北京师范大学出版社,2012.
② [苏联]A. A. 斯托利亚尔. 数学教育学[M]. 丁尔陞,等,译. 北京:人民教育出版社,1984.

策略,解决在数学或其他情境中出现的问题,并能检验与反思数学问题解决的过程。所以,本研究将数学地解决问题能力定义为:选取恰当的基本数学知识与策略,对问题情境再认识,并通过建立合适的数学模型,达到对数学知识的再应用,最后合理地计算并反思解决问题的过程和结果。概括来说,数学地解决问题主要考量的维度有:数学基本知识和策略的选择及应用、对问题情境的认识、数学建模、数学知识的再应用以及计算和反思。

第三节　研究过程与方法

一、数学问题解决能力测评框架构建

数学问题解决能力如何进行评价,近些年来目前国内外不少学者都进行了许多有益的探索,但是从研究的进展来看,还没有比较统一的测评工具。自从 20 世纪 80 年代开始,数学问题解决已经成为整个数学教育研究的一大主题,但迄今为止,对数学问题解决能力的研究较少,目前还没有形成一套评价学生问题解决能力的框架及测试题。那么,问题解决能力如何进行评价,问题解决过程中究竟包含哪些数学思维特征,问题解决能力的差异性体现在哪些方面,又如何对学生数学问题解决进行能力上的区分和评价呢? 这必然需要我们深入探究问题解决能力不同水平的分层。我们可以从哪些角度来刻画和描述学生问题解决的表现呢? 从已有的文献资料看,这方面的研究还不丰富。另外,数学地解决问题的能力不仅需要从问题解决者最终得到的问题答案来判断,还需要对其解决问题的过程进行全面的评价。

(一) 目标能力水平

根据 PISA 2009 对能力认知水平的划分,本研究将数学地解决问题的能力划分为三个水平,如表 4.1 所示。

表 4.1　数学地解决问题的能力水平划分

水平	内涵	具体描述
水平一	理解题目中所给信息、辨别信息的关键特征及其之间的关系	(1) 能将具体情境数学化; (2) 能从情境描述中识别并选择数学信息; (3) 能组织已有的数学信息,明确解决情境的关键数学问题; (4) 能清晰地表达简单的数学事实

水平	内涵	具 体 描 述
水平二	建构或应用一个外在表述,解决此问题	(1) 领会已识别和选择的数学信息的含义; (2) 联系不同数学领域的知识和不同的数学表达形式(如图表、文字、符号等); (3) 能简要、有逻辑地表述思考过程、解决方法以及结果;能在判断的基础上解释自己的数学结果对于情境的意义
水平三	评估解题结果、解释结果的合理性以及与人交流结果	(1) 不仅知道事实,并能以不同的方式解释数学结果;对数学模型、模型结果与现实的一致性进行解释;反思自己的解题结果和策略; (2) 设计能完整呈现某个复杂的解决与论证过程的方案;比较、评价并纠正他人的理解;能灵活转换数学思想的载体,并能根据具体情况选择最优的表达载体;表达对学习过程的检查和反思,使解决问题过程进一步具有合理性、完整性、简洁性、和谐性

(二) 情境设置

PISA 2009 中根据问题本身和学生生活的距离将问题情境由近到远划分为个人生活、教育领域、职业领域、公共生活以及科学领域。[①] 而情境中的问题解决方法并不是显而易见、触手可及的,需要考查学生对知识的综合运用以及分析问题的能力。[②] 从数学问题类型的角度来讲,在本研究中数学地解决问题的能力具体指学生解决非常规问题的能力,即理解题目中所给信息、辨别信息的关键特征及其之间的关系,建构或应用一个外在表述,解决此问题,并评估解题结果、解释结果的合理性以及与人交流结果。而这些非常规问题多指真实生活情境中的问题,所以测试题的设计也是基于实际生活情境,希望能够评价学生在生活中利用数学解决问题的能力。

(三) 题型分析及能力表现形式

测试任务包括两种题型,即填空题和解答题。解答题能促使学生积极思考和推理,让学生展示解决方案的过程能有效反映其高层次思维,而且解答题往往来源于实际生活问题,学生需要用数学语言将其数学化后才能解决,这一类题型适合评价学生解决复杂问题和在现实情境中应用知识的表现,因此可用于测试数学问题解决目标能

---

① OECD. PISA 2009 assessment framework-key competencies in reading, mathematics and science [EB/OL]. [2016 - 03 - 01]. http://www.oecd.org/dataoecd/11/40/44455820.pdf.

② 陆秋,徐斌艳. 问题解决能力的等级水平及其评价——PISA 2003 的亮点[J]. 学科评价,2007(4):51—53.

力水平二和水平三。[1] 填空题能用于判断学生是否理解文本并简短地表达观点,适合测试目标能力水平一和水平二。

1. 水平一:记忆与再现

数学问题解决能力主要通过学生解决生活情境中的问题来测量。首先学生要能够将生活情境中的题目转化为数学题目,即水平一主要的评价任务包括:(1)能将具体情境数学化;(2)能从情境描述中识别并选择数学信息;(3)能组织已有的数学信息,明确解决情境的关键数学问题;(4)能清晰地表达简单的数学事实。以试题 4.1 和试题 4.2(1)为例。

试题 4.1:给定一个门框的尺寸,试问一块长 6 m,宽 4.4 m 的薄木板能否从门框内通过? 为什么?

试题 4.1 源于真实生活情境中的问题——长、宽都大于门框的木板能否通过门框? 这一问题在古代就已经出现过。此问题的关键是要能够将情境问题数学化,要求木板能否通过门框,即比较木板的宽和门框对角线的大小。一旦学生将情境数学化,并且识别出关键数学信息后,此题将变得非常简单,仅仅是勾股定理的应用而已。如果学生不能识别这一关键信息,例如认为木板能否通过门框是由两者的面积大小决定,或相应比较两者的长和宽,又或者识别出要求门框的对角线,最后却将门框对角线与木板的长来作比较,这样一来就将题目理解错了,说明学生此时还未达到水平一的能力。

积分兑换礼品表

兑换礼品	积分
电茶壶一个	7 000 分
保温杯一个	2 000 分
牙膏一支	500 分

试题 4.2(1):小华家的超市积分卡中有 8 200 积分,因为积分即将被清零,小华要将积分兑换成礼品,并且尽量把积分兑换完。小华看到这样的积分兑换礼品表,请问:

(1)小华最后兑换了两种礼品,请问可能是哪两种? 为什么?

---

[1] Shepard,L. A.. The role of assessment in a learning culture [J]. *Educational Researcher*,2000,29(7): 8.

这是一道填空题,填空题在此也主要考查学生数学问题解决能力的水平一,即学生能否从具体情境中识别信息,并准确地表达出来。此处,若学生只写"电茶壶和牙膏"或"保温杯和牙膏"或"电茶壶",都说明学生没有准确识别或表达数学信息。

2. 水平二:联系与变式

达到此能力水平的学生,能够联系不同数学领域的知识和不同的数学表达形式(如图表、文字、符号等),能简要、有逻辑地表述思考过程、解决方法以及结果。以试题4.3 为例。

节日到了,学校打算在校园行道树上缠绕管状霓虹灯以作点缀(如图),每棵树上绕 4 圈,树木的截面周长约为 0.6 m,缠绕高度为 2.5 m。我们希望缠绕的霓虹灯软管尽可能短,请你计算每棵树上缠绕多少长度的霓虹灯软管,请写出具体计算过程。

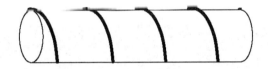

法一:可以将霓虹灯管估计成四个周长加上整个的高。

1	四倍周长加上高	解:$4 \times 0.6 + 2.5 = 4.9$(m) 答:树上需要大约 4.9 米的霓虹灯软管。

此方法侧重估算。

法二:

2	直接利用树干的侧面展开图解决	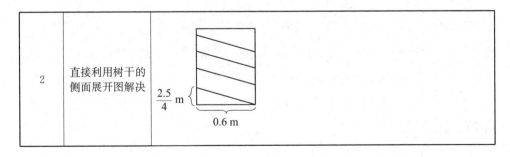

		解：由树干的侧面展开图可以得出霓虹灯软管的长度为 $$4\sqrt{\left(\dfrac{2.5}{4}\right)^2+0.6^2}=\dfrac{\sqrt{1\,201}}{10}\approx 3.47(\mathrm{m})$$ 答：树上需要大约 3.47 米的霓虹灯软管。

此方法将立体问题转换成了平面问题，实现数学不同领域的联系，很好地刻画了数学问题解决能力的水平二。

法三：

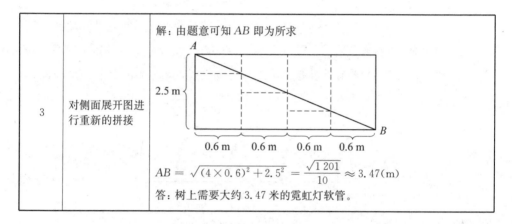

3	对侧面展开图进行重新的拼接	解：由题意可知 AB 即为所求 $$AB=\sqrt{(4\times 0.6)^2+2.5^2}=\dfrac{\sqrt{1\,201}}{10}\approx 3.47(\mathrm{m})$$ 答：树上需要大约 3.47 米的霓虹灯软管。

此方法类似于法二，但又比法二更进一步，不仅将立体图形转换为平面图像，还进一步将图形重新拼接，对题目的理解更透彻，思考也更深一步。

3. 水平三：反思与拓展

此能力水平要求学生不仅能够得出问题解决结果，还要对自己的解题结果进行反思，保证自己的解题过程和结果以及解释的一致性。

具体有两点：(1)学生在解题过程中不仅要知道事实，还能以不同的方式解释数学结果；对数学模型、模型结果与现实的一致性进行解释；反思自己的解题结果和策略；(2)设计能完整呈现某个复杂的解决与论证过程的方案；比较、评价并纠正他人的理解；能灵活转换数学思想的载体，并能根据具体情况选择最优的表达载体；表达对学习过程的检查和反思，使解决问题的过程进一步具有合理性、完整性、简洁性、和谐性。以试题 4.4 为例。

某人想利用树影测高,他在某一时刻测得长为1 m的竹竿影长0.9 m,但当他马上测树高时,因为树靠近一幢建筑物,影子不全落在地面上,有一部分影子上了墙,如图,他测得留在地面部分的影长为2.7 m,留在墙壁部分的影高1.2 m,求树高。

法一:

1	投影到地面的树的高度加上投影到墙面的树高	解:$1.2 + \dfrac{2.7}{0.9} = 4.2$(m) 答:树高4.2米。

法二:

2	先求树的完整地面投影,再算树高	解:$\dfrac{1.2 \times 0.9 + 2.7}{0.9} = 4.2$(m) 答:树高4.2米。

法三:

3	利用比例列方程进行计算	解:设树高 x 米,则有 $\dfrac{x - 1.2}{2.7} = \dfrac{1}{0.9}$,解得 $x = 4.2$(m) 答:树高4.2米。

以上三种解题方法是学生常用的三种类型,虽然结果都正确,但解题过程和思维方式是不同的。所以我们将这三种不同的解题方式定义为三种正确解题类型,通过学生所用的解题类型分析学生数学地解决问题的过程和能力。

二、测试任务设计

根据数学问题解决需要的问题情境、题型、能力表现形式、目标能力水平分类等,本研究编制了一套数学问题解决能力测试卷。测试卷共分两部分:学生基本信息和测试题。学生基本信息包括:学校、班级、姓名、性别及最近一次数学期中考试成绩。经过两次预测的反馈和课题组的讨论会,正式施测的测试题共有四道题,其中第二道题有两小题。这些题目主要涉及的数学内容有:数与代数和图形与几何。主要基于现实生活情境,让学生尝试数学地解决生活中的问题,学生可以通过"记忆与再现"、"联系与变式"、"反思与拓展",恰当地使用数学知识和解题策略表现自己数学地解决问题的能力,四道题目的目标能力水平包含了三个层次。

数学地解决问题能力测试题的水平等级划分为:

水平一:在真实情境下直接使用基本知识解决简单问题(一般一步或两步完成)。

水平二:在真实情境下使用多个知识点或多次使用某个知识点解决生活中熟悉的一般问题(一般在五步以内完成)。

水平三:在真实情境下使用综合知识解决的问题(一般在五步以上完成)。

表 4.2 测试题基本情况

题号	内容	目标能力水平	情境类型	题型
4.1	数与代数:勾股定理	水平一	生活情境	解答题
4.2(1)	数与代数:方程	水平一	生活情境	填空题和解答题
4.2(2)	数与代数:方程	水平二	生活情境	解答题
4.3	图形与几何:周长及高	水平二	生活情境	开放题
4.4	图形与几何:平行	水平三	生活情境	解答题

第四节 研究结论

一、数学解决问题能力的总体水平

数学解决问题能力是指对已给的含有问题的材料进行分析、提取,并将其转化为数学语言,进而进行逻辑组织以及推理、计算等最终得到问题答案的能力。问题解决被视为数学学习的核心内容,这个技能不仅可以帮助学生学习数学知识,而且还能够培养学生的思维方式。由于解决数学问题的过程类似于一般的问题解决,学生可以将数学知识和问题解决的能力应用在日常生活中。如表 4.3 所示,属于目标能力水平二的学生占全体参与测试学生的 76.0%,而属于目标能力水平一和水平三的学生占比分别是 13.6% 和 10.4%。即学生的总体数学解决问题能力水平基本位于水平二(在真实情境下使用多个知识点或多次使用某个知识点解决生活中熟悉的一般问题,一般在五步以内完成)。也就是说,数学解决问题能力处于中等水平的学生占大多数,而处于两端的学生占较少的一部分。

表 4.3　分属于三个目标能力水平的学生占比

	水平一	水平二	水平三
占比	13.6%	76.0%	10.4%

由此可知,本研究调查的学生总体解决数学问题的能力水平处于水平二——"联系与变式",处于该水平的学生能够理解并挖掘问题本身所含有的数学意义,可以利用较为复杂的数学方程和算式解决问题,而且能够解释自己和他人的解决问题的方式和数学思想。水平二是学生能力达到水平三的关键,调查表明学生的总体能力水平已经达到了提升至水平三的要求,但从水平三学生所占的比例来看,提升至水平三的程度并不令人满意。水平三要求学生具有反思和拓展的能力,也就是要求学生在具备了基本的数学分析和运算的思维能力后,能够主动、持续并更深入地重新思考数学问题和思想。这种思考具有更强的逻辑性和延展性,能够让学生在解决问题的过程中理解其中蕴含的数学思想并推广到其他类型的问题。反思能够帮助学生评价并纠正自己和他人解决问题方式的优劣,使问题的解决方式和过程更简洁完整。继续深入分析这三个能力水平上学生的差异和存在的具体问题,才能有效地帮助我们分析学生的数学问题解决能力水平,并为数学教育教学和研究提供有针对性的建议和意见。

(一) 试题总体正确率分析

如表 4.4 所示,学生在目标能力水平一和水平二的任务中平均正确率分别为 64.4% 和 54.5%,均高于目标能力水平三任务中的平均正确率(40.8%),即学生在目标能力水平越高的任务中答题正确率越低,这符合我们的一般认识。

表 4.4　三个目标能力水平任务中学生答题的平均正确率

	水平一	水平二	水平三
平均正确率	64.4%	54.5%	40.8%

但是,从测试题的答题正确率(图4.2)可以发现,学生在试题4.2(2)表现得比试题4.2(1)好,正确率为76.3%,远高于同目标能力水平任务(试题4.3)的正确率(32.7%),甚至高于比其目标能力水平低的任务(试题4.1和试题4.2(1))的正确率(分别为68.0%和60.8%)。原因之一是试题4.2(2)的问题情境更加生活化,而且在平时的作业和练习中也经常出现,所以对学生而言更熟悉;原因之二是试题4.2(2)的问题设置更开放,学生不需要严格的理论计算就能够尝试着写出所有可能的结果,而试题4.2(1)和目标能力水平相同的试题4.3却需要严格的代数运算。除此之外,试题4.4属于目标能力水平三的任务,但其正确率(40.8%)却略高于目标能力水平比其低的试题4.3的正确率(32.7%)。这超出本研究的预设,即认为学生在目标水平三上的表现会最差。其原因和试题4.2(2)一样,这类题目在学生平时的学习中经常会出现,学生对解决这类题目的方法比较熟悉,而且问题情境也贴近学生的实际生活。

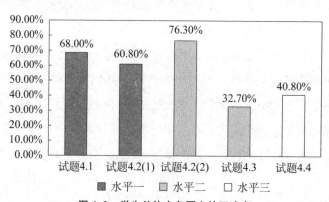

图4.2 学生总体在各题上的正确率

(二)学生解题类型总体分析

每一道测试题的编码都由两位数组成,第一位数字表示学生解答正确的水平,第二位则是学生解题类型(包括解题策略、数学表征方式、错误类型等)的诊断编码。通过对各题诊断编码的分析,可以获得学生数学问题解决能力的特征。已有研究表明,数学活动主要可以分为三个阶段:对经验材料的数学组织;对数学材料的逻辑组织;对数学理论的应用。这三个阶段也反映了数学学科的形成和发展途径。从教育角度看,在作为数学活动的数学教学中,教给学生的不是死记现成的材料,而是让学生自己独立地发现科学上已经发现了的东西,同时学会有逻辑地组织通过经验而得到的数学材料,最后在各种具体问题上应用数学理论知识。

1. 对经验材料的数学组织

数学地解决问题首先要求学生能够将实际生活材料加以组织、再现,用数学的形式呈现出来,这样可以使问题更加直观,使得学生更容易调用自己已有的数学知识。本研究测试题的设计不是完全的经验性的材料,而是包含一些较为明显的数学信息。所以,在这一要求上本研究测试题的难度是有所降低的。即便呈现出明显的数学信息,但是调查发现这一解决问题的能力仍然不容乐观。在开放题或有关可能性的题目上,学生估算和猜测的可能性很大;如果问题情境不具有太强的数学性,学生会忽略用数学的方式解决问题,而是更加随意地凭经验去猜测和估计。这样,学生就容易忽略掉其他需要考虑的因素和变量。例如,试题 4.2 关于积分兑换的情境类问题,部分学生的解答如下图所示。

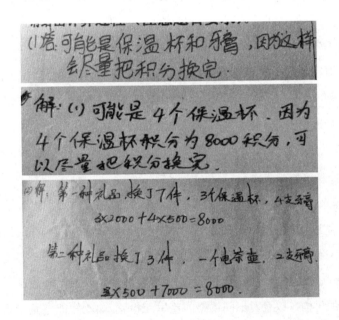

从以上三种解答可以看出,学生考虑到了要将 8 200 个积分尽量用完,所以想到了所有搭配兑换的可能性,但他们只给出了自己猜测的答案却没有说明原因,尤其第三种解答例子,学生采取的策略是尝试各种兑换搭配的方法,而没有数学化的论证。由此,可以看到

学生无法很好地对经验材料进行数学性的组织,致使他们无法说明解题的理由。

2. 对数学材料的逻辑组织

当学生经历从数学角度组织或积累经验材料后,还需要抽象出原始概念和公理体系,并在这些概念和体系的基础上演绎地建立理论。[①] 理论构建是数学发展的一个重要特点,学生自主地构建数学理论能够帮助学生更深入地体会数学问题和情境的作用与特征。在学生从经验中抽象出数学的原始数据、概念及公理后,对数学材料的进一步组织是决定解题结果是否正确的重要一步,也是数学的公理体系得以发展的重要一步。从杂乱无章的数学信息或材料中挖掘信息之间的关系,厘清解决问题的思路是组织数学材料的最终目的。

学生在数学解题学习过程中主要会遇到三类问题,一类是由实际情境呈现的问题,一类是由情境和数学表述相结合的问题,还有一类是纯数学问题。学生在解这三类问题时都会经历同一过程,即逻辑地组织数学材料。但有很多学生在繁多的数学信息中无法厘清量与量之间的关系,以及量的变化情况,因而在解题过程中思路不清。例如,在试题1中,有部分学生计算了门框对角线的长度并且在解题过程中考虑到了木板对角线,但在最后得出结论的时候却没有说明理由,也未将二者结合起来说明问题。再如,试题4.3中,学生能够将立体图形通过展开图的形式转化成平面图形来解题,但是在这个过程中却不能组织好转化之后量的变化情况及它们之间的关系,导致计算出现错误。

3. 对数学理论的应用

数学常被人们认为是一门抽象的学科,但无论现代数学如何抽象,它都植根于实践中,尤其在需要解决实践问题时,数学会发挥决定性的作用。[②] 在解决这些非数学问题时,我们需要将问题转化为数学理论需要的已知条件。运用已有的数学理论解决实践问题乃是问题解决的根本。而学生在运用数学理论时能够体现出他们对策略的选择、对方法的再构建以及对不同策略的反思和检验,如此才能完整地解决问题并有利于学生的继续学习和创造。

---

① 徐斌艳.数学学科核心能力研究[J].全球教育展望,2013(6):70.
② 徐斌艳.数学学科核心能力研究[J].全球教育展望,2013(6):70.

本研究中,学生解决这四道实际生活情境类问题主要采用代数方法,尤其是试题4.3,利用算术方法的学生人数并不多,这是由于学生从小学五年级开始就从算术思维逐渐转向代数思维,故初中二年级学生已经非常熟悉用代数方法解决问题。同时,我们可以发现,当学生因为不能理解题意而导致无法解决问题时,他们很少选择代数的方法,而是会利用算术方法将题目中出现的数字进行简单的加减乘除,如试题4.3。学生正是因为无法厘清题目中各个量之间的关系,才会在不理解运算意义的情况下随意运算。

本套测试题中的试题4.3较为抽象,要求学生计算绕在圆柱体上的霓虹灯软管的长度,此题需要学生能将立体图形问题转化成平面上更加直观且可以用已有知识解决的问题。但从解题正确的学生所选择的解决策略来看,有一大部分学生用一圈的长度再加上绕一圈上升的高度,最后再乘以4。这样的计算方式属于我们定义的解题类型1,即四倍周长加上高。这种方式虽被评定为正确,但是结果并不准确,没有考虑到绕在圆柱体上的每一圈不是水平直线而是斜线,所以只能算是估算。

另外,无论是考试、练习还是平时的学习,知识的迁移总会不可避免地发生,本研究中也能发现这一现象。试题1涉及勾股定理的应用,而试题3需要经过转化才能使用勾股定理,正确解答的学生有两类:一类是前面提到的由于学生对问题分析得不够透彻从而得到并不准确的答案,另一类是解答完全正确。第二类情况也有两种解题方式:一种是利用圆柱体的侧面展开图计算软管的长度,一种是对圆柱体的侧面展开图进行再次拼接计算。采用这两种方式的学生对题目理解透彻,能够将抽象的立体图形问题转化为平面几何问题,第二种解题方式相较于第一种对学生的认知策略要求较高,因为需要通过两次转化使得问题更直观。但本研究也发现,由于对勾股定理错误的迁移,学生没有完全理解题意而简单地将呈现的图形直接转化成平面图形来计算从而导致错误。学生在能力水平一和能力水平二的题目上的表现要好于能力水平三,但同时本研究也发现,学生在解决属于能力水平二的试题3的表现并不好,除了错误率较高之外,还有很大比例的学生没有答题。一个原因是试题3的设计并不属于水平二,此题的难度可能属于水平三;另一个原因在于,学生挖掘隐藏在现象背后的数学信息的能力没有达到教育的要求。

综上所述,通过分析学生的解题类型,无论解题结果正确与否,都可以看出学生选择的解题策略,由此分析学生所具有的数学知识和对解题方式的影响因素。

二、数学问题解决能力水平的差异性比较

数学学习的性别差异问题是 TIMSS 和 PISA 评价中关注的重要问题。PISA 2000 在对 41 个国家开展的国际学生评估结果中,大多数国家在数学成绩上都存在男生占优的性别差异,但这种差异很小。[①]

美国加利福尼亚州开展的一项调查指出,一般情况下,女生在解决计算题、简单的文字题方面比男生好;而男生在复杂问题的解决、应用、高级的逻辑推理方面要强于女生。蔡金法[②]在《中美学生数学学习的系列实证研究》一书中有关数学问题解决的性别差异的部分提到,先前许多研究大都通过解决简单问题且使用选择题的形式来考察男女学生的性别差异,较少有关于男女学生在解决较复杂问题时的性别差异研究,而他的研究表明美国六年级学生在解决常规和非常规问题上都存在明显的性别差异,男生好于女生,但中国学生不存在性别差异。这一研究结果与我们以往对男女生数学学习差异的认识有很大出入,尤其是中美两国的研究结果是不一致的。

此外,人们从认知科学的角度也证明了男性和女性数学成就的平均水平差异很小,呈现出相似性多于差异性的特点。[③] 对此,在本研究中我们也着重分析了学生在数学问题解决能力水平上的性别差异。

(一) 数学问题解决能力水平的性别差异

数学学习的性别差异始终是数学教育研究的热点。传统观点认为,女性的语言表达能力优于男性,而在空间能力方面逊于男性。有研究者通过男女生在脑半球上的优势差异来解释以上现象,脑科学领域的研究发现左右脑有不同分工,男生因为右半脑的优势,善于辨别、判断类型,倾向于从全局与联系上处理问题;而女生在左半脑上拥有优势,喜欢细致的演算、精确的模仿,她们倾向于模式化、注重细节的思维趋势。

众多研究证实了三个关于"性别差异的脑半球特殊化对男女认知模块的影响"的论点[④]:(1)男性比女性在视觉空间能力上更具有优势;(2)男性的数学能力优于女性;

① 范文贵,李伟华. 西方数学学习性别差异研究述评[J]. 比较教育研究,2008(9):77—82.

② 蔡金法. 中美学生数学学习的系列实证研究[M]. 北京:教育科学出版社,2007.

③ 刘蕴坤,陶沙. 数学成就的性别差异[J]. 心理科学进展,2012,20(12):1980.

④ 徐光兴. 性别差异的脑半球功能特殊化及其认知模块观[J]. 华东师范大学学报(教育科学版),2007,25(2):48—52.

(3)女性的口语能力和言语的流畅性优于男性。还有其他研究试图从新视角解释男女的认知模块差异，如"认知策略和场景依存的性别差异理论"。随着时代发展以及大型国际评价项目的实施，研究者对以上论断进行了驳斥，他们指出性别差异正在逐渐减少，远没有想象中的那么大；但在要求较高水平认知能力、涉及复杂的问题解决的任务上，男生仍存在优势。随着对组内变异和组间相似性的日益关注，产生了两个重要假设——"男性更大变异假设"和"性别相似性假设"，前者最初被用来解释男性在智力超群（天才）和智力迟滞人群中占大多数的现象。

认识到学生学习上的性别差异，并采取有效措施减少这种差异，是教育公平能够顺利达成的关键。国际学生评价项目 PISA 2000—PISA 2006 的结果表明，在阅读素养上，女生的表现显著优于男生；在数学素养上，男生的表现显著优于女生；在问题解决能力上，性别差异最小，但在低分端和高分端，性别差异较大。[①]

1. 总体水平的性别差异

随着任务水平的提高，女生中属于相应水平的人数在相应水平总人数中所占百分比在减少，而男生所占比例却有所增加，也就是说在任务水平越高的题目中，男生相对女生来说表现得越好。总体而言，女生中属于三个不同水平的人数占女生总人数的百分比依次为 60.7%、51.7% 和 37.6%，都比相应水平男生所占百分比稍低（依次为 67.2%、56.2% 和 44.2%），其中在问题解决能力的低水平和高水平上，男生都明显优于女生。

表 4.5　三个水平任务上表现的性别差异

性别		水平一	水平二	水平三
女生 529 人	百分比*	60.7%	51.7%	37.6%
	百分比**	47.8%	44.1%	43.4%
男生 591 人	百分比*	67.2%	56.2%	44.2%
	百分比**	52.2%	55.9%	56.7%

注：* 表示男生（女生）人数占男生（女生）总人数的百分比；** 表示男生（女生）属于相应水平的人数占相应水平总人数的百分比。

---

① 赖小琴,刘秋生. PISA 评价中性别表现差异的特点分析[J]. 教育测量与评价,2009(12)：12—15.

图 4.3 和图 4.4 可以更清晰地说明两类比例的差异及其趋势。

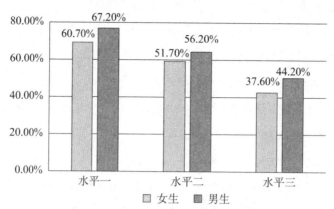

图 4.3 男女生在各能力水平上的正确率

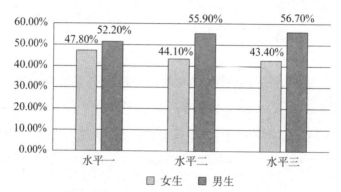

图 4.4 男女生在各能力水平上占相应水平总人数的百分比

本研究中数学问题解决能力的性别差异验证了"男性更大变异"假设,但其中的原因和机理我们还不清楚。而且数据显示男女生在两类比例上的趋势是不一样的,还需要进一步的研究。

2. 能力水平的性别差异

学生问题解决能力统计情况如表 4.6,可发现男女生的问题解决能力不管是在平均值还是在最小值、最大值上差异都很小。本研究将学生的期中成绩按从低到高的次序排序,从两端各取学生总人数的 10%,成绩低的那部分学生称为数困生,成绩高的那部分学生称为数优生。研究发现,数困生中的(表 4.7)男女生问题解决能力在各个指标中的差异很小,但是在数优生中(表4.8),男女问题解决能力在各个指标中有较为明显的差异,其中平均值大约相差0.24,且这部分学生中男生的问题解决能力表现得更为离散。总体而言,这部分学生中男生的问题解决能力要优于女生的问题解决能力。这一结论与前述文献中的结论一致。

表4.6 问题解决能力水平的总体性别差异

性别	平均值	样本数	标准差	中位数	最小值	最大值
女生	−0.095 577 83	529	0.695 630 227	0.027 434 00	−1.459 559	1.240 559
男生	0.072 038 83	591	0.749 787 867	0.027 434 00	−1.459 559	1.240 559
合计	−0.007 130 11	1 120	0.729 212 868	0.027 434 00	−1.459 559	1.240 559

表4.7 数困生男女问题解决能力水平差异

性别	平均值	样本数	标准差	中位数	最小值	最大值
女生	−0.602 910 43	42	0.636 208 802	0.563 274 50	−1.459 559	0.697 149
男生	−0.570 431 55	42	0.574 916 498	−0.637 879 00	−1.459 559	0.520 289
合计	−0.586 670 99	84	0.602 942 218	−0.637 879 00	−1.459 559	0.697 149

表4.8 数优生男女问题解决能力水平差异

性别	平均值	样本数	标准差	中位数	最小值	最大值
女生	0.177 761 98	45	0.634 041 921	0.027 434 00	−0.998 133	1.240 559
男生	0.415 775 05	40	0.770 961 027	0.526 709 00	−1.459 559	1.240 559
合计	0.289 768 13	85	0.707 686 624	0.266 666 00	−1.459 559	1.240 559

3. 各题正确率的性别差异

如表4.9所示,在三个能力水平的五道题目中(试题4.2有两个小题,记为两道题),男生平均答对题目数量均略高于女生,其中测量能力水平一的试题1男女差异最大,男女平均答对题目数量分别为0.72和0.62,相差0.1道题目。从图4.5中也能得到同样的信息,每道题男生的正确率都略高于女生,其中试题1的差异最明显。

表 4.9　各题正确率的性别差异

性别		4.1	4.2(1)	4.2(2)	4.3	4.4
女生	平均答对题目个数	0.62	0.59	0.75	0.28	0.38
男生	平均答对题目个数	0.72	0.62	0.77	0.35	0.44
总体	平均答对题目个数	0.64	0.61	0.76	0.32	0.41

从题型上来看,无论是生活情境问题还是数学情境问题,男生的表现均好于女生。

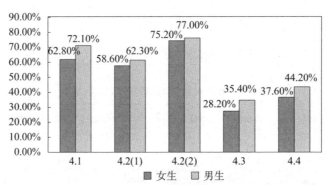

图 4.5　男女生各题的正确率分布

(二) 解题类型的性别差异

本研究中共有四道大题,通过以下分析可以看到男女生在解题类型上的差异。

1. 总体解题类型差异比较

分析显示,男女生主要在试题 4.2(2)、4.3、4.4 上存在一定的解题差异,而试题 4.1 和试题 4.2(1)的解题类型都只集中在类型 1 上。学生在目标能力要求较低的题目上的解题方式并不存在性别差异,而在目标能力要求高的题目上存在一定的性别差异。表 4.10 反映了男女生每种解题类型的人数占所有有效人数的百分比。

表 4.10　男女生每种解题类型的人数占所有有效人数的百分比

性别	题目	类型 1	类型 2	类型 3
女生	S1_L1	98.78%	0.61%	0.61%
	S2.1_L1	100%	0.00%	0.00%
	S2.2_L2	30.60%	43.28%	26.12%

性别	题目	类型 1	类型 2	类型 3
	S3_L2	15.75%	63.01%	21.23%
	S4_L3	36.68%	31.66%	31.66%
男生	S1_L1	96.22%	0.24%	3.55%
	S2.1_L1	99.73%	0.27%	0.00%
	S2.2_L2	31.72%	36.55%	31.72%
	S3_L2	16.91%	49.28%	33.82%
	S4_L3	46.54%	31.54%	21.92%

如图 4.6 所示,试题 4.2(2)、试题 4.4 的解题类型有明显的性别差异。

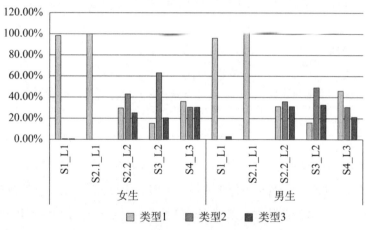

图 4.6　解题类型的性别差异比较

2. 各题解题类型的性别差异分析

试题 4.2(2)中运用解题类型 2 的男女生数量均高于类型 1 和类型 3,即运用配凑法的学生要远多于运用方程法和不等式法的学生。相比较而言,女生运用类型 2 的人数要多于男生,分别为 43.28% 和 36.55%。另外,有 30.6% 的女生使用了不等式法,多于运用方程法的比例,即 26.12%。而男生使用这两种类型解题方法的比例是相等的,均为 31.72%。

不等式法	解：设换 A 礼品 x 件，则换 B 礼品为 $(10-x)$ 件。 (1) 当所换的两种礼品为电茶壶和牙膏时，可得 $7\,000x+500(10-x)\leqslant 8\,200$， 解得 $x\leqslant\dfrac{32}{65}$。 $\because x$ 正整数，$\therefore x$ 无解。 (2) 当兑换的两种礼品为保温杯和牙膏时，可得 $2\,000x+500(10-x)\leqslant 8\,200$， 解得 $x\leqslant\dfrac{32}{15}$。 $\because x$ 为正整数，$\therefore x=2$，$10-x=8$。 答：小华换了 2 个保温杯和 8 支牙膏。
配凑法	如，解：(1) 假设小华换了电茶壶和牙膏。 由于换一个电茶壶 $7\,000$ 分，换后还剩 $1\,200$ 分，最多可再换 2 支牙膏，最后总共换 3 件礼品，不符合题意，因此小华所换的两种礼品应为保温杯和牙膏。 (2) 假设小华换了 2 个保温杯和 8 支牙膏，则一共兑换积分为 $2\,000\times2+500\times8=8\,000$，还剩 200 积分。 又如，解：(1) 电水壶和牙膏组合 $\dfrac{8\,200-7\,000}{500}=2$，$1+2<10$，$\therefore$ 舍去。 (2) 保温杯和牙膏组合假设全部换牙膏，则 $500\times10=5\,000$，$\dfrac{8\,000-5\,000}{2\,000-1\,500}=2$，$10-2=8$。 答：小华换了 2 个保温杯和 8 支牙膏。
方程法	如，解：由题意可知小华换了保温杯和牙膏。设小华兑换牙膏 x 支，保温杯 y 个，可列方程组 $\begin{cases} x+y=10 \\ 500x+2\,000y=8\,200 \end{cases}$，解得 $\begin{cases} x=8 \\ y=2 \end{cases}$。 又如，解：由题意可知小华换了保温杯和牙膏。设小华兑换牙膏 x 支，保温杯 $10-x$ 个，可得 $500x+2\,000(10-x)=8\,200$，解得 $x=8$。 答：小华换了 8 支牙膏和 2 个保温杯。

比较而言，女生更倾向于使用配凑法和不等式法解决问题，而普遍适用的列方程法却较少使用。她们对搭配类问题的理解更倾向于认为它是一种不确定性的问题，所以才会使用不等式和配凑的方法来解决。虽然男生对第二种方法的使用率略高于其他两种方法，但他们对三种方法的理解和使用基本是平衡的，如图 4.7 所示。

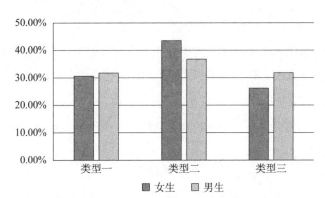

图 4.7　试题 4.2(2)解题类型性别差异比较

学生在试题 4.3 的解题类型上也存在较大的性别差异。

表 4.9　正确解法类型的代码及描述

代码	类型描述	样　例
1	四倍周长加上高	解：$4 \times 0.6 + 2.5 = 4.9$（m） 答：树上需要大约 4.9 米。
2	直接利用树干的侧面展开图解决	解：由树干的侧面展开图可以得出霓虹灯软管的长度为 $4\sqrt{\left(\dfrac{2.5}{4}\right)^2 + 0.6^2} = \dfrac{\sqrt{1\,201}}{10} \approx 3.47$（m） 答：树上需要大约 3.47 米的霓虹灯软管。
3	对侧面展开图进行重新的拼接	解：由题意可知 AB 即为所求， $AB = \sqrt{(4 \times 0.6)^2 + 2.5^2} = \dfrac{\sqrt{1\,201}}{10} \approx 3.47$（m） 答：树上需要大约 3.47 米的霓虹灯软管。

整体而言，学生在使用解题方法上没有性别差异，因为男、女生使用类型 2 所占的比例都远高于类型 1 和类型 3。但使用第二种方法的女生比例高于男生，分别为 63.01% 和 49.28%。男生使用第二种方法的比例为 33.82%，远高于女生的 21.23%，男女生使用第一种方法的比例非常接近，分别为 16.91% 和 15.75%。

所以，女生在解决试题 4.3 时更倾向于使用比较直观的转化方式来解题，男生除了比较多地利用直观方式解题之外，还善于运用抽象的方式转化题设条件使问题更加直观。此外，男女生运用直观估算方式的人数比例相似，但解题结果并不准确。如图 4.8 所示。

在试题 4.4 的解题表现中，男女生运用类型 2 解题方式的比例基本相同，分别为 31.54% 和 31.66%。但运用类型 1 方法的女生有 36.68%，男生为 46.54%。因此男生比女生更倾向于利用简洁的算术运算方式，通过分析地面和墙面上投影的区别将问

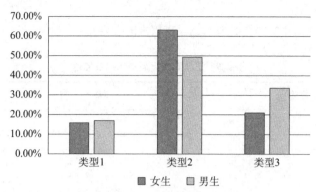

图 4.8　试题 4.3 解题类型性别差异比较

题转化为简单的比例关系进行计算。而女生则在类型 3 解题方法上的人数比例多于男生，分别为 31.66％和 21.92％。他们首先选择较为直观的代数解法，再区分两部分树荫，最后利用熟悉的比例方式解决问题。

表 4.10　正确解法类型的代码及描述

代码	类型描述	样例
1	投影到地面的树的高度加上投影到墙面的树高	解：$1.2+\dfrac{2.7}{0.9}=4.2(\mathrm{m})$ 答：树高 4.2 米。
2	先求树的完整地面投影，再算树高	解：$\dfrac{1.2\times0.9+2.7}{0.9}=4.2(\mathrm{m})$ 答：树高 4.2 米。
3	利用比例列方程进行计算	解：设树高 x 米，则有 $\dfrac{x-1.2}{2.7}=\dfrac{1}{0.9}$，解得 $x=4.2(\mathrm{m})$ 答：树高 4.2 米。

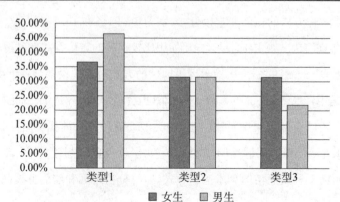

图 4.9　试题 4.4 解题类型性别差异比较

三、讨论及分析

（一）数学问题解决能力的总体水平分析

1. 总体能力水平分析

首先，我国八年级学生的数学问题解决能力总体属于水平一和水平二。学生对抽象问题的理解能力以及对实践问题抽象为数学表征形式的能力并没有达到课程标准的要求。这一点从测试卷试题的解答情况可以看出，学生在解决开放类问题时，缺乏将问题数学化的意识，解题过程不够严谨和准确。这与我国的数学教育方式不无关系，由于课时限制，课堂教学对教师来说往往用来争分夺秒地讲授新知和复习旧知。教师生怕漏掉一丁点内容，所以尽可能多地用"一言堂"的方式告诉学生，使得学生没有机会自己思考问题。同时，学习资源和问题来源单一，当学生遇到生活情境类问题或不熟悉的实践类问题时，就会不知所措，更不可能从实践中提取数学信息并将其数学化地解决。所以，我们要求学生学会解决日常生活经验中的问题，其前提是要有教师作为引导者。为了教学，教师应该特别准备一些材料（教材、教具等），或者需要进一步一般化和抽象化的数学材料（数学对象），[①]让学生借助观察、试验、归纳、类比、概括等手段处理加工这些经验材料，寻找易于从数学角度理解的事实依据或信息。这样的经历有助于学生形成或发展从数学角度看待问题和解决问题的能力。

其次，表征方式简洁精炼。简洁精炼是数学的一个重要特点，我们在解决问题的教学过程中追求将复杂问题简单化，用最简洁的方式呈现解题过程。从测试卷来看，我国八年级学生基本都能够清晰简明地呈现自己的解题方式，这与教师的教学方式和目标有很大关系，也体现了我国数学教师有很好的解题表征素养。但从另一个角度思考，教师对学生解题规范的教学是如此严格和精确，以至于几乎很少有人会以另类的方式解题。学生在严格的解题训练中已经形成了教师认为好的数学品质，而留给学生自由发挥的空间就很少了。这一点值得数学教育者和教师深入思考。

最后，八年级学生解决问题时使用代数方法要远多于算术方法。我国学生是从五年级开始由算术转而学习用代数方法解决问题，到了八年级时学生已经能熟练地运用代数方法，所以在本研究的测试题中，除了试题 4.1 和试题 4.3 需要直接运用算术方

---

① 徐斌艳.数学学科核心能力研究[J].全球教育展望,2013(6)：69.

法之外,试题4.2和试题4.4中很少有学生使用算术解法。值得注意的是,从学生错误的解题类型中可以看到,在学生解题过程和结果是错误的情况下,有很大一部分学生使用的是算术解法。由此,可以推测学生在无法理清题目中量之间关系时,无法设出未知数,因而只能进行数字之间的无意义运算。所以,在平时的教学中,教师应该重视培养学生分析问题的方法和数学思维,引导学生学习如何分析问题,如何将实践中的量转化成数学中可以计算的量。

2. 错误解题方式分析

数学问题解决能力有一个重要的要求,即学生要能够反思和再应用,而从学生错误的解题类型上看来,缺乏反思是大多数学生普遍存在的问题。反思能让学生发现自己采用的解题策略和计算过程是否正确,如果在反思过程中学生发现无法解释自己所列方程或表达式的意义,那么他们就会发现自己解题过程中的错误。例如,测试卷试题4.1中出现很多学生考虑门的厚度或者长度和宽度的情况,但这些量并不是决定门能否通过门框的因素。如果学生能够在解题之后反思自己所列表达式的意义和题目要求,并通过对解题方法的分析和比较,揭示蕴含于其中的思想方法以及各自的特点、适用范围等,①便很容易避免出现此类错误。

此外,解题方式的再应用是学生学习解决问题的最直接的目的。问题解决教学不仅是让学生为了解决问题而学习解题,更应该培养学生解决问题的思维方式。这种思维方式能够让学生在不同情境和问题呈现方式下,利用已有的解题策略和思维方式对问题进行加工和转化,从未知变已知。本研究中所使用的四道题目涉及的知识都是学生已经学过的,但从解题情况看来,学生对已有知识的运用并不理想。例如,测试卷试题4.3的解题正确率较低,学生无法将问题分解从而利用勾股定理来解决问题。有很大比例的学生没有做这道题,分析错误解题类型可以发现,虽然有很大一部分学生将图形按照侧面展开图的方式使立体图形转化为平面图形,但是学生没有考虑到霓虹灯软管是缠绕了四圈而侧面展开图只显示出一圈,所以这样的计算结果会有很大误差。如下面这个学生的解题过程:

① 章飞.数学解题教学中变式的意义和现代发展[J].课程·教材·教法,2008(28):6.

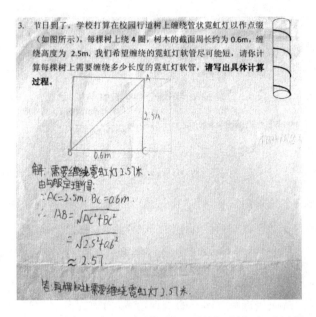

3. 节日到了，学校打算在校园行道树上缠绕管状霓虹灯以作点缀（如图所示），每棵树上绕 4 圈，树木的截面周长约为 0.6m，缠绕高度为 2.5m，我们希望缠绕的霓虹灯软管尽可能短，请你计算每棵树上需要缠绕多少长度的霓虹灯软管，**请写出具体计算过程。**

解：需要缠绕霓虹灯 2.57 米.
由勾股定理得：
∵ AC=2.5m, BC=0.6m.
∴ AB=$\sqrt{AC^2+BC^2}$
   =$\sqrt{2.5^2+0.6^2}$
   ≈2.57

答：每棵树上需要缠绕霓虹灯 2.57 米.

由此可知，学生在学习勾股定理的时候所遇到的问题都太过局限。

（二）数学问题解决能力的性别差异分析

1. 数学问题解决能力具有性别相似性

调查发现，学生在数学地解决问题的能力的总体趋势上具有性别相似性。从前述的性别差异分析图表可以很明显地看出，男女生的解题正确率、能力水平以及解题类型上的总体比例趋势基本一致。而莱德（Leder）提出男生与女生在解决高水平认知任务时有明显差异。[①] 就认知层次来说，女生在计算方面表现较佳，男生在问题解决方面表现较佳，[②]本研究也证实了该结论。当然，不同样本和不同测试题或许会有不同的结果，关于学生数学学习的性别差异一直以来都是国际数学教育领域争论不断的话题。总体来看，男女生在解决问题上的趋势一致，在能力水平一和二上占大多数，能力水平三比例较少。此外，学生在正确解题类型和错误解题类型上的总体趋势也是一致的。学生都喜欢利用自己熟悉的解题方式，如用代数方法解题的比例远大于用算术方法解题。但当学生没有理解题目意思，没能理清量之间关系时，他们都会选择算术的

① Leder, G. . Gender differences in mathematics: An overview, mathematics and gender [C]//E. Fennema & G. Leder, *Influences on teachers and students*. New York: Teacher College Press, 1990: 10 - 26.
② 周超. 八年级学生数学认知水平的性别差异[J]. 数学教育学报,2011,20(3):59—62.

方式尝试解决。

本研究测试卷4道题中有3道题都是关于图形与几何的知识。刘儒德曾说过,"对于许多问题,运用图形表征可能更有利于我们理解整个问题",因而本研究所涉及的测试题大部分是运用图形表征的几何问题,学生可以利用数形结合的方法解决问题,从而有利于测试学生问题解决的能力水平。

2. 男生总体能力水平稍高于女生

虽然学生的总体能力水平趋势具有性别相似性,但具体能力水平存在一定差异。从学生解题的正确率分布图来看,男生在每道题目上的正确率都高于女生,且除了在试题4.2上相差不多之外,在其他题目上的差距都较大,尤其是试题4.1。即学生在能力水平二题目上的性别差异较小,在能力水平一和三上的差异比较明显。从试题4.3与4.4的概况来看,男生的抽象思维能力要高于女生。男生可以将试题4.3中的立体图形进行两次转化从而接近解题需要的直观信息,而大部分女生只转化了一步,即将圆柱体展开直接进行计算。但这也同时说明了,女生比男生的空间想象能力要高,因为女生只需要将圆柱体的侧面展开即可解决问题。从试题4.2的解题状况来看,男女生在解决代数或算术类问题时正确率是相似的。

3. 男生比女生更倾向于选择算术方法

信息加工论者把问题解决看作是信息加工系统对信息的加工,把最初的信息转换成最终状态的信息。要达到问题的目标状态,就要在问题空间中搜索一系列算子。搜索算子有两种途径:一是算法式,是指将达到目标的各种可能的方法都算出来;二是启发式,是指根据目标的指引,试图不断地将问题状态转换成与目标接近的状态。[①]从学生解题类型来看,无论是在正确或者错误的解题类型中,男生使用算术方法解题的比例要高于女生。尤其是在错误解题类型中,男生会使用题目中所给的所有数字进行看似有意义的计算,而女生则会在一开始试图理清各个量之间的关系,从而找到要求的量与已知量的关系,最后列出方程。男生的信息加工方式倾向于算法式,他们喜欢尝试各种方式来解题,而女生则倾向于启发式的解题方式,她们从一开始就有目的地转化题设条件使其为解题目标服务。

---

① 刘儒德. 论问题解决过程的模式[J]. 北京师范大学学报(社会科学版),1996(1):24.

(三) 对数学问题解决能力评价的展望

数学问题解决一直以来都是数学教育乃至教育界长期关注的研究话题和领域,我们可以通过考察一个人解决问题的成效与他的思维和个性特征之间的关系来了解这个人,Jeremy Kilpatrick 在他的《关于数学问题解决》一文中如此说道。[①] 一个人的数学问题解决能力的重要性可见一斑。所以,我们需要系统地了解学生的数学问题解决能力水平现状,掌握学生学习的本质,才能更好地帮助教师和学生提高自己的数学水平。然而,目前研究者主要关注的领域是学生数学问题解决能力,考察的是学生在已有的数学情境下解决问题的能力。但实践是数学学习的来源和方向,学生能够从实践中挖掘数学信息并用数学的方法解决问题,才是需要发展的数学素养。本研究对我国8个地区 26 所初中的 1 186 名八年级学生进行了调查,评价他们数学地解决问题能力水平及其他特征,以期从调查中发现学生在数学问题解决方面的优势和劣势,为将来的数学教育提供借鉴和依据。

1. 解决问题的整体能力水平有待提高

我国八年级学生运用数学解决问题的能力总体上处于低中水平,高能力水平的学生比例较低。《义务教育数学课程标准(2011 年版)》中对数学课程基本理念的论述中特别强调数学课程要反映社会的需要、数学的特点,这不仅包括数学的形成过程和蕴含的数学思想方法,而且内容的选择要贴近学生的实际。[②] 国际大型比较研究 PISA 和 TIMSS 在关于学生数学问题解决的研究中发现,我国学生在纯数学情境问题学习和解决中显示出了较高的解题能力,但在解决实践问题的时候,学生感觉困难的是如何将实际问题转化为数学问题。[③] 本研究测试题主要以封闭式题目为主,仅试题 4.2 (1)为半开放题,很多学生的解答仅仅停留在经验层面,不能将问题转化为数学化的说理和结果。

一直以来,我国的数学教育强调的都是学生的基本知识和基本技能,从 2012 年开

① Kilpatrick, J.. Problem solving mathematics [J]. *Review of Educational Research*, 1969,39(4): 523 - 534.

② 中华人民共和国教育部. 义务教育数学课程标准(2011 年版)[M]. 北京:北京师范大学出版社,2012,3: 2.

③ 黄华. 剖析上海学生部分数学试题解答情况——从 PISA 2012 看上海数学教学改革空间[J]. 上海教育, 2013(35): 12.

始新加入两个技能——基本思想和基本活动经验,可以看出对数学实践应用的重视以及学生学习资源的拓展。但由于受我国传统数学教育方式的影响,学生在数学思维和数学地解决实践问题方面能力的培养需要数学教师和教育研究专家加以重点关注。同时,这也是我们所期待的学生能够从解决问题中获得的技能和素养。

2. 数学化的思维能力培养需要加强

科朗(Richard Courant)和罗宾(Herbert Robbins)在20世纪60年代出版的《数学是什么?》一书中对数学教育提出了严肃的质疑:"数学教学有时竟演变成空洞的解题训练,解题虽然可以提高形式推导的能力,却不能导致真正的理解与深入的独立思考。数学研究已出现一种过分专门化和过于强调抽象的趋势,而忽视了数学的应用以及与其他领域的联系。"[①]虽然中小学生学习的数学知识、公理体系以及证明方式是几千年来数学家共同完善的系统,但是"数学在其建立过程中,也像其他在发展过程中的任何人类知识体系一样:我们必须先发现定理然后才能去证明它,我们应当先猜测到证明的思路然后才能做出这个证明。因此如果我们想在数学教学中在某种程度上反映出数学的创造过程,就必须不仅教学生'证明',而且教学生'猜测'"[②]。这里的"猜测"就是数学思维的形成源头,是一种数学化的过程,这一能力应该是在数学活动中通过对数学知识的亲自探索和创造而发展起来的。[③]

本研究的测试题目相对来说对问题解决能力的测试较少,但从中仍然能够发现学生解题过程中的思维特点和转化方式。试题4.3是学生熟悉的生活情境,但学生很少有机会思考其中的数学问题,或者很少挖掘这类问题中的数学信息,这使得学生无法将其中的信息进行数学化的表征,导致学生对不同数字进行无意义的简单运算。由此可以看出,学生对数学的理解只停留在教材或数学情境问题上,而不是有意识地去挖掘身边其他情境类型的数学问题。在解决直观的数学情境问题时,学生比较容易想到利用相应的数学公理或公式来解决,但对实践中的问题,他们不知道如何将其转化成自己已知的数学问题。在关于学生解题类型的性别差异分析部分我们可以看到,男生在这一能力上的表现要好于女生。也就是说,男生在遇到非数学情境类问题时更容易

① [美]R. 科朗,H. 罗宾. 数学是什么? [M]. 左平,张怡慈,译. 北京:科学出版社,1985:3.
② [苏联]A. A. 斯托利亚尔. 数学教育学[M]. 丁尔陞,等,译. 北京:人民教育出版社,1984.
③ 徐斌艳. 数学学科核心能力研究[J]. 全球教育展望. 2013.6:69.

想到将问题转化成已知的数学解题方式来解决问题,女生的数学化能力还有待提高。

数学化能力并不仅仅说明问题情境对学生解题能力的影响,更重要的是学生能否进行数学思维。通过数学学习,学生需要形成逻辑与直观、分析与构造、一般性与个别性的数学思维,[①]而不是纯粹的问题解决。本研究测试卷中试题4.2、试题4.3的学生错误解题类型表明,学生对问题分析和构造方式更倾向于用最基本的运算知识经验化地解题。所以,培养学生的数学思维方式和解题方式是问题解决教学的重中之重。

3. 关注学生反思能力的培养

数学地解决问题的能力是一个综合性的数学核心素养,它包含数学表征与变换、数学推理与论证、数学建模等能力。所以,在复杂的解决问题过程中,学生需要对解题的每个步骤或每一阶段的思维过程进行反思与解释,不断的反思可以让学生避免一些不必要的错误。反思不仅包括对自我解题思路和过程的再思考,还包括对题目的再认识。例如,试题4.1考查勾股定理的应用,而学生的错误解题类型表明学生想尽可能使用题设给出的所有数字,但却没有思考让木梯通过门框的限制因素是什么,这种情况下学生需要重新理解题目,而不是盲目计算。

4. 数学地解决问题能力的教学建议

(1) 注重问题素材的挖掘

课程改革提倡"一纲多本",鼓励校本教材的开发和使用,但这一举措并未显著影响教师的教材选择。教师对于课程标准和上级部门指定教材较多采取一种认同和接受的态度,课程改革推动了教师统一的价值观,使得课程、教师和教学方法达到了高度的趋同性和一致性,[②]这确保了教师教学的效率,却限制了教师在教学法上的创新以及素材使用的范围[③]。问题解决教学需要各种情境的问题背景和素材,为了这个目的,教师需要选择合适的情境,并用合适的方式呈现给学生,让学生从中学习新的信息和处理相关情境的方法。

① [苏联]A. A. 斯托利亚尔. 数学教育学[M]. 丁尔陞,等,译. 北京:人民教育出版社,1984.

② 郑太年,等. 我国教师的教学方法及其对学生数学成绩和问题解决能力的影响[J]. 全球教育展望,2013 (2):34.

③ 赵健,等. 我国教师的专业发展实践及其对学生成绩的影响:基于五城市调研的分析[J]. 全球教育展望, 2013(2):22—33.

学生对问题的熟悉程度是影响问题解决能力的一个外部因素，①教学过程中，教师应引导学生仔细观察周围的事物和矛盾，培养和提高学生进行科学观察的能力，时刻保持高度的注意力和有准备的头脑②。这样可使学生熟悉各类情境，学生在面对熟悉的情境时就能够调取已有的知识和方法分析问题并解决问题。

（2）重视基于项目的学习（PBL）方式

受课时限制及教师教学习惯的影响，教师的课堂教学方式主要是以讲授式为主，学生自己思考和活动学习的时间很少，这就大大限制了学生从生活实践中发现问题和解决问题的能力。虽然多媒体教学资源在各个省市学校得到了很大程度的普及，但是教师应用计算机主要是为了播放讲义，③这也使得学生的学习方式和接受教育的方式没有发生根本变化，只是教师采用的手段稍有不同而已。有研究表明，讲授教学法和讨论教学法都对学生问题解决能力有显著影响，讲授教学法的使用频率与能力培养存在负相关，讨论教学法的使用频率存在正相关。④ 由此可以明确，学生解决问题能力可以通过合作、交流等活动形式得到提高，而项目学习活动是一种面向学生基本的数学活动经验的教学方式，它可以提供给学生自主、合作以及交流的学习空间和学习方式。通过提前设计的活动让学生真正参与其中，独立思考之后进行合作，既可以让学生自主学习，还能够培养学生的合作精神。

项目活动可以基于一定的数学的、生活的或科学的情境，教师应提前设计好活动涉及的数学知识和其他相关知识，让学生自己动手解决问题，提倡多种解决方法和表征形式。在基于项目学习的活动中应避免活动流于形式，在项目设计时要考虑到大部分学生的需求和知识水平，如此才能让更多的学生有效地参与其中。

（3）关注解决问题方法的教学

● 强调数学知识的应用

数学基本知识是解决问题的基础和关键，也是数学基本技能养成的基础，数学地

---

① 鲍建生，周超. 数学学习的心理基础与过程[M]. 上海：上海教育出版社，2009：187.
② 贺定修. 问题意识是数学知识创新的突破口[J]. 教育探索，2004(8)：83—85.
③ 郑太年，等. 我国教师的教学方法及其对学生数学成绩和问题解决能力的影响[J]. 全球教育展望，2013(2)：43.
④ 郑太年，等. 我国教师的教学方法及其对学生数学成绩和问题解决能力的影响[J]. 全球教育展望，2013(2)：43.

解决问题需要有丰富的数学知识,更重要的是还需要运用知识的能力。学生在学习了大量知识后,在解决实际问题中如何提取已有的知识和技能是需要教师来培养的。从测试结果来看,我国八年级学生数学知识的掌握情况较好,但运用知识的能力却不容乐观。例如,学生在试题 2 时,更多的是猜测可能的搭配方式,而没有严格的证明过程。另外,试题 3 考查的是学生对立体图形的认识和分解以及勾股定理的应用,但是很多学生无法将圆柱体上缠绕的霓虹灯软管转化成平面图形来解决。所以,在平时的教学中教师应该重点关注学生分析问题和转化问题的能力,将实践问题与数学学习紧密结合起来,这样才能帮助学生在实际问题解决中有效地运用数学知识。

● 强调对问题情境的理解

问题情境即问题的刺激模式,也就是问题呈现的形态与方式。问题情境是个体不能用已有的知识经验直接加以处理并因此感到疑难的情境。[①] 知识的应用是基于学生对问题情境的理解,乔纳森(D. H. Jonassen)认为,理解学习是需要考虑学习产生的文化背景和情境因素的,学习的产生需要情境,只有把问题置于特定的情境中学习才是有意义的。[②] 按照情境认知的力量,学习应着眼于解决生活中的实际问题,应在具体情境中进行,学习效果也应在情境中评估。[③] 所以,教师在教学过程中应该充分利用情境在问题解决中的作用,关注学生分析情境以及运用数学知识解决实际问题的能力。

● 强调问题解决过程的管理

问题解决不仅仅需要学生解答出最终结果,更要关注学生对一个陌生情境进行数学建模的过程,这个过程可以体现学生思考的方式和学生具备的知识水平。从测试卷中学生的解题过程来看,部分学生的解题思路很清晰,但是解答结果却不对。例如,试题 4.1 中有很多学生仅利用勾股定理计算出门框对角线的长度,却没有计算木板对角线的长度,只回答"能够通过",这样的解答方式并没有说明问题而且也不严谨。再如,学生在解答试题 4.3 时会想到用侧面展开图的方式将问题进行转化,再利用勾股定理计算出对角线的长度,但是很多学生却忽略了在把立体图形转化成平面图形时原来量

① 冯锐. 高阶思维培养视角下高中数学问题情境的创设[D]. 济南:山东师范大学,2013.
② 冯锐. 高阶思维培养视角下高中数学问题情境的创设[D]. 济南:山东师范大学,2013.
③ 肖秀梅,杨永辉. 数学问题情境教学模式设计初探[J]. 中国成人教育,2008(9):156.

的变化或转变情况,这是学生没有充分考虑到转变过程所导致的错误。

所以,在教学过程中应强调学生分析问题以及解决问题的过程,在过程中注意每个量的变化情况。让学生在解题过程中不断反思自己的解法,这也是培养学生元认知能力的一条途径。"反思"在当代认知心理学中属于元认知的概念范畴,用元认知的理论来描述,反思性数学学习就是学习者对自身数学学习活动的过程,以及活动过程中涉及的有关事物(材料、信息、思维、结果等)的学习特征的反向思考。①

反思不仅指回忆过去,更重要的是对前面学习或过程的再认识,需要学生对原有知识的重构,是创造性学习的方法。反思性数学学习可以使学生的数学学习活动成为有目标、有策略的主动行为;有利于学生在学习活动中获得个人体验,使其在学习过程中更加成熟,②从而有效管理自己的学习。

———————————

① 涂荣豹.试论反思性数学学习[J].数学教育学报,2000(9):4.
② 涂荣豹.试论反思性数学学习[J].数学教育学报,2000(9):4.

第五章　数学推理与论证能力

数学学习被赞誉为"思维的体操"，从数学的教育功能看，这并非言过其实。在思维训练中，推理与论证能力当属其中最具特色又备受重视的内容之一，也是中学数学基础教育的重中之重。

第一节　研究背景

一、推理与论证在学校教育中的意义

中学教育是基础教育，在整个中学阶段的数学教育都有推理与论证能力训练的任务；中学数学中各分支学科，如代数（含三角）、几何（含立体几何、解析几何），甚至概率统计初步、微积分初步，都有推理与论证能力训练的要求。这两方面纵横交织，构成了中学数学推理与论证能力训练的目标网络。与主要依靠法则演练的运算能力相比，推理与论证能力的训练更强调基础知识（包括逻辑规则和常识）在学生头脑中的内化。运算需要推理，化实际问题为数学问题需要推理，证实或否定一个命题需要推理，数学的发现更需要推理。推理与论证能力的训练是分层递进、渗透交织的。

推理作为不可或缺的思想方法渗透在数学的产生与发展过程中，其中既包含用于猜想发现的合情推理，又包含用于严格证明的论证推理。数学家克莱因（Morris Kline）指出，数学最显著的特征是其运用的推理方法，并强调在公理的基础上运用演

绎保障了数学的有效性。① 另一位数学家波利亚则十分强调合情推理在数学中的作用。他指出论证推理可以用来肯定数学知识，而合情推理则可以用来为猜想提供依据，并倡导在数学教学中必须有猜想的地位，因为数学的学习过程应该反映数学的发明过程。②

二、数学课程改革的现实需求

我国《义务教育数学课程标准(2011年版)》明确指出"推理的发展应贯穿于整个数学学习过程中"，并在课程总目标中提出："通过义务教育阶段的数学学习，学生能……在参与观察、实验、猜想、证明、综合实践等数学活动中，发展合情推理和演绎推理能力，清晰地表达自己的想法。"③类似地，《普通高中数学课程标准(实验)》中也指出人们在学习数学和运用数学解决问题时会不断经历合情推理和论证推理的思维过程，并在课程目标中将推理与论证作为基本能力之一明确提出。④ 同样的，世界各国在21世纪初颁布的课程标准中都将发展推理能力列为学生能力培养的一个重要方面。⑤

但是，如何对能力进行评价是课程改革面临的一个重要课题，也是一个挑战。新课程的实施对我国学生的数学推理与论证能力影响如何尚无定论。本研究旨在构建适用于我国中小学数学课程的数学推理与论证能力评价指标体系，并在全国范围内对八年级学生进行测试，试图在一定程度上揭示我国义务教育阶段学生数学推理与论证能力的培养现状。具体研究问题如下：

第一，如何构建中小学数学推理与论证能力的测评框架？

第二，我国八年级学生的合情推理能力处于何种水平？是否存在性别差异？

第三，我国八年级学生的论证推理能力处于何种水平？是否存在性别差异？

① ［美］M.克莱因.数学与知识的探求［M］.刘志勇,译.上海：复旦大学出版社,2007.
② ［美］G.波利亚.数学与猜想(第一卷)——数学中的归纳与类比［M］.李新灿,等,译.北京：科学出版社, 2001.
③ 中华人民共和国教育部.义务教育数学课程标准(2011年版)［M］.北京：北京师范大学出版社,2012： 3—4.
④ 中华人民共和国教育部.普通高中数学课程标准(实验稿)［M］.北京：人民教育出版社,2003.
⑤ 斯海霞,朱雁.中小学数学核心能力的国际比较研究［J］.比较教育研究,2013(11)：105—110.

第二节　文献综述

一、数学推理的内涵与类型

推理是由一个或几个已知判断，推出另一个未知判断的思维形式。任何推理都由两部分组成，一部分是推理所依据的已知判断，即前提；另一部分是推出的新判断，即结论。前提和结论都是判断，判断是推理的要素。然而推理却不是判断的简单堆砌，而是由一个或几个相互联系的判断合乎逻辑地推出一个新判断的过程。判断有真假之分，推理则有对错之别。推理既反映前提和结论在内容与意义上的联系，又反映前提和结论在形式结构上的一致。推理的形式也称为推理的方法，在形式逻辑中只研究推理的形式部分。这样推理本身的正确性（或称为有效性），只由推理形式决定。而推理结论的真假性却不仅取决于推理形式，还有前提的真假性。①

数学推理是指人们在数学观念系统的作用下，由若干数学条件，结合一定的数学知识、方法，对数学对象形成某种判断的思维操作过程。作为一类推理，它有其自身的特点：首先，就推理对象而言，数学推理的对象是表示数量关系和空间形式的数学符号；其次，就推理过程而言，在某一个思考过程中，数学推理较一般推理更加环环相扣、连贯进行；并且，推理的依据主要来自问题所在的数学系统。数学高度的抽象性和逻辑的严谨性，使得数学推理相对具有一定的难度。就本研究而言，我们从与数学推理密切相关的合情推理和论证推理来具体阐述：

（一）合情推理

合情推理是根据已有的事实和正确的结论（包括定义、公理、定理等）、实验和实践的结果，以及个人的经验和直觉等推测某些结果的推理过程。在解决问题的过程中，合情推理具有猜测和发现结论、探索和提供思路、概括和解释新的数学事实及规律、促进知识掌握和迁移的重要作用，还有利于创新意识的培养。② 归纳和类比是合情推理

---

① Common Core State Standards Initiative. Common core state standards for mathematics [EB/OL]. [2016 - 03 - 01]. http://www.corestandards.org/assets/CCSSI_Math%20Standards.pdf.

② 中华人民共和国教育部. 全日制义务教育阶段数学课程标准（实验稿）[M]. 北京：北京师范大学出版社，2001.

常用的思维方法,但也少不了观察、实验,联想、直觉,其中观察是推理的基础,联想则是推理的桥梁。

1. 观察、实验

在心理学中,观察被看作是一种有目的、有计划、有步骤的,对思维起积极作用的感知活动。它不仅是认识客观事物的重要途径和发展智力的基础,也是一切发明创造的起步器。物理学家法拉第(Faraday)说:"没有观察就没有科学,科学的发现诞生于仔细的观察中,观察是我们研究问题的触发点。"① 例如,伟大的数学家笛卡尔(Descartes)就是通过观察屋角蜘蛛拉丝的过程联想出将几何图形中的"点"和代数方程中的"数"联系起来的方法,进而创立了解析几何。

数学的实验活动是指借助一些实物、模型及现代技术手段进行的验证、探索、发现及评价活动,② 例如数学中的测量、绘图、制作、演示及程序设计等体验性活动。

观察和实验是收集科学事实,获取感性经验的基本途径,是形成、发展和检验自然科学理论的实践基础。③

2. 联想、直觉

联想是一种由此及彼的思维方法,它在认识活动中起着桥梁和纽带的作用,是解决问题不可缺少的一种心理现象。只有当观察与联想结合起来时,才会发现新的问题。例如,无理数的发现就是一个典型的"观察—联想—归纳"的实例。

菲尔兹奖获得者日本数学家小平邦彦说:"数学是需要深刻理解的学问,要理解数学就必须根据数学直觉掌握具体的数学对象,光靠逻辑会一事无成。"④ 而数学直觉,大体上是指对数学对象中隐含的整体性、次序性、和谐性的领悟,能够越过逻辑推理而作出种种预见的能力。它是数学家发现、创造数学的有力手段,也是数学学习者从事再发现活动不可忽视的方面。

3. 归纳、类比

归纳法是由一类事物的部分对象具有某一属性,而作出该类事物都具有这一属性

① 梁双凤. 对合情推理在数学新课程中的探索[J]. 楚雄师范学院学报,2004,19(3):50—53.
② 涂荣豹,宁连华. 论数学活动的过程知识[J]. 数学教育学报,2002,11(2):9—12.
③ 张奠宙,过伯祥. 数学方法论稿[M]. 上海:上海教育出版社,1996.
④ 郑毓信. 数学方法论入门[M]. 杭州:浙江教育出版社,1985.

的推理。① 中小学数学中的许多概念、法则、公式都运用归纳推理，如同底数幂的乘法法则、平方差公式等。类比法是从个别到个别的推理，它根据两个对象的某些属性相同或相似，推出它们的其他属性也可能相同或相似。在教学中，常常利用新旧知识间的某些相似处进行类比推理，如常把空间与平面、数与形、无限与有限进行类比，从而导出有关的性质或命题。

需要注意的是，归纳推理和类比推理所得出的结论有时不一定为真，只能作为一种猜想。但归纳推理具有发现新知识和探索真理的创造功能，成为数学发现的重要方法之一；在数学学习中有预测答案、探索解题思路的作用，在数学教学中有培养能力、发展思维的作用。而类比推理有助于科学的发现和发明；在数学问题解决中有启迪思路和触类旁通的作用，在数学教学中可以作为发现命题和拓宽知识的方法。

(二) 论证推理

论证推理主要是指演绎推理，即根据已有的事实和正确的结论（包括定义、公理、定理等），按照严格的逻辑法则得到新结论的推理过程。从思维过程的指向来看，演绎推理是以某一类事物的一般判断为前提，而作出关于该类事物中的个别、特殊事物的判断的思维形式，因此是从一般到特殊的推理；主要包括三段论推理、关系推理和数学归纳法。

1. 三段论推理

三段论推理是指由两个包含一个共同项的性质判断而推出一个新的性质判断的推理。其表现形式为：

大前提：集合 M 的所有元素具有（或不具有）属性 P；

小前提：集合 S 是 M 的子集（$S \subseteq M$）；

结论：集合 S 的所有元素具有（或不具有）属性 P。

例如，所有的矩形对角线相等，正方形是矩形，所以正方形的对角线相等。在三段论推理中，推理的前提是一般原理，所得的结论是蕴含于前提之中的个别、特殊事实。所以这是一种必然性推理，只要前提和推理形式是正确的，结论必定正确。其创造性较少，却具有条理清晰、令人信服的论证作用，有助于科学的理论化和系统化。

---

① 金岳霖.形式逻辑[M].北京：人民出版社，2005：211—212.

2. 关系推理

关系推理是根据对象间关系的逻辑联系(如对称性、传递性等)进行推演的推理形式。其中又可分为:(1)直接关系推理,即从一个关系判断推出另一个关系判断的推理,常见的有对称关系推理和反对称关系推理。如"＝"、"∥"、"∽"等都是对称关系,而"<"、">"等都是反对称关系。(2)间接关系推理,即由两个或两个以上的关系判断推出另一个关系判断的推理,常见的有传递关系推理和反传递关系推理。如,"$\triangle ABC \backsim \triangle A_1 B_1 C_1$ 且 $\triangle A_1 B_1 C_1 \backsim \triangle A_2 B_2 C_2$,所以 $\triangle ABC \backsim \triangle A_2 B_2 C_2$"为传递关系推理。

3. 数学归纳法

数学归纳法是用来证明某些与自然数有关的数学命题的一种推理方法。它的步骤是:(1)验证当 $n=1$ 时,命题正确;(2)假设 $n=k$ 时,命题正确,以此为前提证明 $n=k+1$ 时命题也正确;再根据(1)、(2)断定命题对于全体自然数都正确。基于皮亚诺(Peano)的自然数公理,数学归纳法也是一种必然性推理。

二、推理与论证的关系

推理是人们获取新知识的重要手段,而论证是用已知为真的判断去确认另一个判断的真实性或虚假性的过程,包括证明或反驳。从逻辑结构上来分析,任何证明都是由论题、论据和论证三部分构成。要确定其真实性的命题,称为论题;被用来作为论题真实性根据的命题,称为论据;论证是把论题、论据、论证联系起来的推理形式,是由论据推出论题的过程。

虽然推理与论证有着本质区别,但二者却是密切联系的。论证离不开推理。在论证过程中,之所以能够根据已知判断的真确认另一判断的真或假,正是因为在已知判断和所要论证其真或假的判断之间建立了必然的逻辑联系,而后者是从前者通过推理形式推出来的,所以说论证过程必须应用一个或一系列的推理,是推理形式的运用,推理是论证的工具。因此,论证过程也是推理的过程,即把论据作为推理的前提,应用正确的推理形式,推出论题的过程。在研究过程中,我们完全可以将推理与论证二者结合起来进行分析。

著名数学家、数学教育家波利亚在《数学与猜想》中明确指出,论证推理表现为严格的逻辑形式,是可靠的、无可争论的;而合情推理则带有猜测的特征,与推理者本人具有更大的亲和性,镶嵌着明显的个性化特色。他首先充分肯定了论证推理在确定数学命题的真理性及其科学体系建构中的重要作用,但同时指出,这只是数学推理的一个方面。在论证数学命题以前,必须先猜测论证的方向及主纲,合情推理即是启发猜想的产生和促进其进化的机制。由此不难看出,合情推理是演绎推理的有效延拓,二者非但不矛盾,反而相辅相成,共同在数学论证活动中发挥着各自的作用。[①]

三、数学推理与论证能力的评价

大多数国外研究者都从推理的过程来研究数学推理的本质特征,而对于能力水平的具体测评,一些大型的国际项目也都给出了较为详细的能力测评框架。

(一) PISA 能力测评框架

在由 OECD 组织的"学生知识技能的测量:PISA 2000 阅读、数学和科学素养的评价"中,数学评价的框架就是数学素养的三个维度[②]:

第一,过程。核心是学生通过提出、形成和解决数学问题而进行分析、推理和交流的能力。过程可以分为三个层次:复制、定义和运算;问题解决过程中的联结与整合;数学化、数学思维和一般化。

第二,内容。PISA 的评价焦点是所谓的数学核心思想(big ideas),其中包括变化和增长率、空间与图形、机会、定量推理、不确定性和独立关系等。

第三,背景。即在各种情境中运用和应用数学,包括个人生活、学校生活、工作和体育运动等。

PISA 给出了八大数学能力,其中数学推理能力主要包括:了解什么是数学证明以及它与数学推理的区别,遵循和评价不同类型的数学推理,提出数学猜想并给出严格的证明。为了更好地评价学生的数学能力水平,PISA 2000 还定义了数学思维的三个层次:

---

① [美]G. 波利亚. 数学与猜想(第一卷)——数学中的归纳与类比[M]. 李新灿,等,译. 北京:科学出版社,2001:序言 iv.

② OECD. Measuring student knowledge and skills:The PISA 2000 assessment of reading, mathematics and scientific literacy [R]. Paris:OECD Publishing, 2000.

其一,复制、定义和运算。这一层次包含在大多数的标准化考试和国际比较研究中,通常以多项选择题的形式出现。主要涉及事实、表示、认识等价的形式、回忆数学对象和性质、实施常规程序、应用标准算法和发展基本技能。

其二,问题解决过程中的联结与整合。通过联结不同领域的数学知识,综合相关的信息去解决简单的问题。要求学生根据不同的情境和目的处理不同的表示形式;区分和联系不同的命题,如定义、判断、例子、条件和证明;分解和解释符号以及形式的语言,并理解它们与自然语言之间的关系。

其三,数学化、数学思维和一般化。这一层次中,学生将处于数学化的情境中:认识和提取情境中的数学;利用数学去解决问题,分析、解释和发展他们自己的模式和策略;建立数学论断,包括证明和一般化。这就涉及批判性思维、分析和反思。

(二)丹麦 KOM 项目

丹麦学者尼斯在 2000 年进行"数学能力和学习"的项目研究,目的在于探讨数学学科的教与学以及要提高学生数学能力应采取哪些措施。尼斯认为,数学能力就是在多种数学内外部内容或情境中能够理解、判断、掌握和运用数学的能力。基于数学地提出问题、解决问题以及对数学语言和工具的处理两方面来考虑,他提出了八大数学能力,对每个能力的分析可以从三个维度来进行:(1)覆盖程度;(2)行为范围,即一个人激活该能力的内容和情境范围;(3)技术水平。其中,对数学推理能力又可以从以下几个方面来考虑:遵循和评价他人的论证过程,分两个题目来考查;了解和理解什么是数学证明以及它与数学推理的本质区别;在证明过程中反映出基本思想;构想形式化和非形式化的数学证明,并能够将猜想结论演变为合理的结论(严格证明)。尼斯给出的具体例子为本研究测试题的多样性起到了很大作用。[①]

除了上述两个具有国际影响的测评框架以外,国内也有一些学者从事相关的研究。李红婷依据学生几何推理能力发展的认知顺序,将七、八、九年级学生的几何推理划分为直观推理、描述推理、结构关联推理和形式逻辑推理四种方式,通过分析学生几何推理能力发展的差异性及层级递进规律,提出几何推理层级发展的理论模

---

① Niss, M. & Højgaard, T.. Competencies and mathematical learning: Ideas and inspiration for the development of mathematics teaching and learning in Denmark [R]. IMFUFA, Roskilde university, 2011.

型。[①] 具体结构如图 5.1 所示。

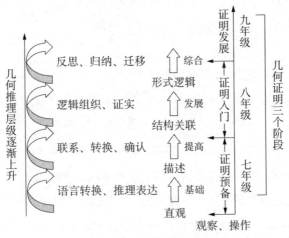

图 5.1　初中生几何推理层级结构模型

这一模型为几何推理架构了一个系统的、循序渐进的发展系统,主要特点为:几何推理层级教学结构模型隐含了几何推理能力发展的两条线索;对于每个学生在每一个层级存在达到和推进发展两种可能;层级水平包含推理的思维活动和推理表达两个要素;推理层级是相对的、模糊的和动态发展的;重视学生认知发展规律性和推理能力发展的全面推进。

以上几种评价方式,对于研究体现我国数学教育现实的数学推理与论证能力水平分层均有一定的启示,即可以通过定量评价来确定学生所处的具体能力水平,并对其数学推理与论证能力表现进行定性分析,综合二者来描述学生能力发展的现状。

第三节　研究过程与方法

参考国外能力评价,结合我国数学教育传统,课题组将数学推理与论证能力分为若干水平,并根据各个水平的描述界定和行为表现编制测试任务,以此激发学生的数学思维,使其将自身拥有的数学推理与论证能力外显。测试任务的设计不仅需要指明

---

① 李红婷.7—9 年级学生几何推理能力发展及其教学研究[D].重庆:西南大学,2007.

具体针对的能力水平(即目标能力水平),还要说明完成任务所需的具体认知要求。除了清晰的题设信息和问题,每个测试任务还包括目标能力水平、内容类型、能力表现形式,同时还有对应的解决方案,以及具体的评价指标。

一、数学推理与论证能力测评框架构建

根据《义务教育数学课程标准(2011年版)》,推理贯穿于数学教学的始终,推理能力的形成和提高需要一个长期的、循序渐进的过程。义务教育阶段要注重学生思考的条理性,不要过分强调推理的形式。以往的研究者大都从推理的心智历程或学生推理的思维发展来研究数学推理,这样固然非常详细,但是不便于大范围的测评。因此,为了方便评价,我们从三个维度对八年级学生的数学推理与论证能力进行测评,具体为:

内容维度是指义务教育阶段学生需要学习的具体数学学科知识,其中包括数与代数、图形与几何、统计与概率、综合与实践;结构维度是指数学推理与论证能力的具体表现形式,其中主要包括合情推理和论证推理;过程维度是指学生由数学对象得出数学结论的具体思维过程。在此我们将其细化为三个目标能力水平,如表5.1所示。

表 5.1　数学推理与论证能力水平

水平	具 体 描 述
水平一: 记忆与再现	通过合理选择有用信息,采取直观的操作、观察、归纳、比较、类比等方法后能够获得一些结论或猜想等
水平二: 联系与变式	能根据解决较复杂问题的需要,收集有用信息并联系不同的知识,对所得出的猜测进行初步的论证
水平三: 反思与拓展	理解和掌握不同推理与论证方法的联系、优势与限制,能够选择恰当的方法对所得出的结论进行严格的推理与论证,并能对其进行反思。这里的反思包括判断推理的正确性、提出反驳或对增加一个限定条件后的数学内容(包括数学性质、定理、公式、法则)重新论证

据此绘制数学推理与论证能力测评的三维水平分析框架,如图5.2所示。

根据对学生日常数学行为的观察,下面具体阐述学生各个能力结构在不同水平上的行为表现,以求比较完整地涵盖中学数学推理与论证能力的各方面。由于本文的研究对象八年级学生的逻辑思维还不太成熟,所以在论证推理部分只给出初中生三段论推理活动的具体表现形式。

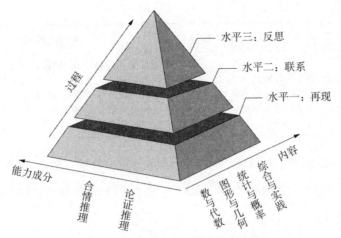

图 5.2 数学推理与论证能力的分析框架

表 5.2 推理与论证能力的评价指标

水 平 要 求	成分	具 体 指 标
水平一：再现 通过合理选择有用信息,经过直观的操作、观察、归纳、比较、类比等方法后能够获得一些结论或猜想等	合情推理	通过对事物的观察、实验和直觉,能够采用归纳或类比的方法得出一些合理的猜测; 能够清晰地表述得到猜想的推理过程
	论证推理	能够选择有用信息,通过直观推理与论证命题的正确性; 符号语言表达规范,书写格式正确
水平二：联系 能根据解决较复杂问题的需要,收集有用信息并联系不同的知识,对所得出的猜测进行初步的论证	合情推理	能够根据较复杂的问题情境联系相关的知识,运用归纳、类比方法概括出一些更广泛、更高层次的猜想或结论; 推理思路清晰,表达正确
	论证推理	既能理解并延续别人的推理思路,也能够联系相关已有的经验和知识,通过将直观推理与简单的逻辑推理相结合,对较复杂的命题进行初步论证; 能够准确抓住问题的结构特点,推理过程简洁完整且步步有据
水平三：反思 理解和掌握不同推理与论证方法的联系、优势与限制,能够选择恰当的方法对所得出的结论进行严格的推理与论证,并能对其进行反思。这里的反思包括判断推	合情推理	能够根据问题的条件推测出更多合理的猜想或结论,并能够在概括的基础上将数学知识系统化; 推理的理由充分,且说理规范、富有逻辑; 能够对所得结论进行反思和检验,从而得出问题的正确答案

水 平 要 求	成　分	具 体 指 标
理的正确性、提出反驳或对增加一个限定条件后的数学内容(包括数学性质、定理、公式、法则)重新论证	论证推理	能够灵活变换思路,根据具体问题情境选择恰当的推理与论证方法,对已有命题或所得结论进行严格的推理证明,推理过程目的性强; 能够对所得结论进行反思和检验,从而得出问题的正确答案

根据以上描述,每个测试任务都会有一个具体对应的能力水平。若学生成功完成该任务,则表示学生在该问题上达到了这一特定水平的要求;反之,则表示学生未达到这一水平的要求。

二、测评工具的开发

根据能力结构内涵、内容类型、目标能力水平分类描述,本研究编制了一套数学推理与论证能力测试卷。测试卷共两部分,包括学生信息和测试题。

学生信息包括姓名、性别、学校、班级、最近一次期中考试数学成绩。

经过两次预测的反馈和课题组的讨论会,正式施测的测试题共有 6 道,涉及的数学内容包括"数与代数"和"图形与几何"两个领域,在题目设置时巧妙地涵盖了推理与论证能力的各个结构内涵,期望通过学生的解答过程来评价其自身拥有的数学推理与论证能力水平;目标能力水平也较均衡地涵盖了三个层次。测试题具体分布如表 5.3 所示。

表 5.3　测试题分布情况

题号	内容	目标能力水平	能力结构内涵
1	数与代数	水平一	合情推理(观察、归纳)
	数与代数	水平一	论证推理
2	数与代数	水平一	合情推理(联想、归纳)
	数与代数	水平一	论证推理
3	数与代数	水平二	合情推理(观察、归纳)
	数与代数	水平二	论证推理
4	图形与几何	水平二	论证推理

题号	内容	目标能力水平	能力结构内涵
5	图形与几何	水平三	论证推理
6	数与代数	水平三	论证推理

其中,每道测试题都给出了测试信息,用于编码和评分。如:

样题 5.1:(归纳和类比)已知 C_m^n 表示在 m 个事物中任意选取 n 个($n \leqslant m$)可能出现的结果数:

$$C_3^2 = \frac{3 \times 2}{1 \times 2} = 3,\ C_5^3 = \frac{5 \times 4 \times 3}{1 \times 2 \times 3} = 10,\ C_6^4 = \frac{6 \times 5 \times 4 \times 3}{1 \times 2 \times 3 \times 4} = 15,\ \cdots$$

观察上面的计算过程,寻找规律并计算 C_{10}^6。

解:根据题意类比已知信息,则有:

$$C_{10}^6 = \frac{10 \times 9 \times 8 \times 7 \times 6 \times 5}{1 \times 2 \times 3 \times 4 \times 5 \times 6} = 210$$

表 5.4　样题 5.1 的测试信息

能力结构	内容类型	目标能力水平	具体评价指标
合情推理 (观察、类比)	数与代数	水平一	通过合理选择有用信息,经过直观的观察、类比后能够获得一些结论

三、数学推理与论证能力测评的实施

本次数学推理与论证能力评价主要采用调查研究的方法,根据测评框架编制测试任务,并以此为工具收集学生的数学推理与论证能力水平情况。

(一)预测

本测试包括预测和正式施测两部分,从 2012 年 9 月持续至 2013 年 6 月。测试卷以电子文档形式发送给待测学校负责人,委托学校打印,由数学任课教师分发试卷,要求学生在 40 分钟内完成纸笔测试,最终课题组成员到取样学校回收试卷,或者由学校

负责人快递返回。

课题组于 2012 年 9 月在上海市选取某两所初中 67 名八年级学生进行第一次预测，于同年 11 月选取上海市 31 名八年级学生、10 名九年级学生，以及浙江省 52 名九年级学生实施第二次预测。预测的目的是验证测评框架的有效性，同时优化测试题。

1. 对测评框架的验证

分析两次预测数据发现，学生在数学推理与论证能力测试题上的表现的确存在分层，从而验证了测评框架的有效性。对比目标能力水平为水平一、水平二、水平三的评价任务的正确率可见，八年级学生比九年级学生存在更明显的三个层次表现。本研究在预测后对测试任务进行了增删和完善，故预测时的题量和题号与正式测试时不一样。

2. 测试题的优化

根据学生在预测中的表现，课题组对测试任务进行了增删和修改。

第一次预测后，课题组删除样题 5.4，并修改了样题 5.5、5.7、5.9。

样题 5.4：有一个池塘平均水深只有 0.5 米，但池塘边却竖着一个警示牌，上面写着"水深危险，禁止游泳"。你认为这样写合理吗？请说明理由。

本题的意图在于考查学生的统计推理能力，其中包括对"平均水深"这一统计术语的理解，从而作出正确判断。但是由于学生没有读懂题目的真正含义，造成胡乱解答达不到考查要求，于是删除。

样题 5.5：把 12 拆成两个自然数的和，使这两个自然数的乘积最大，并说明为什么它是最大的。

本题的意图在于让学生通过观察、实验，然后归纳得出问题的正确解答方案；在验证的过程中同时考查学生的论证推理能力。但是由于学生已经学习了方程和二次函数的相关知识，预测时大部分学生都会采取代数方法来完成，无法达到对推理与论证能力的考查目的，于是将该题修改为"飞镖靶上有 2 分、3 分、5 分、11 分、13 分五个得分区,小明刚好得了 150 分,问他最少投了几支镖?(正式测试中为试题 6)",考虑到最终的结果需要学生进行反思、验证,所以此题的目标能力水平上升到水平三。

样题 5.7:一个班级中有 23 人参加合唱团,25 人参加乐队,其中有 7 人两个都参加。那么请问这个班总共有多少人?

本题的意图在于让学生通过纸笔实验,然后得出问题的正确答案。预测后发现学生对这一问题情境相当熟悉,为了达到测试目的需提高题目难度,于是将该题修改为"45 名学生报名参加 A、B 两项社会实践小组,报名参加 A 组的人数是全体学生数的 $\frac{3}{5}$,报名参加 B 组的人数比报名参加 A 组的人数多 3 人,两组都没有报名的人数是同时报名参加 A、B 两组人数的 $\frac{1}{3}$ 多 2 人,求同时报名参加 A、B 两组的人数和两组都没有报名的人数",从而提高题目的目标能力水平。

样题 5.9:某校初中一年级四个班举行拔河比赛,李明和王芳猜测的结果如表所示。

名次	一	二	三	四
李明	3 班	2 班	1 班	4 班
王芳	2 班	4 班	3 班	1 班

比赛结果,只有王芳猜对了 4 班是第二名。那么请问正确的排名是什么呢?(写出推理过程)

本题是一道典型的推理题,需要一步步谨慎推理,其逻辑推理意图明显。但预测后发现大部分学生都采取画表格(排除法)来完成任务,未达到出题人预期的效果。于是将该题修改为"有甲、乙、丙、丁四位歌手参加比赛,其中只有一位获奖。有人走访了四位歌手,甲说"是乙或丙获奖",乙说"甲、丙都未获奖",丙说"我获奖了",丁说"是乙获奖"。四位歌手当中只有两位的话是对的,那么请问获奖的歌手是哪一位呢? 给出理由。",这样就避免学生通过画表格来完成(表格只能完成一半)。但由于本题数学味不浓,所以在正式施测时并没有采用。

第二次预测后,本研究再次对测试题进行调整。

第一,减少题量。由于课题组每次发放的测试卷都涵盖六个核心能力,但测试对象有限,所以只能精简题目以求达到较好的结果。第一次预测共有 9 道题目,第二次预测缩减为 8 道题目,但是正式测试时缩减为 6 道题目。

第二,改变题目。首先改变了原有题目的排列顺序,考虑到学生的思维应该是由简到难,慢慢地增加学生解题的自信心;其次明确评价目标和标准,根据学生在解决任务上的表现,删除和修改部分评价目标重复的测试题。如将样题 5.3 "试证:两条直线所成的对顶角相等"删除,因为其与样题 5.5 重复;将样题 5.7 删掉,因为其达不到期望的效果;将样题 5.9 也删除,原因是数学味不浓,忽略了测评框架中的内容维度。另添加一道题目:

观察下列各式:

$$① \sqrt{2\frac{2}{3}} = 2\sqrt{\frac{2}{3}} \quad ② \sqrt{3\frac{3}{8}} = 3\sqrt{\frac{3}{8}} \quad ③ \sqrt{4\frac{4}{15}} = 4\sqrt{\frac{4}{15}}$$

你能得出什么结论吗? 并验证。

第三,调整标准。由于八年级学生的逻辑思维不够成熟,推理能力有待提升,所以在正式测试时根据学生的任务完成情况从两方面进行分析。

(二) 正式测试

1. 被试的选取

本研究团队采用分层整群抽样的方法在全国八年级学生中选取被试样本:首先,按照不同地理位置、不同经济发展水平选取 8 个城市;然后,按照综合水平差异在该市中选取 3 所以上不同层次的学校;最后,在每个样本学校中,选取一个整班学生参加数学推理与论证能力测试,参加测试的八年级学生正在学习或者已经学习过平面几何中有关推理与论证的内容(见表5.5)。这种取样方式较好地保障了样本的代表性。

表5.5　被试学生分布情况

地区	A	B	C	D	E	F	G	H	合计
学校数(所)	4	3	3	3	3	3	3	6	28
学生数(人)	149	143	124	92	118	178	166	247	1 217

2. 测试题的形成

数学推理的类型包含合情推理与论证推理两个大类,根据需要还可将合情推理细分为观察与实验、直觉与联想、归纳与类比等,论证推理也可进而划分为三段论推理、关系推理、数学归纳法等。另一个维度考虑数学的内容分支,就义务教育阶段而言,包含数与代数、图形与几何、统计与概率等。最后一个维度将数学推理能力由低到高划分为再现、联系、反思三个水平,具体描述见表5.6。

表5.6　数学推理与论证能力评价指标

	合 情 推 理	论 证 推 理
水平一(再现)	能够利用合情推理得出一些合理的猜测; 能够表述获得猜想的推理过程	能够在简单情境下论证命题的正确性; 会采用较为规范的符号语言进行表达
水平二(联系)	能够在较复杂的问题情境下联系相关知识获得较高层次的猜想; 能够清晰地表述思考过程	能够联系他人的推理与已有经验对较复杂的命题进行论证; 过程简洁完整
水平三(反思)	能够获得更多猜想,对结论进行反思和检验,进而将数学知识系统化; 说理充分,富有逻辑	能够灵活变换思路,根据具体问题情境选择恰当的推理与论证方法进行严格论证; 表述清晰严谨

基于上述测评框架,为了便于对大规模测试结果进行统计分析,并保证测试的信度和效度,本研究采用多题量测试卷及框架导向的测试题来衡量学生的数学推理与论证水平。

在测试题的水平划分方面,为了提高其内容效度,首先通过专家认证的方式从主观上给出测试题的预设水平,然后经过两次预测试,在试题的设计、试题的数量以及排列顺序等方面进行修正,最终形成的测试卷中包含不同水平的试题各两题,每题都含有合情推理与论证推理两部分要求。具体内容分布见表5.7,由于被试所在年级的限制,此次调研未考虑"统计与概率"内容。

表 5.7 测试题分布情况

题号	数学内容分支	目标能力水平	推理与论证能力内涵
1	数与代数	水平一	合情推理/论证推理
2	数与代数	水平一	合情推理/论证推理
3	数与代数	水平二	合情推理/论证推理
4	图形与几何	水平二	合情推理/论证推理
5	图形与几何	水平三	合情推理/论证推理
6	数与代数	水平三	合情推理/论证推理

测试题的数据编码采用多重计分制,用一个三位数来对应每位学生在每一题中的表现。其中,首位数字表示该题"合情推理"部分回答正确与否(正确计1,错误计0);中间数字表示该题"论证推理"部分回答正确与否(正确计1,错误计0);末尾数字是一个诊断性编码,用于区分不同的解题策略、错误类型等。

对于0—1型计分,本研究利用项目反应理论模型,使用 BILOGMG 3.0 软件,采用双参数 Logistic 模型,分别计算各题的难度系数、区分度系数,以及被试的能力估计值,进而分析被试的能力分布情况,并利用独立参数 t 检验分析性别差异。

对于反映被试作答类型的诊断性编码,则主要进行定性分析。

四、数据编码与整理

测试题的数据编码参考 TIMSS 的多重计分制,即学生在每一题的表现会对应一个三位数分数,其中第一个数字表示该题"合情推理"部分回答的正确水平,第二个数字表示该题"论证推理"部分回答的正确水平,第三个数字表示一个诊断性编码,以确定特殊的表征方式(初步猜想或结论的表述)、解题策略、常规的错误或误解。

本次数学推理与论证能力测试的正确水平分两档,即1分(正确)和0分(不正确)。测试题的正确水平编码以数学推理与论证能力水平划分为基础。每个任务都有预设的目标能力水平,假如学生的表现符合该能力水平的标准,则第一个数字编码为"1",反之,则记为"0"。确定学生表现的正确水平后,再根据其表征方式(文字、数字或图示)、解题策略(解方程或猜想)等分类确定诊断性编码。

试题5.1:如下图有一串白黑相间排列的珠子,按这种规律往下排起来,那么第36颗珠子应该是什么颜色呢?写出理由。

第一部分"合情推理"是观察、归纳,要求学生通过观察图示,从而归纳总结出珠子排列的一般规律,即五个珠子为一组(三白两黑)。

第二部分"论证推理"要求学生用严格的数学语言描述其得出的猜想或结论,并据此进行解答。

表5.8 试题5.1多重编码体系

	正确水平1		正确水平0	
	编码	定义	编码	定义
合情推理与论证推理	111	从图中可看出3个白珠和2个黑珠是一组,$36÷5=7⋯1$,可知第36颗珠子恰好是第8组的第1个,所以是白色	001	排列规律归纳有误,如有些学生写第六个是白珠,而$36÷6=6$,所以第36颗是白色珠子
	102	排列规律正确,但推断的理由错误。如$36÷5=7⋯1$,数7个所以第36颗应该为白色	002	通过图示计算概率,白珠概率为$\frac{3}{5}$,黑珠概率为$\frac{2}{5}$,白珠比黑珠的概率大,所以第36颗是白色
	103	3白2黑为一组,但推断的结论错误	003	空白
	104	白色。没有说明理由		

试题5.2:判断:两个连续自然数的积是奇数还是偶数?请给出证明过程。

第一部分"合情推理"是联想,要求学生通过联想"连续自然数"的具体含义,然后

169

猜想得出一般结论。

第二部分"论证推理"要求学生联系相关已有代数知识,用标准的数学语言初步推论、验证其结论。正确的论证过程有四种:

♯1,两个连续自然数中必然有一个是偶数,一个是奇数,而任何奇数乘以偶数都得偶数;

♯2,设两个连续自然数分别为 $2n$、$2n+1$,那么 $2n \times (2n+1) = 2(2n^2+n)$ 可以被 2 整除,所以为偶数;

♯3,设一个自然数为 n,另一个为 $n+1$。则 $n(n+1) = n^2+n$,其中若 n 为偶数,则 n^2 为偶数,偶数+偶数=偶数,所以乘积为偶数;若 n 为奇数,则 n^2 为奇数,奇数+奇数=偶数,所以乘积为偶数;

♯4,设这两个连续自然数中的偶数缩小 x 倍等于 2,奇数缩小 y 倍等于 1,即乘积 $2xy$ 中无论 x、y 是奇数还是偶数,乘以 2 后都为偶数。

表 5.9 试题 5.2 多重编码体系

		正确水平 1		正确水平 0
	编码	定义	编码	定义
合情推理与论证推理	111	论证过程:♯1	001	读题有误,将乘积用和来处理
	112	论证过程:♯2	002	未读懂题意
	113	论证过程:♯3	003	空白
	114	论证过程:♯4		
	105	论证过程:采取列举法,如 $1 \times 2 = 2$, $2 \times 3 = 6$, $3 \times 4 = 12$;		
	106	偶数,未说明理由		
	107	偶数,验证理由不够充分		

试题 5.3:观察下列各式:

$$① \sqrt{2\frac{2}{3}} = 2\sqrt{\frac{2}{3}} \quad ② \sqrt{3\frac{3}{8}} = 3\sqrt{\frac{3}{8}} \quad ③ \sqrt{4\frac{4}{15}} = 4\sqrt{\frac{4}{15}}$$

你能得出什么结论吗?并验证。

第一部分"合情推理"是观察、联想及类比,要求学生通过观察上述等式,联想到有关根式的性质从而猜想得出等式的一般特征。初步猜想或结论有四种:

#1, $\sqrt{n+\dfrac{n}{n^2-1}}=n\sqrt{\dfrac{n}{n^2-1}}$($n$ 为正整数),证明过程为

$$\sqrt{n+\dfrac{n}{n^2-1}}=\sqrt{\dfrac{n(n^2-1)+n}{n^2-1}}=\sqrt{\dfrac{n^3}{n^2-1}}=n\sqrt{\dfrac{n}{n^2-1}}\ ;$$

#2, $\sqrt{(n+1)+\dfrac{n+1}{(n+1)^2-1}}=(n+1)\sqrt{\dfrac{n+1}{(n+1)^2-1}}\ ;$

#3, $\sqrt{(n+1)+\dfrac{n+1}{(n+1)n+n}}=(n+1)\sqrt{\dfrac{n+1}{(n+1)n+n}}\ ;$

#4, $\sqrt{(n+1)+\dfrac{n+1}{(n+2)n}}=(n+1)\sqrt{\dfrac{n+1}{(n+2)n}}\ 。$

第二部分"论证推理"要求学生用严格的数学语言描述其得出的猜想或结论,准确抓住问题的结构特点,简洁完整地进行推理与论证。

表 5.10　试题 5.3 多重编码体系

	正确水平 1		正确水平 0	
	编码	定义	编码	定义
合情推理与论证推理	111	初步猜想:#1	001	$\sqrt{n\dfrac{n}{n^2-1}}=n\sqrt{\dfrac{n}{n^2-1}}$,未给出论证过程
	112	初步猜想:#2	002	$\sqrt{n\dfrac{n}{n^2-1}}=n\sqrt{\dfrac{n}{n^2-1}}$,论证过程为:$\sqrt{n\dfrac{n}{n^2-1}}=\sqrt{\dfrac{n^2}{n^2-1}}=n\sqrt{\dfrac{n}{n^2-1}}$
	113	初步猜想:#3	003	猜想完全错误,如 $\sqrt{x\dfrac{x}{y}}=x\sqrt{\dfrac{x}{y}}$
	114	初步猜想:#4	004	空白
	105	只写出猜想,未作论证		

试题 5.4：请写出命题"直角三角形斜边上的中线等于斜边的一半"的逆命题，并判断该命题的真假性(给出证明过程)。

第一部分"合情推理"是联想，要求学生能根据所写出的逆命题，联想已学过的性质、定理，初步推断命题的真假性。

第二部分"论证推理"要求学生联系相关已有经验和知识，通过简单的逻辑推理，初步论证命题的真实性。推理简洁，且理由充分。

正确的论证过程有两种：

♯1，逆命题为"若三角形一边上的中线等于该边的一半，则此三角形为直角三角形"。利用三角形内角和定理来证明；

♯2，通过作辅助线，先证明出平行四边形，再证明是矩形，最后得出 90°的直角三角形。或将三角形性质表现在圆中，即可知满足条件的三角形为直角三角形。

表 5.11　试题 5.4 多重编码体系

合情推理与论证推理	正确水平 1		正确水平 0	
	编码	定义	编码	定义
	111	论证过程：♯1	011	未写出逆命题就直接证明,思路正确严谨
	112	论证过程：♯2	002	逆命题有误,如"斜边的一半等于直角三角形"斜边上的中线",但证明过程有条理
	103	逆命题正确,但证明过程有误	003	逆命题有误,且证明过程混乱
	104	逆命题正确,但未给出论证过程	004	空白

试题 5.5：如图，请在下列四个关系中，选出两个恰当的关系作为条件，推出四边形 $ABCD$ 是平行四边形，并予以证明(列举出所有可能成立的情况)。

关系：①$AD \parallel BC$，②$AB = CD$，

③$\angle A = \angle C$，④$\angle B + \angle C = 180°$。

已知：在四边形 $ABCD$ 中，_____，_____；

求证：四边形 $ABCD$ 是平行四边形。

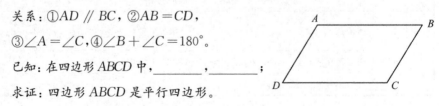

第一部分"合情推理"是观察、实验、联想,要求学生认真观察题设条件,联想已学过的性质、定理,通过纸笔实验得出可能成立的结论。

第二部分"论证推理"要求学生能够灵活变换思路,根据具体问题选择恰当的论证方法,严格推理证明其所得出的结论。

表 5.12　试题 5.5 多重编码体系

合情推理与论证推理	正确水平 1		正确水平 0	
	编码	定义	编码	定义
	111	①③、①④、②④、③④。给出所有情况的证明过程,证据充分,推理正确	001	列举了所有组合结果,且证明过程有误
	112	给出所有正确的条件,但只写出了其中一种情况的正确证明过程	002	猜想完全错误
	103	只考虑了其中 1—2 个情况,未反思、验证给出所有成立的结果	003	空白

试题 5.6:飞镖靶上有 2 分、3 分、5 分、11 分、13 分五个得分区。小明刚好得了 150 分,问他最少投了几支镖?

第一部分"合情推理"是实验、归纳,要求通过纸笔实验不断列举可能出现的结果,然后归纳得出初步结论。

第二部分"论证推理"是能够对所得结论进行反思和检验,从而得出问题的正确答案。

表 5.13　试题 5.6 多重编码体系

合情推理与论证推理	正确水平 1		正确水平 0	
	编码	定义	编码	定义
	111	对结果进行反思和验算,给出正确答案。 150 分 = 13 分×11 支 +5 分 +2 分(13 支镖) = 13 分×10 支 +11 分 +5 分 +2 分×2 支(14 支镖) = 13 分×9 支 +11 分×3 支(12 支镖)	001	$150÷13≈11.538$,所以小明最少投 12 支镖

正确水平 1		正确水平 0	
编码	定义	编码	定义
112	直接在试卷上给出正确答案（也许私下有过反思）	002	数字计算有误,思路混乱或只写答案没有过程
103	只考虑到部分情况,没有对结果进行反思和验证	003	空白

如试题 5.2,要求学生在领会题意后,联想出"连续自然数"的具体含义,然后猜想出一般结论并用数学语言初步验证结论的正确性。预设目标是数学推理与论证能力水平二,学生可以通过列举具体数字运算作出猜想再用数学符号语言初步证实。如果学生只写出猜想而没有作出证明,则编码为"水平二 106";如果学生作出猜想并采用"两个连续自然数中必然有一个是偶数,一个是奇数,而任何奇数乘以偶数都得偶数"来叙述证实,则编码为"水平二 111";如果学生将连续自然数的乘积运算表述成加法运算,则编码为"水平二 001"。

因此在本次测试中,学生在每小题上的表现都会有相应的编码,以表示是否达到了该题的数学推理与论证能力水平,及其所用的解题策略和错误类型。但是学生在某一题的表现有不稳定性,故需要通过多个测试任务来验证他达到了何种能力水平。通过合情推理得到猜想或结论,再通过论证推理证实猜想的正确性。由于每个题目都需要作出一定的猜想,所以根据不同的题型设置不同水平。目标能力水平一、水平二、水平三的各有两题。通过两次预测,已经验证了三个能力水平间有递进性,而评价学生最终的数学推理与论证能力水平,需要全面考虑学生在三个不同目标能力水平测试任务上的表现,对学生的能力水平分类(如表 5.14 所示),假如学生属于第三类,说明他的数学推理与论证能力水平属于高水平;类比可得,若学生属于第一类,那么他的数学推理与论证能力水平较低。

表 5.14　确定数学推理与论证能力水平的标准

编码	数学推理与论证能力水平	标　准		
		答对大部分水平一的任务	答对大部分水平二的任务	答对大部分水平三的任务
1	第一类	√	×	×
2	第二类	√	√	×
3	第三类	√	√	√

注：√表示答对大部分特定水平的任务；×表示没有答对大部分特定水平的任务。

第四节　研究结论

一、数学推理与论证能力的总体水平

学生的合情推理能力总体水平是水平二，虽然水平二的测试题（试题 5.3、5.4）正确率太低（平均 40％），只因试题 5.3 涉及数与代数内容——"二次根式的运算"，有些省区还没有教学，所以得分较低；试题 5.4 涉及图形与几何内容——"直角三角形"，学生关于逆命题的相关知识不是很熟练，所以逆命题有错，那么后续的论证也就错误。学生在试题 5.5、5.6 的合情推理部分做得还是很好的，都得出正确的猜想，平均正确率达到 66％。但学生未曾反思所得的猜想是不是满足题目要求的最优化思想，所以还是未达到水平三要求的"反思"水平。

表 5.15　测试卷各题正确率

	水平一		水平二		水平三	
	试题 5.1	试题 5.2	试题 5.3	试题 5.4	试题 5.5	试题 5.6
合情推理	95.2％	88.6％	37.1％	43.7％	75.8％	66.2％
论证推理	82.3％	38.9％	21.0％	28.1％	21.9％	12.7％

学生的论证推理能力总体水平能达到水平一，仅仅能通过直观推理与论证猜想的正确性，并且书写格式正确、语言表达较规范。由于学生的知识基础过于薄弱，导致在对结论进行推理与论证的过程中，在运用已有知识或经验时出现较大问题。

根据各题正确率分析得知，学生的代数推理能力稍强于几何推理能力，而概率统计推理能力则相对较弱。

由于代数思维是一种对规律与关系进行推理的思维方式,所以八年级学生处于由具象思维向抽象思维过渡的关键期,还是具有遵守推理规则、运用通则通法的模式化思维能力;但思维表现仍较大程度上受具体或经验的制约,表现出不依据命题条件进行推理和不能找到更多隐含条件进行推理,导致推理无法进行或推理错误。概率推理能力、随机现象和概率的本质含义是概率推理中的重要要素,由于部分教师缺乏相关知识或忽视实际教学中的概率实验,导致学生也缺乏基本的活动经验的积累,仅仅是简单接受概念并机械运用计算方法。

代数思维具有四大特征:(1)从表现形式看,代数思维是一种形式的符号操作。具体包括三个方面:一是表征,即用符号或者由符号组成的代数式、方程、不等式、函数去表示数学中的对象和结构;二是符号变换,即各种表征之间的等价或不等价的转化;三是意义建构,即解释或发现形式符号或表达式背后的数学结构或实际模型,以及各种符号操作的意义与作用。(2)从思维形式上看,代数思维是一种基于规则的推理。(3)代数思维是一种数学建模活动。(4)代数思维的核心是一般化的思想。事实上,代数的本质就是发现处理问题的一般模式,因此一般化的思想应该成为代数学习的基础。

传统几何教学的主要目的是发展学生运用形式逻辑推理方式进行几何证明的能力,但因为几何证明具有较强的"技术性"等原因,被认为是导致学习"分化"现象的主要原因。此外,几何证明往往拘泥于几何内部的关系和规则,因而在一定程度上也限制了学生综合推理能力的发展。随着年龄的增加,根据学生几何推理能力发展的认知顺序,几何推理能力经历了由"直观推理—描述推理—结构关联推理—形式逻辑推理"层级递进的发展阶段,而八年级时学生的几何推理能力得到了进一步的发展:能够脱离实验操作验证,通过直观感知进行模式识别;能够从命题的已知信息出发进行结构关联推理;思维表现由单线索向多线索过渡;能够建立起多向度的联系,并能够从多种关联关系中分离和表达本质关系,具有一定的验证性收敛思维能力;具有遵守推理规则、运用通则通法的模式化思维能力。与此同时,八年级学生的思维表现仍较大程度上受具体或经验的制约,表现出不依据命题条件进行推理和不能找到更多隐含条件进行推理,导致推理无法进行或推理错误,而且他们的逻辑推理规则的运用和推理的严密性还有待于进一步发展。

八年级学生通过与典型实体在思维中的视觉表象、实验操作验证和直观感知进行判断和推理,直观推理是几何学习过程中最基本的推理方式,随着学习内容的展开和学生年龄的增长,推理的抽象程度和难度逐渐增大,但几何直观推理贯穿于几何推理发展的全过程,始终起重要的辅助作用。人们通常借助直观推理来发现一般规律、探寻证明思路、理解抽象内容。[①] 几何推理离不开几何语言描述,八年级学生的几何描述推理能力发展是建立在已有的几何概念描述基础上,描述推理增进了语言、图形、符号和推理的紧密结合,描述推理的发展水平在很大程度上制约着学生几何推理的思维活动水平和活动成果的表达。

二、学生解题类型分析

如前所述,学生在每道题上的表现都会对应一个三位数的编码,第一位数字表示合情推理能力正确水平,第一位是论证推理能力正确水平,第二位则是学生解题类型(包括解题策略、数学表征方式、错误类型等)的诊断编码。由于测试对象太多,这里只对 631 位测试对象进行解题类型的分析,期望通过对各题诊断编码的分析,获悉不同学生数学推理与论证能力的具体特征。

数学语言是表达关系和形式的符号系统,是学生进行思维和推理的载体和工具,是学生理解概念、掌握思想方法、进行推理和再学习的基础。数学语言可分为图形语言、文字语言和符号语言三种,一般用文字叙述概念、定义、公理、定理等,对图形及其性质的描述、解释与讨论;图形语言是由图形及符号来表示的语言,是将几何实体模型抽象后的产物,也是几何形象、直观的语言;符号语言则是由特定的数学符号来表示,是图形语言或文字语言的抽象、简化和形式化。各种语言的综合运用体现在学生整个推理与论证过程中。推理是由一系列思维活动来实现的,但推理的思维活动效果则是通过数学语言描述来表达的。因此,我们可以通过学生的推理与论证过程来分析学生推理与论证能力的具体表现。

[①] 李红婷.7—9 年级学生几何推理能力发展及其教学研究[D].重庆:西南大学,2007.

表 5.16　试题 5.1 编码结果

编码	111	102	103	104	001	002	003
人数(人)	490	44	11	37	36	4	9
占总数	77.7%	7.0%	1.7%	5.8%	5.7%	0.6%	1.4%

从学生的解答来看,试题 5.1 有 86% 的八年级学生能够明白题意并归纳概括出事物的发展规律。只有 7% 的学生似乎看出了事物的规律但尚未深刻理解题目的本意,所以有同学从黑、白珠出现的概率来猜测第 36 颗珠子的颜色,这也反映了学生对随机现象和事物发展规律之间关系的错误理解。也有同学只是单纯地看出 6 能够被 36 整除,所以要判断第 36 颗珠子也就只需判断第 6 颗珠子,这就反映出学生对"整除"概念的理解不够深入,对概念的理解只停留在表面意义上(会计算),基础知识浅薄不扎实。

表 5.17　试题 5.2 编码结果

编码	111	112	113	114	105	106	107	001	002	003
人数(人)	106	54	120	1	180	40	48	27	22	33
占总数	16.8%	8.6%	19%	0.2%	28.5%	6.3%	7.6%	4.2%	3.5%	5.2%

试题 5.2 的设计意图在于考查学生对"连续自然数"之间规则的理解,可以通过列举法来初步得出猜想,但仍需用数学语言严格论证结论的正确性。测验发现,只有 44.5% 的学生对猜想进行了严格的论证,这些学生中 16.8% 的人采用文字语言描述出"连续自然数"的特点,再由奇、偶数的特征论证结论,8.6% 的人则采用符号语言描述,另外有 19% 的人以"一般化"思想更为严谨地论证猜想,分别从奇数、偶数两方面验证。由此可见,八年级学生的数学推理与论证能力水平之间存在较大差异,高水平的学生会采用符号语言严格论证猜想的正确性;中等水平的学生会联结已有知识或经验采用文字语言来描述推理与论证过程;低水平的学生则抓不住问题的本质,理解力较差。28.5% 的学生只用列举法作出了猜想,这属于不完全归纳法。从数学角度思考,不完全归纳法不能作为论证结论正确性的方法,由不完全归纳法所得出的结论一般不具备普遍性,有"以偏概全"的嫌疑。

表 5.18　试题 5.3 编码结果

编码	111	112	113	114	105	001	002	003	004
人数(人)	149	10	1	3	15	143	12	185	113
占总数	23.6%	1.6%	0.2%	0.5%	2.4%	22.7%	1.9%	29.3%	17.9%

试题 5.3 的测试内容涉及"二次根式的运算",重在考查学生合情推理能力中观察、联想和类比能力。本次分析的 631 位学生已经学习了这部分教学内容,但测试结果不容乐观。只有 25.8% 的学生作出正确猜想并给出严格的论证,27% 的学生只是简单地类比题目作出形如" $\sqrt{n\dfrac{n}{n^2-1}}=n\sqrt{\dfrac{n}{n^2-1}}$ "的猜想,并没有深入地思考二次根式被开方数是加法运算,思维过于狭窄。剩下学生中 29.3% 的人只是观察出事物表面上的相似之处,未曾深思便作出形如" $\sqrt{x\dfrac{x}{y}}=x\sqrt{\dfrac{x}{y}}$ "的猜想。由此看来,八年级学生的类比推理能力较差,虽然能够发现事物之间的相似属性,却不能联系相关已有知识和经验作出正确的猜想。

表 5.19　试题 5.4 编码结果

编码	111	112	103	104	001	002	003	004
人数(人)	168	11	29	65	8	83	91	174
占总数	26.6%	1.7%	4.6%	10.3%	1.3%	13.2%	14.4%	27.6%

试题 5.4 是一道几何推理题目,内容涉及"图形与几何"中的直角三角形斜边中线性质,旨在从几何角度来测评学生的推理与论证能力。几何语言是培养数学推理与论证能力的关键,是理解概念、认识图形、顺利地进行推理与论证的必要工具,而文字语言、符号语言、图形语言的相互转化则显得尤为重要,且几何语言的逻辑意义也值得重视。本题只有 28.3% 的学生完全正确,不仅给出了原命题的逆命题,还对逆命题进行了较为严格的证明,论证思路严谨、书写格式规范。15% 的学生给出的逆命题正确,但证明过程有误,未搞清楚题设的条件与结论,思路有些混乱,且有的乱用定理、公理。27.5% 的学生回答的逆命题有误,有的写成"直角三角形斜边一半的线是斜边上的中线",据此可知学生对于课本上的基本概念搞得不是很清楚。对于原命题,分辨不出条

件与结论,进而得出错误的逆命题。在预测中证明"对顶角相等"这一命题时,学生的解答也不是很好,多数学生在证明过程中出现思路混乱、分不清题设的条件和结论以及乱用定理等问题。

表5.20 试题5.5编码结果

编码	111	112	103	001	002	003
人数(人)	118	33	299	16	97	39
占总数	18.7%	5.2%	47.4%	2.5%	15.4%	6.2%

试题5.5也是一道几何推理题目,内容涉及"图形与几何"中的平行四边形的判定,旨在考查学生在推理与论证能力上的水平三——"反思"。本题只有23.9%的学生给出了问题的正确答案,且证据充分、推理严谨;将近36.2%的学生只考虑了其中1—2种情况,并未反思、验证问题的所有成立的结果,缺少反思、验证的意识;17.8%的学生则胡乱地列举出条件的所有组合结果,证明过程中也出现较大漏洞(多数是全等三角形判定定理运用有误)。

表5.21 试题5.6编码结果

编码	111	112	103	001	002	003
人数(人)	42	51	292	41	76	103
占总数	6.7%	8.1%	46.3%	6.5%	12%	16.3%

试题5.6是一道开放题,考查学生的"最优化思想",实质是推理与论证能力的"反思"水平。学生根据推理判断可以得出问题的解决方案,即投镖数目要最少就是分数高的镖越多,可以从13分的镖先算起。但要达到"最少",则需要比较检验。14.7%的学生给出了问题的最优解,但其中只有6.7%的学生通过反思、验证给出了最优解,8%的学生直接写出答案。大部分同学(46.4%)只考虑到部分情况,尝试了很多种解决方案,但没有抓住解决问题的关键点,最终还是未能给出最优解。6.5%的学生只想到首先考虑13分的镖,直接用$150 \div 13 \approx 11.538$,最后取整得知最少投12支镖。这种思维本身就是错误的,小明总分150分是定值,现在变动的是不同分值的镖数,所以学生错误地理解了"最少"的真正含义。

三、数学推理与论证能力的具体表现

(一) 合情推理能力的具体表现

从整体上看,多数被试学生具备了一定的合情推理能力,特别是具备了从特殊到一般的归纳思想,但是多数学生在复杂问题情境中进行归纳时仍旧缺乏理性思考,在对结论的反思和检验方面能力较弱,这也与他们论证推理能力不足密切相关。少数学生的合情推理能力较弱。

例如,前三道测试题均可由特殊情况联想到一般结论。试题 5.1 要求学生观察如图 5.4 所示的一串白黑相间排列的珠子,并按此规律推断第 36 颗珠子的颜色。试题 5.2 要求学生判断两个连续自然数的积是奇数还是偶数。试题 5.3 则要求学生观察三个特殊等式:$\sqrt{2\frac{2}{3}}=2\sqrt{\frac{2}{3}}$,$\sqrt{3\frac{3}{8}}=3\sqrt{\frac{3}{8}}$,$\sqrt{4\frac{4}{15}}=4\sqrt{\frac{4}{15}}$,进而得出一般结论。

图 5.4　珠子排列示意图

对于试题 5.1 和试题 5.2,能够通过归纳获得正确结论的学生均超过了全体被试的 85%。为了说明两题结论的获得过程,学生能够列举结论的获得过程,呈现出了从特殊到一般的思考过程。但是对于试题 5.3 的回答却是五花八门:获得正确结论的学生不足 30%;有 27% 的学生忽略了数的表达与字母表达之间的差异,给出了与正确答案"$\sqrt{n+\frac{n}{n^{2}-1}}=n\sqrt{\frac{n}{n^{2}-1}}$,$n\in \mathbf{Z}^{+}$"较为接近的回答,这是代数问题一般化过程中常常会碰到的困难;特别值得一提的是近三分之一的学生给出了形如 $\sqrt{x\frac{x}{y}}=x\sqrt{\frac{x}{y}}$ 的等式,这部分学生在结论获得的过程中虽然也运用了从特殊到一般的方法,但是未能通过进一步举例验证的方式对这一错误的猜想进行修正。在之后的测试题中,学生的合情推理能力表现与此类似。需要指出的是,调查显示仍有少数学生的合情推理能力处于较低水平,他们对试题 5.1 的解答依据来源于"白珠子较多"或者"36"能被 6 整除,就看第 6 颗珠子的颜色"。

由上述分析可以看出,被试学生的合情推理意识已经形成,但是合情推理能力仍有待提升,特别是对猜想所得的结论进行反思和检验的能力,是与学生论证推理能力的发展密不可分的。少数合情推理能力较弱的学生需要受到特别关注。

(二) 论证推理能力的具体表现

从整体上看,多数学生的论证推理能力处于较低水平,在理清命题的条件和结论、正确使用定理、恰当选择证明途径等方面均存在困难。部分学生误以为不完全归纳也是证明的一种手段。但是也存在部分学生论证推理能力发展较快,在思考问题的过程中表现出较强的逻辑性和严谨性。

例如,试题 5.4 要求学生写出命题"直角三角形斜边上的中线等于斜边的一半"的逆命题,并判断该命题的真假(写出论证过程)。该题试图测量学生在图形与几何领域的推理与论证能力。数据分析的结果发现,超过二分之一的学生无法正确写出逆命题,其中有些学生将逆命题写成"直角三角形斜边一半的线是斜边上的中线",可见未能厘清命题的条件和结论,在论证推理能力方面仍存在缺陷。另有约 15% 的学生虽然能够正确写出逆命题,但是无法给出完整正确的证明过程,说明在选用恰当的方法进行论证方面仍存在困难。另一方面,有超过四分之一的学生给出了该问题的完整解答,部分学生在解题过程中对文字语言、符号语言、图形语言之间的相互转化运用纯熟,论述过程清晰严谨。此外,学生的正确解答中呈现出了两种不同的证明方式,除多数学生利用三角形内角和定理进行证明之外,还有少数学生添加辅助线在长方形或圆内论证命题的正确性。由此可见,虽然被试学生的论证推理能力整体水平不高,但是仍存在部分学生显现出较强的论证推理能力。

又如,试题 5.2 测试了学生在数与代数领域的论证推理能力。对于"两个连续自然数的积是偶数"这个命题,超过二分之一的学生无法给出证明,其中部分学生在对命题进行论证时仅罗列了若干特殊情形,将不完全归纳视为一种证明。与此相反,在答题正确的学生(占全体被试的 45%)中,近一半采用了分类讨论的方法,还有五分之一左右的学生将文字语言转化为符号语言进行表述,呈现出了较强的论证推理能力。

综上所述,学生在数与代数、图形与几何方面的论证推理能力均有待提高。值得注意的是,学生的论证推理能力在八年级出现分化,部分学生的论证推理能力呈现出较高水平。

(三) 合情推理与论证推理能力的比较

数据分析的结果显示,被试学生在数学合情推理方面的平均水平高于论证推理,前者处于水平二,而后者处于水平一。

图 5.5 呈现了两类推理能力的分布情况,横轴中的 0 代表平均水平。值得注意的是,虽然被试在合情推理方面整体水平较高,但是仍有部分学生的能力远低于平均水平(能力估计值低于−2);同时,部分学生的论证推理能力发展较快(能力估计值达到+2)。

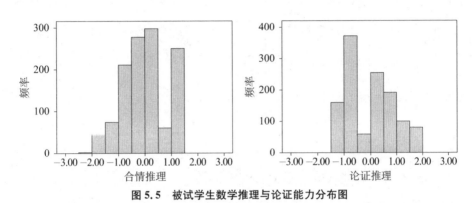

图 5.5　被试学生数学推理与论证能力分布图

另一个有趣的现象是,两种能力类型的分布图中都有一个"低谷"(合情推理处于0.5—1;论证推理处于−0.5—0),这是否预示着推理能力的发展会经历一个飞跃期?这个问题仍有待进一步研究。

(四) 数学推理与论证能力的性别差异

通过对不同性别的学生进行比较,本研究并未发现男女生在数学推理与论证能力方面存在显著差异。

表 5.22　组统计量

	性别	N	均值	标准差	均值的标准误
合情推理	女生	574	0.003 457 27	0.773 045 698	0.032 266 304
	男生	612	−0.006 284 02	0.783 114 799	0.031 655 540
论证推理	女生	574	−0.049 857 30	0.800 679 195	0.033 419 704
	男生	612	0.044 171 56	0.862 878 377	0.034 879 791

表 5.23　独立样本检验

		方差方程的 Levene 检验		均值方程的 t 检验					差分的95% 置信区间	
		F	Sig.	t	df	Sig. (双侧)	均值差值	标准误差值	下限	上限
合情推理	假设方差相等	0.078	0.779	0.215	1 184	0.829	0.009 741 290	0.045 220 393	−0.078 979 748	0.098 462 327
	假设方差不相等			0.216	1 180.901	0.829	0.009 741 290	0.045 201 632	−0.078 943 177	0.098 425 757
论证推理	假设方差相等	2.724	0.099	−1.942	1 184	0.052	−0.094 028 857	0.048 421 883	−0.189 031 120	0.000 973 407
	假设方差不相等			−1.947	1 183.866	0.052	−0.094 028 857	0.048 306 070	−0.188 803 910	0.000 746 196

由于样本中的 31 份性别数据缺失,因此,表 5.22 和表 5.23 给出了对 574 名女生和 612 名男生(共 1 186 人)进行数学推理与论证能力差异比较的结果。分析表明,在合情推理方面女生的表现(均值 0.003 457 27)略微优于男生(均值 −0.006 284 02);相反,在论证推理能力上,男生(均值 0.044 171 56)优于女生(均值 −0.049 857 30),但是这两方面的差异并不显著($p > 0.05$)。

四、讨论及分析

通过对测试数据初步分析,可得到如下结论:

第一,我国八年级学生的数学推理能力中,合情推理能力基本处于水平二,即"联系";论证推理能力处于水平一,即"再现"。

第二,男生与女生在数学推理与论证能力上不存在显著差异。

第三,学生的数学推理与论证能力水平与其数学学业成绩之间有一定的相关性。数学优秀学生与数学困难学生的数学推理与论证能力水平有极其显著的差异。

下面我们首先针对测试结果进行初步的成因分析,然后提出一些教学建议。

（一）成因分析

1. 学生对基础知识的理解过于表面化

学生学习应当是一个生动活泼的、主动的和富有个性的过程。认真听讲、积极思考、动手实践、自主探索、合作交流等，都是学习数学的重要方式。学生应当有足够的时间和空间经历观察、实验、猜测、计算、推理、验证等活动过程。

学习不应只停留在模仿教师的解题过程，要由"再现"到"联系"，最关键的因素就是对基础知识的真正理解。数学中的概念、公理、定理、公式和法则反映了数学对象的属性之间的关系，是数学的基础知识、数学教学的核心内容，以及逻辑推理和判断的依据，只有牢固掌握数学基础知识，才能有正确的思维基础，才能形成推理与论证能力，所以基础知识对推理与论证能力的发展有着至关重要的作用。

因此，教师日常教学时不仅要引导学生从实际出发，弄清概念、定理的来龙去脉，了解其产生的背景、条件、推导过程及应用范围，还要关注学生对一些定义、定理、公理的理解情况，以及对证明过程和格式的理解、接受和灵活应用的水平，关注学生对命题推理证明后得到结论的理解和掌握水平。需要注意的是，对基础知识的理解与掌握应当把握实质，淡化形式记忆和条文背诵；多举反例练习，加深理解。

2. 学生缺乏数学证明的意识

数学通常被人们看作是一门以严格论证为特征的演绎科学，严格的数学理论总是建立在论证推理的基础之上的。合情推理导致猜想和发现，论证推理可以证实猜想。合情推理好掌握，但论证推理需琢磨。由于对动手实践、自主探索、合作交流等学习方式的理解与使用不当，一些教师在数学教学过程中只注重合情推理能力的培养，强调通过操作实验归纳出结论，不善于引导学生从合情推理上升到论证推理。如果教师在教学中只满足于"合情推理"模式，强调"科学性让位于可接受性"的观念，那就只会阻碍学生思维逻辑性与抽象性的发展，不利于学生推理与论证能力的培养与综合素质的提高。对于已有结论的正确性提出理性的思考和合乎逻辑的质疑是推理与论证能力培养的高级行为，引导学生从合情推理上升到论证推理也是数学教学的根本任务。

因此，教师在教学过程中应将合情推理与论证推理相结合，不但要求学生在观察与操作中认识事物本质，而且进一步要求学生作出理性思考的推理，形成证明的意识，理解证明的过程，掌握证明的格式和基本方法，进而感受公理化思想。

3. 教学中缺少反思性思维的训练

反思性思维是一种高层次思维,它不是单纯的感知、记忆、复述或简单的应用,而是围绕特定目标、需要付出持续心理努力,包含发散和反思等认知活动的复杂思维。如果数学教学没有创设适合反思性思维训练的环境,依赖学生自主学习是无法系统发展反思性思维的。有研究显示,我国学生的记忆和理解水平的技能发展较好,应用和分析水平的技能表现平平,而评价和创造水平的技能亟待提高。

自主学习、独立思考是学生掌握数学推理与论证方法的关键,反思能领悟推理的实质。因此,教师应要求学生在推理与论证过程中首先整理思维过程,确定推理与论证的关键,使推理的思维过程精确化、概括化;其次回顾证题方法技巧,通过证题掌握数学思想方法;再次对推理与论证的本质重新剖析,使推理逐渐深化,提高思维的抽象性。另外,还要引导学生分析推理与论证方法的优劣,优化推理与论证过程,寻找证题的最佳方案。

(二) 教学建议

1. 关注高层次合情推理能力的培养

本研究发现,我国八年级学生的数学合情推理能力整体上处于中等水平,但是在合情推理的过程中仍缺乏反思和检验的能力。这一方面说明我国义务教育阶段的数学教育基本上能够帮助学生达成课程标准所设定的合情推理能力目标,另一方面也促使我们不断思考怎样培养学生的高层次合情推理能力。

课程改革以来,无论是教材编写者,还是一线教师,都越来越多地意识到合情推理能力的重要性,并且努力创设各类情境,使学生在学习过程中能够经历观察、实验、归纳、类比等合情推理活动。但是,高层次的数学合情推理活动应该包含更多的理性思考,也就是不仅限于动手操作、用心观察、寻找联系与规律,还应该包含获得猜想、检验猜想、加强或推翻猜想,乃至证明猜想的全过程。学生需要通过这样的过程来体会合情推理在数学发现中的作用,并且意识到合情推理得到的结论有真有假,合情推理并不等同于证明。数学的发展依靠的并不仅仅是确凿的定理条数的增加,而是在思辨与批评、证明与反驳中对最初猜想的持续不断的改进。① 《美国州际核心数学课程标准》

---

① ［英］伊姆雷·拉卡托斯. 证明与反驳——数学发现的逻辑［M］. 方刚,兰钊,译. 上海:复旦大学出版社,2010.

与国际学生评价项目 PISA 都在数学推理能力的要求中强调了反思能力。[①] 高层次的数学推理活动离不开提出证明或构造反例,合情推理离不开论证推理,学生需要在充分推理的过程中体会数学发现的乐趣,进而综合地提高数学推理与论证能力。

2. 关注数学论证推理能力的分化现象

我国数学家和数学教育工作者历来重视证明的教学,但是本研究发现我国八年级学生的论证推理能力整体上仍处于初级水平,部分学生无法正确区分命题的条件和结论,在证明过程中错误地使用定理,或者将合情推理等同于证明。与此相对的是,另一部分学生则在数学论证推理方面表现出很强的能力,能够清晰严谨、步步有据地完成证明。

我国数学课程标准的要求从第三学段(7—9 年级)开始发展学生的演绎推理能力,八年级的学习内容涉及几何证明,正是数学证明学习的起步阶段。从研究结果看,学生的论证推理能力发展并不是整齐划一的,这与其他研究所得出的结论是一致的,即同一年级内部学生的推理能力处于不同水平。[②] 这样的现象对数学教育工作者提出了更高的因材施教的要求。如何安排论证推理的教学才能够最大程度地使不同的学生得以发展,需要进一步的实证研究。此外,论证推理能力较强的学生是否真正理解数学证明的价值,也是值得研究的问题。

3. 提倡数学探究学习

数学探究学习是指学生自己或合作共同体针对要学习的概念、原理、法则,或要解决的数学问题主动地思考、探索的学习活动,强调的是一种主动参与的学习方式。数学教学的目的应包括使学生获得自我创造数学知识的能力,强调创造者态度、当局者思维,使数学探究活动成为学生学习过程中的自觉行为。

数学探究学习的典型活动是数学推理,数学推理的几种基本形式:如经验—归纳推理、联想—类比推理、假设—演绎推理,都要依存于相应的思维活动。而思维活动是数学学习的基本特征。

---

① Common Core State Standards Initiative. Common core state standards for mathematics [EB/OL]. [2016 - 03 - 01]. http://www.corestandards.org/assets/CCSSI_Math%20Standards.pdf.

② Jurdak, M. & Mouhayar, R.. Trends in the development of student level of reasoning in pattern generalization tasks across grade level [J]. *Educational Studies in Mathematics*, 2014,85(1): 75 - 92

数学探究学习不能仅满足于观察到一些现象、找到一些规律,更重要的是要对其合理性加以分析、推理和证明,这无疑需要更大的思考量。所以,数学探究学习更加强调思维的参与性。

"问题是数学的心脏",解决数学问题是数学研究乃至数学学习的典型形式。一般而言,解题学习主要涉及两种情况:一是通过练习题学习数学基本知识和技能,二是通过解决具有某些特点的问题,学习解答问题的一般方法。在前一种情况中使用的教学题"适合于学习事实和技能",在后一种情况中使用的教学题"适合于学习如何探究的技能,学习数学的再发现和学会如何学习"[①]。数学探究学习的主要任务在于提出并解决后一类数学问题,数学探究学习的主要形式是解题活动。

数学探究学习活动的内容丰富,不仅有抽象程度较高的数学问题,也有与社会生活密切相关的情境性、应用性的数学问题。

数学探究学习的一个重要途径是数学直觉。著名数学家彭加勒根据切身体会将数学直觉分为三个类别:一是求助于感觉和想象的直觉,这是一种可察觉的直觉,也是数学发明的有力工具;二是通过归纳进行概括的直觉,这是整体把握数学问题的素养;三是纯粹数的直觉,它能够创造真正的数学推理。[②]

4. 增加开放性问题的训练

研究表明,世界各国在数学教育改革中十分强调高层次的思维能力培养,而这些高层次的能力包括数学推理与论证、交流、概括和解决问题等方面的能力。要提高学生这种高层次的思维,提高学生开放性和创造性地解决问题能力,在数学课堂中引进开放性问题是有益的。

开放性问题有以下几个特点:第一,结果开放,对于同一个问题可以有不同的结果;第二,方法开放,学生可以用不同的方法解决这一问题,而不必根据固定的解题程序;第三,思路开放,强调学生解决问题时的不同思路。

开放性问题强调数学知识的整体性,这类问题作为一种教学资源,把数学教学作为一个互相联系的有机整体;强调数学教学的思维性,学生通过对问题的观察,不断检

① [美]贝尔.中学数学的教与学[M].许振声,管承仲,译.北京:教育科学出版社,1990.
② [法]昂利·彭加勒.科学的价值[M].李醒民,译.北京:光明日报出版社,1988:56.

验已有技能能否解决问题,不断地修正假设;强调数学解决问题的过程(即思路和策略),因为数学教学中一个重要的问题是,不仅要注意其产物,而且要注意其过程,注意对学生解决问题的思路的分析;强调学生在教学活动中的主体作用,它更能反映出学生的主动性和创造性;有利于提高学生学习的兴趣,增加学习的内在动力。①

要引进开放性问题还需注意两个方面:首先,开放性问题作为一种教学思想在教学改革中具有重要作用,但也不能排斥其他类型问题的作用,尤其是封闭式问题。其次,虽然开放性问题为高层次思维创造了条件,但也不是绝对的。一个问题能否引发高层次的思维,不仅和问题本身有关,而且还与个人的经验有关。

本研究仅仅呈现了我国八年级学生数学推理与论证能力的概貌。如果想要全面了解不同年龄段学生数学推理与论证能力的发展情况,并兼顾对统计与概率、类比推理等内容的考查,仍需在原有能力测评框架的基础上编制相应的测试题,进而探究学生数学推理与论证能力发展的全貌,以期为中小学数学课程设置与教学实施提供更多有益的参考。

---

① 孔企平. 开放性问题对数学教学的意义[J]. 数学教学,1999,(4):3—5.

第六章　数学表征与变换能力

第一节　研究背景

数学具有高度的抽象性、形式化等特点。同一个数学概念拥有不同的表征形式，在数学活动过程中通过对相同结构的外部表征(数学符号、表格、图像、模型等)进行解读和转换，发展和建立抽象的数学世界与丰富的现实生活之间的联系，对加深数学概念的理解非常重要。

能够准确地理解和表达以不同形式出现的数学问题，并能够选择合适的数学表征形式来表达数学知识，应该是成功解决数学问题的基本要求之一。因此，数学表征能力作为数学能力的组成成分之一在国际上受到了普遍重视。例如，国际学生评价项目PISA 中提出了对数学素养的评价，从 PISA 2000 到 PISA 2012，表征能力一直都是数学能力评价的一项重要指标。[1][2][3][4] NCTM 在 2000 年 4 月发布的《美国学校数学教育的原则和标准》(Principles and Standards for School Mathematics)中，把表征作为五

① OECD. Pathways to Success：How knowledge and skills at age 15 shape future lives in Canada [R]. Paris：OECD Publishing，2010.
② OECD. The PISA 2003 assessment framework：Mathematics，reading，science and problem solving knowledge and skills [R]. Paris：OECD Publishing，2003.
③ OECD. Draft PISA 2012 mathematics framework [EB/OL]. (2016 - 03 - 01). OECD publishing，http://www. oecd. org/pisa/pisaproducts/46961598. pdf.
④ OECD. PISA 2015 design [Ref：EDU/PISA/GB(2012)5][R]. Tallinn：PISA Governing Board，2012.

种核心数学能力的基本成分。① 美国"2061 计划"在《科学素养的基准》一书中指出："数学中为数不多的令人满意的成果是：证明以前认为是截然分开的两部分内容其实是某一个更加抽象表述的两个平行而不同的事例"，而数学教学的重点应该是"尽量创造条件，使所有的学生都能亲自发现一个概念可以用不同的或类似的方法来表述"②。丹麦数学教育家尼斯在名为"数学能力与数学学习"的研究计划③中，也将数学表征视为数学能力的八大结构之一。

上海市《进入 21 世纪的中小学数学教育行动纲领》中将数学基础能力进一步扩展，"不再局限于通常所说的计算能力、逻辑推理能力和空间想象能力，而是指数学抽象的能力、数学符号变换的能力和数学应用的能力"。其中，数学符号变换能力"既包括数量计算和逻辑演绎，也包括经验归纳甚至空间联想，这是数学的基本方法"。④

我们知道数学活动可以分为三个基本环节，即经验材料的逻辑组织、逻辑材料的数学组织、数学理论的应用。⑤ 其中，数学表征过程不仅包含经验材料的逻辑组织，同时也有逻辑材料的数学组织，也就是说表征当中不仅有非数学向数学的转化，也有数学结构内部的形式转化，其中前者是多元表征的运用，后者在数学问题解决中是一种形式上的数学操作。可以说，数学表征贯穿于整个数学问题解决过程之中，因此对于数学表征能力的评价不仅可以作为数学能力评价的重要组成部分，也是用来进行评价和指导学生数学活动的重要指标。

为构建义务教育阶段数学表征能力测评框架体系，本章研究的主要问题有：

1. 基于学生数学活动的角度，如何构建义务教育阶段数学表征能力的测评框架？

2. 如何根据测评框架内容编制用于评测学生数学表征能力的测试题库？

3. 评价测试题测试结果如何反映出测评框架的合理性？

---

① National Council of Teachers of Mathematics(NCTM). Principlesand standards for school mathematics [S]. Reston，VA：NCTM，2000.

② 美国科学促进协会. 科学素养的基准[M]. 中国科学技术协会，译. 北京：科学普及出版社，2001.

③ Niss，M.. Mathematical competencies and the learning of mathematics：The Danish KOM Project [EB/OL]. [2016 - 03 - 01]. http://w3. msi. vxu. se/users/hso/aaa_niss. pdf.

④《进入 21 世纪的中小学数学教育行动纲领》课题组. 进入 21 世纪的中小学数学教育行动纲领(讨论稿) (1997—2010)[J]. 上海教育，1997(9)：8.

⑤ [苏联]克鲁捷茨基. 中小学生数学能力[M]. 李伯黍，等，译. 上海教育出版社，1983.

4. 通过测评框架对于全国 8 个不同地区学生的初步应用,我国义务教育阶段学生的数学表征能力水平如何?又具有什么特点?

通过对上述问题的研究,我们希望在以下几个方面有所突破:

首先是在文献综述的基础上,力图从数学活动这一角度呈现数学表征能力的内涵,构建测评框架,从客观数据的角度阐释理论框架的合理性。这是获取科学可信的研究结论的必要途径和主要渠道,在设计研究的方法论上做出初步尝试和新的探索。其次是研究框架的创新,即在本研究拟定的数学表征能力测评框架中,针对数学表征在义务教育阶段出现的形式,将整个数学表征系统进行细分,同时根据数学表征能力的内涵将数学表征能力的表现形式进行归类。这个创新便于义务教育阶段数学表征能力测评框架的完整构建及应用,教育研究者和实践者可以根据自身需求情况对于数学表征能力的某些具体方面编制测试题,或对于学生数学表征能力的某些具体表现形式进行测评。第三,通过对以上研究问题的探讨,使得我们能够明确如何编制评测学生数学表征能力的测试题,用于完善义务教育阶段数学表征能力测评框架,以及使用测评框架来评测学生数学表征能力,一方面能够更好地推动数学教育研究,另一方面也能够对数学知识和数学方法的教学起到重要的指导作用。

第二节　文献综述

一、数学表征与变换能力的内涵

近年来,随着对数学教学活动和问题解决过程中表征问题的深入研究,表征与变换的内涵逐步发展,其界定广泛来源于数学、数学教学心理学、问题解决心理学、课堂教学以及信息技术融入教学的整合研究等。在《科学素养的导航图》一书中,美国"2061 计划"通过整合统计学推理、计算机、设计系统等学科特点,设计并提出了 K - 12 阶段学习和使用数学"符号系统"和"图像系统"的教学目标。[①] 丹麦数学教育家尼斯认为数学表征应该具有以下内容: 能够解读、诠释及辨识数学对象、现象、情境的各类表征;了解相同数学对象的不同表征间的关系,并掌握不同表征的优势与限制;可

---

① 美国科学促进协会.科学素养的导航图[M].中国科学技术协会,译.北京:科学普及出版社,2008.

以在表征之间进行选择和转化。[①] 在尼斯观点的基础上,从 PISA 2000 到 PISA 2012,表征的内涵得到逐步发展,PISA 将表征定义为:"数学素养的发展离不开个体对数学对象和情境的表征,以及各种表征之间的相互转换。表征涉及建模和问题解决过程中的各个环节,包括面对数学情境和对象时,个体通过选择、表示、转换各种表征来抓住问题的数学本质,进而解决问题。数学表征包括图像、图表、图示、具体事物。"[②]

通过对相关研究文献的分析我们发现,数学表征与变换能力的内涵大致集中在以下三个方面。

(一) 数学知识的外部表征发展

认知科学的发展带动了对个体内部认知规律的研究,研究者从可视化表征入手,发现表征的多元化和具体化有利于促进学生对数学概念的理解,提高学生的问题解决能力和推理能力。[③④] 随着计算机进入人们的生活和学习,计算机辅助教学也成为研究热点。从认知科学的角度来看,计算机可以直观并且动态地展现抽象的数学概念和原理,为表征的多元化注入了新的元素。[⑤⑥]

但是,表征的多元化与具体化并不总能推动个体对数学概念的理解,个体并不能够认识到不同背景和表征方式下相同的数学结构,并表现出"非守恒操作"(non-conservation of operations)行为。[⑦] 可见,外部表征多元化与具体化对于不同个体的作用不尽相同。因此,从内部认知来探索形成个体差异性的原因是十分必要的。

① Niss, M.. Mathematical competencies and the learning of mathematics: The Danish KOM Project [EB/OL]. [2016 - 03 - 01]. http://w3. msi. vxu. se/users/hso/aaa_niss. pdf. 2003:115 - 124.

② OECD. PISA 2012 assessment and analytical framework [R]. Paris: OECD Publishing, 2013:265.

③ Arcavi, A.. The role of visual representations in the learning of mathematics [J]. *Educational Studies in Mathematics*, 2003,52(3):215 - 241.

④ Pape, S. J. & M. A. Tchoshanov. The role of representation(s) in developing mathematical understanding [J]. *Theory Into Practice*, 2001,40(2):118 - 127.

⑤ Edwards, L. D.. Embodying mathematics and science [J]. *The Journal of Mathematical Behavior*, 1998,17(1):53 - 78.

⑥ Scheiter, K., Gerjets, P., & Schuh, J.. The acquisition of problem-solving skills in mathematics [J]. *Instructional Science*, 2010,38(5):487 - 502.

⑦ Greer, B. & Harel, G.. The role of isomorphisms in mathematical cognition [J]. *The Journal of Mathematical Behavior*, 1998,17(1):5 - 24.

（二）数学知识的内部表征建构

探讨个体在表征能力表现上的差异性是表征问题研究的另一个热点，主要集中在讨论个体在头脑中如何操作不同的表征。帕金斯（Perkins）和昂格尔（Unger）认为表征是"用代表性的数学符号、数学定义、数学语言、图表等代表整个符号系统"[1]，从认知心理学的角度看，这种表征方式可以减轻认知负荷，帮助个体更加快速地厘清问题空间，为问题解决过程中的解释、预测、修正步骤提供帮助。

戈尔丁（Goldin）和斯泰因高德（Shteingold）进一步将表征分为内部表征（internal representation）和外部表征（external representation），外部表征从传统的数学符号系统（例如十进制数系、形式代数符号、实数数轴、笛卡尔坐标系）到结构性的学习环境（例如那些包含具体操作材料的数学学习情境、基于电脑的微观学习环境）。内部表征包括学生个人的符号意义建构，对于数学符号的意义赋予，以及学生的自然语言、视觉想象和空间表征、解题策略、启发方法和关于数学的情感。[2] 同时，戈尔丁还在相关的研究中讨论了类比、意象以及隐喻等方式在个体建构外部表征中的作用，指出由于代替数学概念的各种表征不像数学定义那样精确，所以容易对个体准确理解数学概念产生阻碍作用。对内部表征建构的深入讨论，沟通了行为主义和认知学派之间的鸿沟。[3]

（三）数学知识的表征系统变换

理查德（Richard）将知识表征方式分为书面符号表征、图形表征、情境表征、操作性表征模型、语言表征，上述表征方式共同构成了表征系统。不同表征方式之间互相转化，推动了学生对数学概念的理解（如图6.1）。[4]

表征变换大多发生在问题解决过程中，或者说，个体的表征变换行为更容易在问题解决背景中得到呈现。NCTM 在 2000 年提出的新的数学课程标准中强调了数学

① Perkins, D. N. & Unger, C.. A new look in representations for mathematics and science learning [J]. *Instructional Science*, 1994, 22(1): 1-37.

② Goldin, G. & Shteingold, N.. Systems of representations and the development of mathematical concepts [C]//A. Cuoco & F. Curcio, *The roles of representation in school mathematics*: 2011 yearbook. VA: NCTM, 2001: 1-23.

③ Goldin, G. A., Representations and the psychology of mathematics education [J]. *The Journal of Mathematical Behavior*, 1998: 17(2): 135.

④ Lesh, R. A. & Landau, M.. *Acquisition of mathematics concepts and processes* [M]. 济南：山东教育出版社，1991：450.

表征能力对于数学问题解决过程的重要性,指出"在问题解决过程中,能够创造和使用表征去组织、记录和沟通数学的观念,能选择、应用和转换数学的表征以解决问题,能使用表征建构出模型并能解释自然界、社会及数学的现象"。基于问题解决的表征研究近年来发展迅速,在问题解决过程中,表征行为并不是静止的,而是一个动态过程。在这个动态过程中,个体对于数学概念的认知水平影响着其能否成功地对问题背景和真实情境进行数学化。① 在不同表征方式之间的变换中,个体对不同表征的"同构"(isomorphism)的识别非常重要。在不受表面信息的影响下对不同情境中相同的结构和关系进行识别,是数学认知发展的重要阶段。②

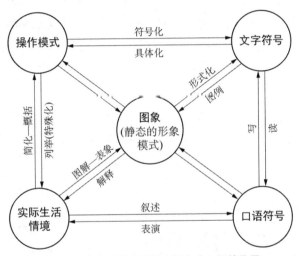

图 6.1 表征系统中不同表征方式之间的作用

基于以上关于表征内涵的文献分析,本研究对于数学表征与变换能力的内涵定义如下:"数学表征能力界定为:用某种形式,例如书面符号、图形(表)、情境、操作性模型、文字(包括口头文字)等,表达要学习或处理的数学概念或关系,以便最终解决问

① Gérard,V.. A comprehensive theory of representation for mathematics education [J]. *The Journal of Mathematical Behavior*,1998,17(2):167 – 181.
② Greer,B. & Harel,G.. The role of isomorphisms in mathematical cognition [J]. *The Journal of Mathematical Behavior*,1998,17(1):5 – 24.

题。数学变换是指在数学问题解决过程中,保持数学问题的某些不变性质,改变信息形态,将要解决的问题进行数学转化,使之达到由繁到简、由未知到已知、由陌生到熟悉的目的。"[①]

二、数学表征与变换能力评价

随着对表征系统研究的深入,个体在问题解决过程中表现出的表征与变换能力渐渐进入研究人员的视野。在《科学素养的导航图》一书中,美国"2061 计划"通过对关联学科的特点和数学家活动方式的分析,建构了基于数学探索活动过程的表征与变换能力要求(图 6.2),例如,对于六至八年级学段,对学生表征与建模过程的描述为:可以利用不同的模型代表相同的事物。选用哪种模型,以及选用模型的复杂程度取决于它的用途。选择一个有用的模型,是直觉和创意在科学、数学以及工程学中起作用的实例之一。

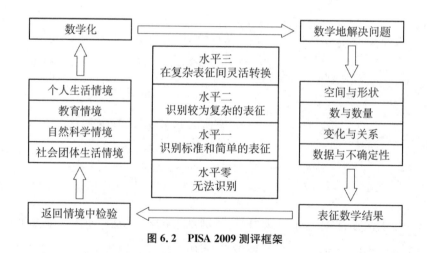

图 6.2 PISA 2009 测评框架

美国"2061 计划"重视通过学科间的关联在数学活动中发展学生的表征能力。与《科学素养的导航图》的观点不同的是,PISA 侧重于如何评价学生在数学活动过程中表征能力的水平。PISA 能力水平测试通过不同指向的问题,将学生的表征能力定位

① 徐斌艳. 数学学科核心能力研究[J]. 全球教育展望,2013(6):67—74+95.

在数学问题解决的四个活动过程中(如图 6.2 所示)。在问题情境的数学化、数学地解决问题、解读数学结果、返回情境检验四个环节中,学生逐步将情境问题转化成同构的数学问题,然后通过数学方法解决问题并回到情境中进行解读和检验。

在文献分析的基础上,本研究参考 PISA 的数学能力测评框架,构建了义务教育阶段学生数学表征能力测评框架,如图 6.3 所示。

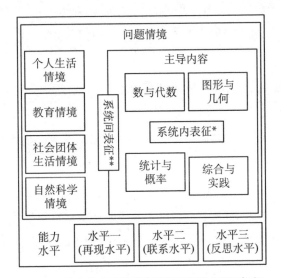

图 6.3 义务教育阶段学生数学表征能力测评框架

* 系统内表征:同一表征系统内的变换过程
** 系统间表征:不同表征系统间的映射过程

该评价框架采用指向性测试任务评价学生的数学表征能力,测试题的设计和编制基于以下三个维度:(1)数学内容和知识;(2)呈现问题的情境;(3)数学表征能力及其水平。上述三个维度相互独立,相应测试题根据考查指向性的不同而各异。数学表征能力及其水平维度也决定了任务需要不同的类型。本研究依据上述测评框架编制相应的测试题评价学生的数学表征与变换能力。

在学科内容维度方面,与 PISA 测评框架不同的是,由于此次评价项目面向义务教育阶段的学生,所以根据我国义务教育阶段数学课程标准,将四大板块(数与代数、图形与几何、统计与概率以及综合与实践)作为主要内容维度指导评价题型的设计。研究表明,知识和能力的关系密不可分,知识学习和能力发展对于以抽象符号为载体,以培养高层次思维能力为目标的数学教学尤为重要。[①]

评价项目参考 PISA 测评框架,依据评价主体对于问题情境的熟悉程度将问题情境分为:(1)个人生活情境,即个体接触最为紧密的生活环境,如折纸等具体个人操作行为;(2)教育情境,即个体所处的学校教育环境,如学科相关知识等;(3)社会团体生活情境,即关系到某些社会或市场的问题,如股票市场波动或超市促销相关问题;(4)自然科学情境,即关系到自然界中的某些科学问题,如用声音测量距离问题[②]。本研究评价任务中涉及的问题情境主要为个人生活情境和教育情境。

三、数学表征与变换能力行为表现

在数学问题解决过程中,个体的数学表征行为方式和能力水平随着问题情境及内容的改变而不同。因此,本研究采用标准任务和开放任务两种题型全面评估学生的表征与变换能力。这两种题型对于表征与变换能力的要求各不相同,开放题以现实问题为背景,需要个体通过分析情境实质,建立情境与数学内容之间的映射,将问题情境数学化之后应用数学知识和方法进行解决。开放题侧重评价学生系统间的表征与变换能力,题目的设计指向能力水平二和能力水平三(如图 6.3)。标准任务为常规解答题,涵盖数学内容的四个模块,依据个体表征形式的不同分为两类:一类测试题指向系统间表征,即学生需要通过在不同数学书面符号系统、几何表征系统、语言文字系统以及操作性表征系统之间的映射活动解决问题。另一类测试题则侧重于评价在同一表征系统内,应用恒等变形、初等几何变换等方式对数学问题进行转化从而达到解决问题的目的。标准任务指向系统间和系统内变换两种方式(如图 6.3),侧重于评价表征与变换能力水平一和水平二。

(一)系统间表征

系统间的数学表征是一种映射过程,即实际生活情境的数学化,以及在相同数学结构的书面符号表征系统、几何图形(表)表征系统、语言文字(口头)表征系统以及操作性表征系统之间进行多元转换。系统间表征体现个体在复杂问题和现实生活情境

---

① 鲍建生. 关于数学能力的几点思考[J]. 人民教育,2014(5):48—51.

② OECD. PISA 2012 assessment and analytical framework [R]. OECD Publishing,2013:265.

中的表征能力和水平。以下面一道测试题为例：

例题 6.1　某一正方形的边长是 3，在其中有一个半径为 1 的圆，小明将一粒豆子(面积不计)任意扔进正方形内，若豆子一定能掉入正方形内，问：这粒豆子更可能落在圆内还是圆外？说明你的判断理由并写下思考过程。

该题为开放题型，以生活背景为问题情境，考查的主导内容为概率与统计。任务以文字形式进行表征，学生需要通过模型、图像等对其进行转换，将豆子视为一个点，并体现问题中正方形、圆以及两者之间的位置关系，进一步结合面积知识计算出豆子落在圆中的概率。学生的具体行为描述见表 6.1。在解决问题的过程中，个体需要在上述四个数学表征系统中进行转换，从而达到解决问题的目标。

表 6.1　系统间表征能力的具体行为描述

	具体行为描述
系统间表征	将以其他系统形式出现的问题直接或间接转化为数、代数、运算符等书面符号表征系统的形式予以解决
	将以其他系统形式出现的问题直接或间接转化为线段距离、图形等的几何图形(表)表征系统的形式予以解决
	将以其他系统形式出现的问题直接或间接转化为具体的手势表达、实物列举等现实操作性表征系统，用以实现原问题中的结构本质或解决问题
	将以其他系统形式出现的问题直接运用或间接转化为语言、文字等语言文字(口头)表征系统形式，进而表达或解释或予以解决

(二) 系统内表征

系统内的数学表征是一种数学变换过程，在同一个表征系统内，通过对问题进行数学转化，达到化繁为简、由未知到已知、从陌生到熟悉的目的。基础教育阶段数学学科中常见的系统内表征方式有三角变换、恒等变形、初等几何变换、分割变换、参数变换等。在学科内容分析和教师访谈的基础上，本研究归纳总结出评价框架所采用的四种系统内表征形式作为题型设计指标，即变量替换、初等几何变换、恒等变形以及映射变换。其中变量替换与恒等变形属于数与代数板块，初等几何变换属于图形与几何板块，而映射变换涵盖四个内容板块。

在上述四种数学变换方式中,映射变换对于陌生问题情境的转化、复杂问题的简化尤为重要。从集合与对应的观点来看,映射是在两个集合之间建立特殊的对应关系。例如,以映射变换为指向的任务设计如下:

例题 6.2　证明关于 x 的方程:$2x^2-(3m+n)x+mn=0$(其中,m、n 为实数,且 $m>n>0$)的两个根一个大于 n,另一个根小于 n。

该任务为标准题型,内容属于数与代数板块,学生需要证明一元二次方程的两个根分别满足一定的取值范围。若直接使用求根公式表达两个根并分别利用不等式进行证明,过程比较复杂。若利用映射变换的方法,根据根与系数之间的关系,将两根取值范围问题转化为系数取值范围问题,则原问题得到简化。学生在解决此类问题过程中的具体行为描述如表 6.2 所示。

表 6.2　系统内表征能力的具体行为描述

	具体行为描述
系统内表征	在数与代数系统中,用另外一种数学变量来替换原变量,以便数学问题得到解决,如使用换元法去解决问题
	在图形与几何系统中,通过在原有的几何结构基础上对图形的旋转、平移、对称或添加辅助线等变换,使得原有条件更为集中或者直接用于问题解决
	在数与代数系统中,将原问题中的数或代数式进行等价转换或灵活演绎,以利于问题的简便解决,如在分数和小数的形式之间进行变换
	在某个特定系统中,将原命题进行恒等转述,或将原问题转化为另一个更易于求解的问题,最终实现原问题的解决

(三) 数学表征能力水平的划分

为体现个体在问题解决过程中表现出的不同表征与变换能力水平,题型设计所基于的情境与内容非常重要。由于函数概念对于代数学习的重要性,目前较多的研究以函数内容为基础评价个体的表征能力水平(Hitt, 1998)。奇法雷利(Cifarelli)在研究中,分析了 14 名大学一年级新生如何解决一系列相似的代数文字表征题,总结出问题解决过程中概念结构发展的三个水平(levels of conceptual structure)(如表 6.3 所示)。[①]

---

① Cifarelli, V. V.. The development of mental representations as a problem solving activity [J]. *The Journal of Mathematical Behavior*, 1998,17(2): 239-264.

表 6.3　概念结构发展的水平

水平一（识别）	识别出相似问题
水平二（再表征）	回忆先前的活动,预测到潜在的难度
水平三（结构性抽象）	在正式解决问题前构思不同的解决思路,在解题前预测到结论

PISA 在其测评框架中根据认知水平将表征能力划分为四个水平(图 6.2)。在分析相关文献的基础上,本研究的评价框架将学生表征能力按照认知水平分为三个层次:

1. 标准化数学表征的应用(水平一:再现水平)

该层次的认知包含数学学习过程中最基本的要素,即数学过程、数学知识、数学技能。相对应的测试题包含个体在日常学习和练习过程中常用的标准数学表征(公式、图表等),问题情境中含有提示,帮助引导学生对常用的表征方式进行回忆和再现。

例题 6.3　若 a、b、c 代表一个三角形的三个边长,其中 $a < c$,$b < c$。请用一个含有 a、b、c 的数学式子表示"此三角形是直角三角形"。

任务的设计以引导学生再现和回忆相关知识为主,内容属于图形与几何板块,考查的知识点为直角三角形三条边的关系,其表征方式属于书面符号表征形式。

2. 多元化数学表征的应用(水平二:联系水平)

该层次的认知体现出较高的数学表征能力,个体能够在非常规但包含熟悉信息的情境下进行问题解决。相对应的测试题将个体熟悉的内容知识融合在问题情境中,个体需要在非常规的问题情境下识别和转化出熟悉的表征方式。

例题 6.4　有一张正三角形的纸片,请问如何剪裁才能将其拼接成一个平行四边形? 请至少拼接成两个形状不同的平行四边形,并描述过程。

任务设计的内容属于图形与几何板块,考查的知识点包括正三角形、平行四边形等。问题以个人生活情境为主,学生需要将操作性表征转化为图形表征,结合已有的数学知识提出解决方案,并加以检验。

3. 数学表征的迁移与构建(水平三:反思水平)

该层次的认知体现出高水平的数学表征能力,个体能够在较为复杂的问题情境中提取信息并转化出有利于问题解决的表征方式。相应的测试题抽象度高,个体需要通过分析、编码、解码等过程,构建并创造性地迁移不同的表征方式来解决问题。

例题 6.5 一个数加上 168 就得到一个正整数的平方,加上 100 得到另一个正整数的平方,请问这个数是多少?

任务设计的背景较为抽象,没有明确的信息引导学生识别和应用熟悉的表征方式,需要学生在分析的基础上构建合适的表征方式来转化问题;通过系统内表征变换的手段逐步将问题简化,将未知转变为已知,进而解决问题。

以上三种水平在问题解决过程中的具体行为描述如表 6.4 所示。

表 6.4 数学表征与变换能力水平的具体行为描述

水平一 (再现水平)	能够在较为熟悉和标准化的情境下,直接处理给定的较为熟悉的表征并加以利用,或在有暗示的情况下对于某种数学表征形式进行转换,如将熟悉的文字表达转化为数、代数、图形和图表,或完成题设指定的较为熟悉的数学变换过程
水平二 (联系水平)	在非常规但含有某些熟悉信息的问题情境中,能够清楚地区别和转换两个以上不同的表征形式,如对某种表征进行调整,或者自主选择使用某种较为熟悉的表征形式
水平三 (反思水平)	能够理解和应用非标准形式的表征(非标准形式的表征是指需要大量的解码和转换才能成为熟悉的表征形式的表征); 能够在较为复杂的问题情境中,为问题解决的关键步骤设计出特定的表征; 能够比较并权衡不同的表征形式

第三节 研究过程与方法

一、数学表征能力测评框架构建

在对数学表征能力进行分析时,我们将数学表征能力按照表征的外在形式分成了五个能力成分,即书面符号、图形(表)、情境、操作性模型、文字(包括口头文字)方面的表征能力。设定特定水平的问题环境,考查学生在某种表征类型上的具体表现是我们评价此学生数学表征能力的方法。因此,我们将五种表征类型作为能力测评框架的第一个维度,而义务教育阶段所涉及的内容(包括数与代数、图形与几何、概率与统计及综合与实践)实际上就是评价框架的第二个维度,将上述用于考查表征能力的问题情境的水平划分作为评价框架的第三个维度。这三个维度共同构成义务教育阶段学生数学表征能力测评框架,如图 6.4 所示。

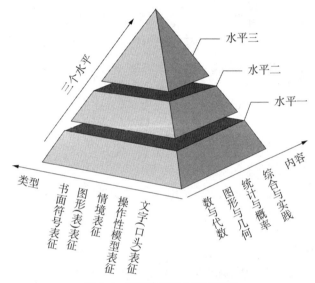

图 6.4　数学表征能力测评框架

二、数学变换能力测评框架构建

本研究之所以将数学表征与数学变换能力合并在一起进行讨论,是为了区别数学表征中"不同数学系统"之间的数学元素之间的转换,以及数学变换中"同一数学系统"内部的数学元素之间的转换。因此,在这里,我们参照数学表征能力的测评框架[1]来构建数学变换能力的测评框架。首先,我们由前文综述部分总结出数学变换能力成

---

[1] 姜慧慧. 义务教育阶段学生数学表征能力评级框架[J]. 数学教学,2013(12):1—3.

分,如表6.5所示。

表6.5　数学变换能力成分

数学变换能力成分	成 分 描 述
变量替换	用另外一种数学变量替换原变量,以便数学问题得到更为简单的解决
初等几何变换	通过在原有的几何结构基础上对图形的旋转、平移、对称或添加辅助线等变换,使得原有条件更为集中,以利于问题的解决
恒等变形	将原问题中的命题进行恒等转换或对公式加以灵活演绎,以利于问题的简便解决
映射变换	将原问题转化为另一个更易于求解的问题,再通过逆映射,最终解决原问题

同时,参照前文数学表征能力测评框架的能力划分,本研究也将数学变换能力分成以下三个水平:

● 水平一:能够识别和解释常规的问题情境,并能使用熟悉的数学变换方式用于问题的解决;

● 水平二:在稍复杂的问题情境中,在理解问题的基础上能够自主地选择和运用特定的数学变换形式用于问题的解决;

● 水平三:将原问题转化为另一个更易于求解的问题,再通过逆映射,最终将原问题解决。

类似于数学表征能力的测评框架,本研究将前文分析出的数学变换能力成分(变量替换、初等几何变换、恒等变形、映射变换)设定为数学变换能力评价的第一个维度;将义务教育阶段数学学习所涉及的内容(包括数与代数、图形与几何、概率与统计及综合与实践)设定为第二个维度;将数学变换能力的三大水平划分设定为第三个维度,从而形成了与数学表征能力相呼应的数学变换能力的测评框架,如图6.5所示。

三、测评工具的开发

(一)设计思路

如前所述,测试题在整个评价过程中起到关键性作用。纵观国内外有关数学表征能力的研究,不同的研究问题所采用的测试方法是不同的。

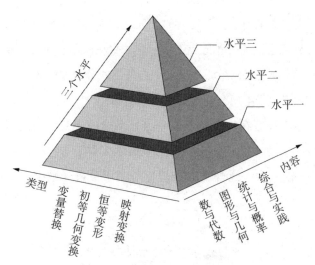

图 6.5　数学变换能力的测评框架

　　蔡金法为考查学生在问题解决中的表征行为设计了开放式的数学问题,以获取研究对象(中美两国八年级学生)在问题解决中所用到的表征类型及其使用情况,并以此为参照来确定学生的认知水平。[①] 以其中一道经典的帽子问题为例:

　　例题 6.6　安吉拉在一个俱乐部里销售帽子,图中所示为安吉拉在前三周销售帽子的数量,为使得四周内平均每周销售帽子的数量是 7 的话,安吉拉在第四周要销售多少只帽子? 请将你的思考过程写下来。

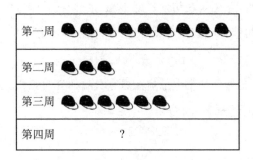

① Cai，Jinfa & Lester Jr.，F. K.．Solution Representations and Pedagogical Representations in Chinese and U. S. Classrooms [J]．*Journal of Mathematical Behavior*，2005，24(3 - 4)：221 - 237.

该研究试题是一道采用了生活情境的开放性试题，并参考学生的解答情况，即所选用的表征形式及问题的完成情况来获取中美学生在问题解决方面所用到的表征类型的区别。但由于本研究已将数学表征能力按照形式分为五种成分，因此单独把它作为开放性试题来考查对于本研究而言会有信息遗漏。

戈尔丁和斯泰因高德在针对数学概念表征系统的研究中使用了两个开放式数学情境和相应的个案访谈，用以研究一、二年级学生对于带符号数字的理解过程的内部表征系统。[①] 以其中一道外部表征情境是关于带符号数字（正数和负数）的题为例：

例题6.7　如图为一个带有可旋转指针的圆盘。你可以自由旋转指针，若指针停在笑脸一边，你可得到 1 分；反之，若指针停在哭脸一边，则要失去 1 分。每个参与者的初始分数均为 2 分。请回答以下问题：

（1）经过了几次旋转之后，你现在几分？

（2）若想得到某个分数，现在应该怎么旋转圆盘？

研究者在每位学生玩圆盘的同时给出以上两个问题，之后通过访谈 12 位同学来研究低年级学生关于正负数的理解过程和行为反应。

此类测试题的设计意图是在访谈过程中加入导向性问题，以考查测试对象的理解或问题解决过程，尽可能地收集信息用于研究。但是本研究的目的在于大规模的能力水平测试，显然访谈这种形式对于本研究不太适用。

傅小兰采用了一道智力丛书上的应用题来分析研究对象（北京农业大学的数名大学生）的数学问题表征过程。[②] 问题如下：

---

① Goldin, G. & Sheingold, N. Systems of representations and the development of mathematical concepts [C]//A. Cuoco & F. Curcio. *The roles of representation in school mathematics*：*2001 yearbook*. VA：NCTM, 2001：1 - 23.

② 傅小兰，何海东. 问题表征过程的一项研究[J]. 心理学报，1995,2(27)：204—210.

例题 6.8　苏珊正在翻弄一个小本子,查找着什么。"这是过去的日记,"她说,"我想看看某年某月最后的那天都记了些什么,那是我们初次相遇的日子。""我认为那一天在那年是独一无二的,"萨姆关掉收音机对苏珊说,"如果你把那个月份最后一天以前的天数加到那一年其余月份中大月超过小月的数值上,你就可以得出我们初次相见以后那个月份的天数了。"

萨姆想了一会儿又说:"而且那天的日期等于那一年的年代数的前两位数字与后两位数字之和。"

苏珊对她丈夫出的难题已经习以为常了。不过,她日记中记载的那个日子到底是哪年哪月的几号呢?

现在请您按顺序回答下列问题:

(1) 该问题给出的已知条件有哪些? 请详细说明。

(2) 该问题要解答的未知数有哪些? 请详细说明。

(3) 如何解决该问题? 请给出您能想到的所有解决办法,越多越好。

(4) 请列出解答该问题的方程式。

(5) 请用您认为合适的任何图画来表示该问题,必要时可加上注解。

(6) 您认为解答该问题的关键(或难点)是什么? 如何解决它?

(7) 当您看到该问题时您立即联想到了什么?

(8) 您认为正确的解题思路是什么?

研究者通过被试对于问题的解答,考查其在问题表征中的信息加工过程,问题的设置便于研究者从问题信息的搜索和提取、理解和内化以及问题的约束条件三方面分析研究问题。但是单题量测试卷的实施前提是必须要对被测对象的背景十分了解,否则很可能会造成信息疏漏或者测试无效。因此,对于本研究而言,单测试题的测试卷不太合适。

综合众多国内外研究,本研究发现,关于数学表征问题的研究一般采用单题量测试卷、多题量测试卷、个案访谈、结构式调查问卷等形式。考虑到本研究的特殊性,我们在设计研究方法时采取以下措施:

与数学表征能力平行的还有数学交流、数学问题解决等其他核心能力,因此为避免过多交叉重叠,本研究的测试题严格按照数学表征能力的界定来设计,并尽可能避免被试在测试时因为其他一些能力的缺失而导致其有关数学表征能力的数据无法获得。

由于本研究的目的之一在于进行大规模的能力水平测试,因此采用单题量测试卷相应地会减少测试的有效性。为保证测试的信度和效度以及便于大规模测试结果的统计分析,本研究采用多题量测试卷及类型导向的测试题来衡量学生的数学表征能力水平。本研究需要按照不同能力水平及不同类型编制测试题,并且按照解答方式呈现,以便获取尽可能多的关于学生数学表征能力的信息。

对于第三维度中水平一到水平三的测试题的编制,本研究先从专家界定的角度出发,主观上拟定各测试题所对应的水平标准。草拟出的测试题经过两次预测试,然后根据预测试结果,运用 IRT 统计软件进行分析,据此对原测试题及其水平进行调整,最终生成测试卷。

从上述评价框架的金字塔模型中可以看出,第一维度和第二维度分别涵盖了义务教育阶段中数学表征的所有类型和所有的数学内容,但事实上,当我们具体去考察义务教育某个阶段的学生的数学表征能力时,我们可能只需要针对学生所在的某个学习阶段去考察其在此阶段的数学表征能力。例如被试为八年级学生,本研究就只考虑考察其在数与代数、图形与几何、统计与概率方面的表征能力。

在批阅学生测试题时,本研究按照 0—1 原则进行评分,只需要按照数学表征要考查的某个知识点,若答出即为 1,答不出则为 0,并取该学生所答出的最高水平作为其数学表征能力水平。

(二) 样题分析

为按照测评框架考查被试的数学表征与变换能力,本研究设计出不同类型、不同水平以及考查不同能力成分的测试题题库。以下为示例,表中为相应的样例分析:

样题 6.1 若 a、b、c 代表一个三角形的三个边长,其中 $a < c$,$b < c$。请用一个含有 a、b、c 的数学式子表示"此三角形是直角三角形"。

表 6.6　样题 6.1 的测试信息

考查能力	内容	拟定水平	说　　明
符号表征	数与代数	水平一	能够用简单的符号表达式表达相应的数学概念
评分标准	能够表达出勾股定理的代数特征为 1		表达出 $a^2+b^2=c^2$
	无法准确表达出 $a^2+b^2=c^2$ 或者相应的意思为 0		① 表达出 $3a^2+4b^2=5c^2$
			② 令 a,b,c 为具体的数字,并且表达 $a^2+b^2=c^1$ 出符合题意
			③ 错误或不准确地表达出直角三角形中 a,b,c 之间的关系式,如 $a+b>c$,$a-b<c$ 等

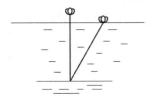

样题 6.2　请将下面这首古诗翻译成一道数学问题并予以解决:(1 尺近似于 0.3 米)

平平湖水清可鉴,面上半尺生红莲;

出泥不染亭亭立,忽被强风吹一边。

渔人观看忙向前,花离原位二尺远;

能算诸君请解题,湖水如何知深浅?

表 6.7　样题 6.2 的测试信息

考查能力	内容	拟定水平	说　　明
文字表征	图形与几何	水平二	在较为陌生的问题情境下能够清楚地转化问题表征形式
评分标准	能够清楚地表达出诗中的数学问题为 1		表达出如图所示中 $AC=AD$,$AC \perp BD$,$BC=0.15$(米),$BD=0.6$(米),求 AB 的长
	无法准确表达出边长及其关系为 0		无法正确组织语言,描述不清楚
			文字中的条件有遗漏

样题6.3 某一正方形的边长是3,在其中有一个半径为1的圆,将一粒豆子(面积不计)任意扔进正方形内,问:这粒豆子更可能落在圆内还是圆外? 说明你的判断理由并写下思考过程。

表6.8 样题6.3的测试信息

考查能力	内容	拟定水平	说 明
图形表征	统计与概率	水平三	在较为复杂的情境中,将原问题选择性地转化为几何图形的形式予以解决
评分 标准	能够正确地使用面积比例的形式来表达概率问题为1		表达出 $P = \dfrac{\text{圆外的面积}}{\text{正方形的面积}} = \dfrac{\text{正方形的面积} - \text{圆的面积}}{\text{正方形的面积}}$ $= \dfrac{3^2 - \pi \times 1^2}{3^2} \approx 65\%$ 或者计算出圆的面积和非圆部分面积,并加以比较
	无法判断出可能性大小或者判断出错为0		① 将情况考虑得较为复杂,例如,需要根据投掷豆子的那个人所站立的方位去判断
			② 判断出掉进非圆部分的可能性比较大,但是理由不合理
			③ 判断出掉进圆内部分的可能性比较大

以上是测试题题库中的部分样题,测试题的选择是根据被试所在年级和所学知识内容来决定的。同时,由于采用大规模测试,测试时间一般规定为四十分钟以内,因此试题量及难易程度和知识点分布是拟定测试题时要考虑的重要因素。

(三) 试题发布

根据两次预测,数学表征能力测试题最终确定为六道,涉及的数学内容包括"数与代数"、"图形与几何"和"统计与概率"三个领域,考查的表征能力成分包括符号表征、语言文字表征和图形表征,测试题涉及常规解答题和开放题两种题型。数学表征能力测试题的具体分布情况如表6.9所示。

表 6.9　数学表征能力评价测试题具体分布情况

题号	考查能力	内容	拟定水平	题型
1	符号表征	数与代数	水平一	解答题
3	几何表征	统计与概率	水平二	开放题
4	几何表征	图形与几何	水平二	解答题
5	符号表征	数与代数、图形与几何	水平三	开放题
6(1)	符号表征	数与代数	水平二	开放题
7(2)	语言文字表征	图形与几何	水平二	开放题

同时,本研究同样采用多题量测试卷及类型导向的测试题来完成对学生数学变换能力的评测,也就是说通过选取不同水平的测试题设计一份多题量测试卷来衡量学生的数学变换水平。根据两次预测试,数学变换能力测试题最终确定为四道。由于测试对象为初中二年级学生,为保证测试的有效,数学变换涉及的数学内容只包括"数与代数"和"图形与几何"两个领域,考查的数学变换能力成分包括变量替换、初等几何变换、恒等变形和映射变换,测试题涉及常规解答题和开放题两种题型。数学变换能力测试题的具体分布情况如表 6.10 所示。

表 6.10　数学变换能力评价测试题具体分布情况

题号	考查能力	内容	拟定水平	题型
2(1)	变量替换	数与代数	水平一	解答题
2(2)	变量替换	数与代数	水平二	开放题
6(2)	恒等变形、映射变换	数与代数	水平三	开放题
7(2)	初等几何变换	图形与几何	水平二	开放题

此外,正如前文中所提到,数学变换能力与数学表征能力有着相同的"转换"本质,且评价框架也极为相似,却又是体现在不同阶段的数学活动中,因此在实施评价时,本研究将同时评价数学表征能力与数学变换能力,即用同一张测试卷来检测学生的数学表征能力与数学变换能力。

（四）预测分析

本研究采用文献综述作为理论依据进而建构数学表征能力测评框架,并根据测评框架编制相应测试卷来评测被试的数学表征与变换能力水平。

评价过程分为预测和正式测试两大部分。评价过程从 2012 年 9 月开始,持续到 2013 年 6 月结束。整个评价过程包括两次预测和一次正式测试。其中两次预测的目的是为了测试结果预分析和优化测试题,正式测试是为了全国大规模取样分析并评价被试学生的数学表征与变换能力水平。

测试卷均设计为学生能在 40 分钟内完成的题量,在测试之前用电子邮件发给待测学生所在学校的负责人,并委托学校打印,再由特定数学老师负责在一节数学课上发放,由被试学生完成。整个测试卷的完成过程基本上是相互独立、不受外界因素影响的。最后,由课题组成员到被测学校取回已完成的测试卷,或者由学校负责人将已完成的测试卷快递返回。

1. 第一次预测分析

课题组于 2012 年 9 月在上海市选取某初中 33 名九年级学生进行第一次预测。预测的目的是验证测评框架的有效性,同时优化测试题。第一次预测题有九道,得分情况如表 6.11 所示。

表 6.11　第一次预测试结果

水平	水平一					水平二				水平三			
题号	试题 6.1	试题 6.2(1)	试题 6.2(2)	试题 6.2(3)	试题 6.3(1)	试题 6.3(2)	试题 6.4	试题 6.5	试题 6.9(1)	试题 6.6	试题 6.7	试题 6.8	试题 6.9(2)
考查能力	数学表征	数学变换	数学变换	数学变换	数学表征	数学变换	数学表征	数学表征	数学表征	数学表征	数学表征	数学变换	数学变换
得分率	61.29%	67.74%	64.51%	25.81%	63.63%	3.23%	3.23%	87.10%	32.26%	48.40%	29.03%	6.45%	9.68%
总得分率	56.60%					31.46%				23.39%			

从表 6.11 中可以看出,总体来说,学生在第一次预测的测试题上确实有分层的表现,得分率的总体分布上体现了不同水平之间的差异。但同时,一些测试题的特殊得分情况也反映了部分测试题设计得不合理性。

在水平一的测试题中,试题 6.1、试题 6.2(1)、试题 6.2(2)和试题 6.3(1)的答题情况较为理想,并且学生答题得分率较为接近,分别为61.29%,67.74%,64.51%和63.63%。但是在测试卷中出现的试题6.1的答题情况与预想还是有一定差距。试题6.1的原题为"请用一个数学式子表示'三个数a,b,c不全为零'",本题的理想答案为表达出"$abc \neq 0$"。但是研究学生的答题情况发现,很多学生写出类似"$a + 2b + 3c = 7$"的表达式,虽然答案是正确的,但是本研究并未得到有效的测试结果。通过对该测试学校任课教师的访谈,研究人员了解到这些刚进入九年级阶段学习的被测学生尚未接触到形如"全不为0"、"至少有一个为0"等概念的等价代数表达式,因此相对来说,这道题的测试结果与理想的有效性存在差距。在第二次预测试中,本研究对其做了一定的修改。

同时,试题6.2(3)的得分率仅为25.81%,低于水平一试题得分率的平均水平(56.60%),这反映出这道题目可能对被测学生来说难度过高,或所涉及知识点对于学生来讲较为陌生。再次分析,该题是在两道较为简单的因式分解题目后的一道较为复杂的试题,即因式分解$(x^2 + 2x + 4)(x^2 + 2x + 0) - 8$,但是它与前两道题目[试题6.2(1)、试题6.2(2)]所用的方法同为数学变换中的变量替换,也就是换元法。本研究最初设计此道,只是想从三道方法相同的题目中选择相对较为合适的一道或两道题。根据学生在因式分解题目中的得分情况,发现试题6.2(1)和试题6.2(2)的得分率较为接近,并且符合预设水平的标准,说明这两道题目的设计较为有效。另外,由于方法一致,可以考虑在最终测试中只选择其中一道作为测试题。而对于试题6.2(3),由于答题情况与原设计意图有很大差异,因此在第二次预测中,将其拟定为水平二。

水平二测试题的得分情况与预想相差较大,试题6.3(2)和试题6.4的得分率均仅为3.23%,而试题6.5的得分率却高达87.10%。对此,本研究做了进一步的分析:

原题为"$|x|$与x^2之间有什么关系?解方程$x^2 - |x| = 2$"。本研究将此题的解决过程分为两个部分,即试题6.3(1):成功地用符号表征表达出$|x|$与x^2之间的关系;试题6.3(2):用变量替换的方法解方程$x^2 - |x| = 2$。本道题的设计思路如表6.12所示,但是从学生答题情况来看,很多学生虽然成功地用数学表征方式表达出了"$|x|^2 = x^2$",却未用到其暗示的换元法,因此无法判断学生的数学变换能力,故判此类解题方法中学生的数学变换能力为0分。按照这种方法进行判分,导致试题6.3(2)

的得分率仅为 3.23%。可见这道题的设计显然不能够充分体现出学生拥有的数学变换能力,对于大规模测试而言,试题的有效性有所欠缺。因此在第二次预测中,本研究对其做了一定的修改。

表 6.12 预测试题 6.3 的修正

考查能力	内容	水平	备注
数学表征	符号表征 $\mid x \mid^2 = x^2$	水平一	能够用符号表征的方式将简单的逻辑关系表示出来,为数学表征的第一水平
数学变换	变量替换 $a^2 - a - 2 = 0, a > 0$	水平二	能够在解题中运用简单的换元法,为符号变换的第二水平

同样,试题 6.4 的测试结果也不尽如人意。试题 6.4 的原题是"什么数的立方是它本身?",其设计思路如表 6.13 所示,即通过数学表征方式将题设要求表达出来,再进行逻辑运算求解。但是综合学生的答题情况发现,很多学生采用枚举法或猜想验证的方法进行解决。通过访谈被测学校的数学任课教师发现,被测学生由于刚升入九年级,尚未涉足严格的代数讨论,而本题也并未强制学生用设未知量的方法进行讨论,因此,学生自然会选择"观察-实验-猜想-验证"[①]这种最易入手的方法去解决问题。因此本研究在第二次预测试时对此题做了一定的修改。

表 6.13 预测试题 6.4 的修正

考查能力	内容	水平	备注
数学表征	符号表征表达关系式 $x^3 = x$	水平二 (解题对错与否不影响对水平的考查)	用符号表征解决简单的问题,为符号表征的水平二

被测学生在试题 6.5 上的答题正确率高达 87.10%,这明显超出了水平二的答题正确率标准。试题 6.5 为:"已知某一次函数的图像经过 P(1, 1)、Q(4, 7) 两点,请判断点 M(-2, -3) 是否在此一次函数图像上。"此题的设计思路如表 6.14 所示,即首先通过代数表征的方式表达出经过 P(1, 1)、Q(4, 7) 两点的一次函数的解析式;其次

---

① 宋京伟,林清河. 观察・实验・猜想・验证[J]. 中学数学杂志,2004(6):12—16.

把点 M(－2，－3)的坐标代入上述一次函数解析式,判断点 M 是否在此一次函数图像上。观察被测学生的解答情况发现,绝大部分学生能够用较为严谨的形式化思考以及书写方式来解决这道问题,并且能够得到正确答案。询问该被测学校的任课教师后了解到,在做测试的一周前,被测学生刚刚学习了点与直线的位置关系问题的形式化解决方法,并且在学习过程中,任课教师反复强调形式化的书写规则。因此,本研究认为,该题 87.10% 的正确率是可以被解释的,但同时也说明该题在测试卷中的有效性存在欠缺,在第二次预测试中将该题删除。

表 6.14　预测试题 6.5 的修正

考查能力	内容	水平	备注
数学表征	1. 写出一次函数表达式 $y = 2x - 1$; 2. 将 M(－2，－3)代入上述表达式,判断该点是否在一次函数上	水平二(步骤完整清晰即可得水平二的分数,结果不正确不影响得分)	用符号表征解决简单的问题,为符号表征的水平二

水平二的测试题中,试题 6.9(1)是对学生数学表征与变换能力进行考查。事实上,32.26% 的正确率对于水平二的题目来说是较低的。观察学生的答题情况发现,很多学生在这道题目上是空白的,不仅如此,整个后半页的试题完成情况也不佳,因为大部分学生根本就没有开始做后半页,40 分钟测试时间就到了。为使得测试能够有效进行,在第二次预测试中,本研究适当地删减了一些已经验证的或者测试结果不佳的试题。

水平三的测试题中,试题 6.6 和试题 6.7 的测试结果较好,但是由于代数表征方式在测试题中出现多次,因此本研究在第二次测试中对试题 6.7 做了一定的修改。学生在试题 6.8 上的低得分率使得此题的有效性并不高,且被试学校任课教师觉得这道题对于刚升入九年级的学生而言难度及技巧性过大,不适用于能力测试。因此,本研究在第二次预测试中将此题删除。试题 6.9(2)是一道能够很好地考查学生数学高水平变换能力的试题,测试中此题的得分率也比较符合第三水平的标准。

综合上述分析,经过第一次预测试,可以得到以下结论:

第一,第一次预测试卷的试题量过大,不利于测试学生的能力水平;

第二,部分测试题的难度过高,难以测试出学生的真实水平;

第三,测试题覆盖的知识面较窄,如几乎没有出现图形与几何方面的内容。

但是,预测有一定的局限,由于其目的是为了验证评价框架、筛选和优化试题,因此试题数量必然很大;同时,由于被测学生的范围有限,因此试题的选取也要根据被测学校的学习范围来决定。本研究通过设计两次预测,尽量优化试题以克服以上局限。

2. 第二次预测分析

根据第一次预测的结果,本研究对预测的部分试题做了一定的修改,并经过课题组专家认证后于2012年11月进行第二次预测。此次预测中,课题组选择了上海市27名八年级学生以及浙江省52名九年级学生作为被试。

本次预测试删除了第一次预测试中测试结果不理想的部分试题,并增加了第一次预测中缺失的部分内容和知识点。总体上,第二次预测的试题相对于第一次有所减少,使学生能够在有限的时间内完成试题以便获得测试的有效性;第二次预测的试题所涉及的内容较广,如增加了概率统计以及解析几何的内容,尽可能测试学生在内容维度上的数学表征和数学变换的能力。第二次预测共有6大题,得分情况如表6.15所示。

表6.15　第二次预测的结果

拟定水平	水平一			水平二				水平三	
题号	试题6.1	试题6.2(1)	试题6.2(2)	试题6.2(3)	试题6.3	试题6.4	试题6.6(1)	试题6.5	试题6.6(2)
考查能力	数学表征	数学变换	数学变换	数学变换	数学表征	数学表征	数学表征	数学表征	数学变换
得分率	91.14%	36.71%	32.91%	18.99%	26.59%	65.80%	21.52%	27.85%	7.59%
总得分率	54.59%			33.23%				17.72%	

从表6.15中可以看出,从总得分率来讲,学生在第二次预测中仍有很明显的分层。表6.15呈现了数学表征与数学变换两个能力的测试结果,因此在数据上显得较为混乱。将数学表征能力与数学变换能力的测试结果独立出来分别分析,得到表6.16和表6.17。

表 6.16　数学表征能力的预测结果

考查能力	数学表征				
拟定水平	水平一	水平二			水平三
题号	试题 6.1	试题 6.3	试题 6.4	试题 6.6(1)	试题 6.5
得分率	91.14%	26.59%	65.80%	21.52%	27.85%
总得分率	91.14%	37.97%			27.85%

表 6.17　数学变换能力的预测结果

考查能力	数 学 变 换			
拟定水平	水平一		水平二	水平三
题号	试题 6.2(1)	试题 6.2(2)	试题 6.2(3)	试题 6.6(2)
得分率	36.71%	32.91%	18.99%	7.59%
总得分率	34.81%		18.99%	7.59%

从表 6.16 可以看出，数学表征能力的测试结果在水平一和水平三上较为理想，但在水平二的测试结果中，试题 6.3 和试题 6.6(1)的得分率过低。试题 6.3 原题如下：

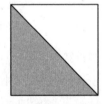

　　某一正方形的边长是 3，将一粒豆子(面积不计)任意扔进正方形内。

　　(1) 求这粒豆子落在阴影部分的概率；

　　(2) 求这粒豆子落在阴影外的概率。

本题的设计思路原为让学生用图形表征和代数表达式来表达面积比例，从而解决概率问题。该问题情境对于学生来讲相对陌生，但并不复杂，因此将其拟定为水平二。本研究通过学生的答题过程来判定是否给分，即含有用面积比例来表达概率的答案为正确，只写出数字为错误。但是在批阅过程中可以发现，很多学生只写出答案为"50%"或"$\frac{1}{2}$"。应该说，题目本身的设计问题使得很多学生没有写出详细的解题过程，因此无法进行判断，导致此题的得分率很低。对此，研究者在正式测试时将此题进行了改进，即将原问题改为论述题的形式，并强调要写出解释过程。

试题 6.6(1)的得分率仅为 21.52％,其中 27 名八年级学生和 57 名九年级学生的平均得分率分别为 10.93％ 和 27.71％。很明显,九年级学生比八年级学生完成的情况好很多,这是因为第二次预测在 2012 年 11 月进行,此时学生刚进入所在年级仅两个月。对于被测的八年级和九年级学生而言,他们所掌握的分别仅仅是七年级和八年级的知识,而试题 6.6(1)所考查的数学表征能力则设计为针对八年级学生。在 2012 年 9 月进行的第一次预测试中,试题 6.6(1)同样被测试,测试对象为上海的 33 名九年级学生,且测试中此题的得分率为 32.26％。因此,在第二次预测中此题的得分率较低,可以用部分测试对象所在的年级较低来解释。为避免同样的情况再次发生,在进行正式测试时,本研究选定的测试对象均为刚入学的九年级学生。

如前文所述,在数学活动中,数学变换是在数学表征之后,对于经验材料进行有技巧性的数学组织。也就是说,进行数学变换要有一定的技巧性,其对应的能力要求也就比较高,这一点在表 6.17 中也有所反映。数学变换能力虽然与数学表征能力在各自的内涵上有相似之处,但是数学变换要求的技巧性较强,因此数学变换能力的测试题在分层上的表现较为理想,但是总体得分率偏低,其原因可能有两个方面:(1)数学变换能力所需的技巧性较强,能力要求较高,因此同样一个学生在同样水平的测试题得分率上,数学变换能力的得分就相对较低;(2)第二次预测的被试包括部分八年级学生,其能力并未达到测试题要求的标准,因此得分率较低。除此之外,水平一中的两道测试题较为相似,其目的是为了选择两者中更为合适的一道,而其得分率在此次测试中也较为接近,因此在正式测试中本研究选择得分率较高的试题 6.2(1)作为正式测试题。其余试题在保持题目结构不变的基础上,在正式测试时做了微调,以保证题意更加精准,要求更加明确。

经过对两次预测的分析和测试题的修改,测试题量有了明显减少。为了增加测试的可信度和有效性以及测试内容的广度,本研究在修改两次预测试的试题之后又增加了一道测试题,以考查学生的几何变换能力和文字表征能力,设计思路如下:

如图有一张正三角形纸片,请问如何剪裁才能将其拼接成一个平行四边形。请至少用两种方法完成,并描述你的剪裁过程。

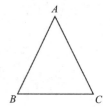

表 6.18　新增样例的测试信息

考查能力	内容	水平	备　　注
数学变换	几何变换	水平三	用不同的几何变换方法变换出两种以上不同的几何图形
数学表征	语言表征	水平二	能够清楚地用文字表达出数学变换的过程

经过两次预测结果分析,最后确定了由 7 大题共 10 小题构成的我国八年级学生数学表征与变换能力的正式测评工具,试题分布情况如图 6.6 所示。

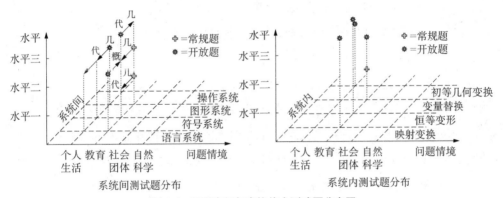

图 6.6　数学表征与变换能力测试题分布图

四、数学表征与变换能力测评的实施

课题组采用分层整群抽样的方法在全国八年级学生中选取被试样本:首先,按照不同的地理位置、不同的经济发展水平选取 8 个城市;然后,按照综合水平差异在该城市中选取不同层次的 3 所以上学校;最后,在每个样本学校中,选取一个整班学生参加数学表征与变换能力测试,这种取样方式较好地保障了样本的代表性。为了保证被测学生基本掌握八年级及以前的知识,测试时间控制在 5 月中旬至 6 月初,正式测试对象在各地区的分布情况如表 6.19 所示。

表 6.19　被试学生分布情况

地区	A	B	C	D	E	F	G	H	合计
学校数(所)	4	3	3	3	3	3	3	6	28
学生数(人)	167	146	119	92	158	109	153	253	1 197

五、数据编码与整理

回收的测试卷全部逐题进行编码。编码系统由四部分构成:第一项是题号;第二项是能力表现形式,系统间表征记为 R,系统内表征记为 T;第三项是拟定的水平编码,代号从 1 到 3;第四项是学生解答情况,答对记为 1,否则记为 0。例如,4_R_2_1 代表试题 6.4 考查系统间表征能力,拟定水平二,学生回答正确。

编码系统中的第三项即水平编码,是我们主观拟定的水平,因为研究者不可能在测试前确定学生对测试题反映出的实际能力水平。为了对测试题目拟定水平的合理性进行判断,本研究在测试结束后采用项目反映理论(Item Response Theory,IRT)对测试结果进行了分析。这是应用了 IRT 的测量原理异于传统测量原理(Classical Test Theory,CTT)的特性,在进行成就测验时,CTT 测量方法只能在测试题的拟定水平上给测试对象相应的水平分类,但 IRT 测量方法能够根据被试群体在测试任务上的表现,反过来客观地认定测试任务相应的水平。[①]

运用 SPSS 软件统计测试结果,并通过 IRT 测量方法分析各任务的客观水平与拟定水平之间的差异,测量结果如表 6.20 所示。

表 6.20　IRT 测量结果

原始任务编码	任务客观水平	任务难度(B)[*]	任务区分度(A)[**]
1_R_1	−1.846_L1	容易	0.988 −中
3_R_2	−1.398_L1	容易[*]	0.585 −低
4_R_2	−0.991_L1	容易[*]	0.844 −中
5_R_3	1.476_L3	困难	0.726 −中

[①] 吴静.CTT、IRT 和 GT 三种测验理论之比较[J].黑龙江教育学院学报,2008,27(12):77—78.

原始任务编码	任务客观水平	任务难度(B)*	任务区分度(A)**
6.1_R_2	0.185_L2	中等	0.776 - 中
7.2_R_2	0.278_L2	中等	0.772 - 中
2.1_T_1	−0.057_L2	中等*	1.145 - 中
2.2_T_2	0.692_L2	中等	1.567 - 高
6.2_T_3	1.515_L3	困难	1.569 - 高
7.1_T_2	0.224_L2	中等	0.806 - 中

注：＊难度划分(B)：<−2.25,非常容易;−2.25——0.76,容易;−0.75—0.75,中等;0.75—2.25,困难;
>2.25,非常困难。

＊＊区分度划分(A)：0,无;0.01—0.34,很低;0.35—0.64,低;0.65—1.34,中;1.35—1.69,高;
>1.70,很高;+∞,完美。

可以看出,大部分任务的客观水平与拟定水平相符,且区分度大多属于中等及以上($\overline{A}$=0.978)。但仍有三道题目的客观水平与拟定水平略有差异,即试题6.3、试题6.4和试题6.2(1),三者的客观难度系数与拟定难度系数的差异值分别为0.648、0.241和0.693,即均小于每级难度区间的二分之一,因此可以说,该数学表征能力评价工具在水平维度方面的认定较为合理。

第四节　研究结论

一、数学表征与变换能力的总体水平

(一)数学表征与变换能力处于第二水平向第三水平过渡阶段

图6.7大致描绘出了我国八年级学生在数学表征与变换能力方面所处的水平。可以看出,有13.1%的学生未达到水平一;15.4%的学生至多答出了水平一的全部试题,无法完成水平二和水平三的任务;51.2%的学生属于水平二,他们虽然未能全部答对水平三的任务,但能答对大部分水平一和水平二的测试题;20.4%的学生不仅答对了大部分水平一和水平二的测试任务,还成功地完成了全部水平三

图6.7　学生数学表征与变换能力总体水平分布

的任务。

从测试结果看,大部分学生的数学表征与变换能力处于第二水平,即"联系水平",本课题组对"联系水平"的界定是:"在非常规但含有某些熟悉信息的情境中,能够清楚地区别和转换两个以上不同的表征形式用于问题的解决"。例如,试题 6.4 为"已知两条线段的长为 6 cm 和 12 cm,当第三条线段的长为多长时,这三条线段能组成一个直角三角形?"是一道水平二的解答题,其中三角形的三边关系是学生熟悉的信息,但题设没有像常规题目那样明确指出第三条边是直角边还是斜边,所以需要学生依据几何表征分别考虑这两种情况,并和代数表征联系起来才能解决问题。78.7%的学生都能正确解决这个问题,说明大部分学生能顺利辨识出题目中的非常规信息,并且十分清楚三角形三边关系中的几何表征和代数表征的"同构性"本质。这表明大部分学生能够把非常规情境和熟悉的信息联系起来,轻松利用图形系统和符号系统间的转换解决问题。

同时还可看出,达到水平三即"反思水平"的学生比例高于水平一和水平零的学生比例。本课题组对"反思水平"的界定是:"能够在非常规甚至是较为复杂的问题情境中理解和转换不同形式的表征,或者为问题设计出某种表征形式用于问题的解决"。例如,试题 6.6 是:"某个数加上 168 就得到一个正整数的平方,加上 100 也能得到一个正整数的平方,这数是多少?"这个题目有两项任务,第一项任务处于水平二——要把文字表征的题意转化为符号表征的未知量关系;第二项任务处于水平三——求出这个数。该题目里面同时出现了三个未知量,对学生来说是非常少见的,而利用两个等式求出三个未知数的过程也比较艰难,要对各种系统内表征非常熟悉才可能想到恒等变形和映射变换。50.5%的学生能正确表达出 $a^2 = x + 168$,$b^2 = x + 100$ 或其他等价形式,只有 15.7%的学生能求出这个数。整体来看,被测学生的数学表征与变换能力应该是正处于从水平二向水平三的过渡阶段,处于从"联系水平"到"反思水平"的提升过程中。

(二)系统间表征好于系统内表征

从图 6.8 中可以看出,除了水平一由于未设置系统内测试题而无法比较外,在水平二和水平三上,系统间表征测试题的正确率均高于系统内表征测试题的正确率。仍以试题 6 为例,任务一涉及语言系统和符号系统间的转换,正确率较高;任务二涉及系统内转化,技巧性较强,则正确率降低。

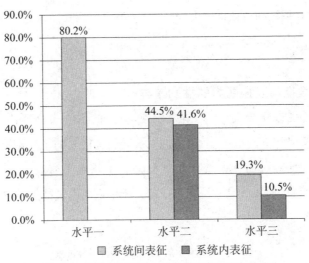

图 6.8　不同水平不同表现形式测试题的正确率

从图 6.8 还可以看出,随着能力水平的提高,系统间题目正确率下降时系统内题目正确率跟着下降,所以我们猜测系统间表征能力与系统内表征能力之间可能存在相关性。为了验证这种相关性,我们将 IRT 计算出的能力值设定为连续型顺序数值变量,取值区间界定为 $(-1, 1)$,能力值越大表示学生能力越强,选用 Spearman(rob)等级相关检验进行分析(如表 6.21)。

表 6.21　系统间和系统内表征能力值相关度

			系统间表征能力(R)	系统内表征能力(T)
Spearman 相关系数	系统间表征能力(R)	相关系数	1.000	0.523**
		Sig.(双侧)	.	0.000
		N	1 191	1 190
	系统内表征能力(T)	相关系数	0.523**	1.000
		Sig.(双侧)	0.000	.
		N	1 190	1 190

注: ** 相关系数在 0.01 水平上显著(双侧)。

检查相关系数表显示,学生系统间表征能力值和系统内表征能力值的相关系数为 0.523,P=0.000<0.01,由此本研究判断系统间表征能力和系统内表征能力高度相

关,即如果学生在系统间表征试题上表现较好,则很可能在系统内表征试题上表现也较好。

二、数学表征与变换能力的性别差异

将学生按性别进行分类,统计结果发现,男生的数学表征能力平均水平(M=−0.038)要低于女生(M=0.021),男生的系统间表征能力的平均水平(M=−0.058)低于女生(M=0.037),而其系统内表征能力的平均水平(M=0.006)却高于女生(M=−0.020)。此外,不管是系统间表征能力还是系统内表征能力,男生表现的差异性总是大于女生。

表 6.22 男女生的平均能力值及其标准差

		男(N=543)	女(N=560)
系统间表征能力(R)	M	−0.058	0.037
	标准差	0.818	0.766
系统内表征能力(T)	M	0.006	−0.020
	标准差	0.880	0.839
表征能力(RT)	M	−0.038	0.021
	标准差	0.932	0.838

三、数学表征与变换能力的地区差异

从表 6.23 可以看出,不同地区学生在每个题目上反映出的数学表征能力都有显著差异(如表 6.23,$P < 0.01$)。这符合我国幅员辽阔,各地教育环境、办学、师资及管理水平不一致的特点。

表 6.23 各地区测试题差异检验统计表

Kruskal Wallis 检验	1_R_1	3_R_1	4_R_1	6.1_R_2	7.2_R_2	5_R_3
卡方	67.074	55.306	59.824	104.277	31.939	92.868
df	7	7	7	7	7	7
渐近显著性	0.000	0.000	0.000	0.000	0.000	0.000

Kruskal Wallis 检验	2.1_T_2	2.2_T_2	6.2_T_3	7.1_T_2
卡方	227.955	192.905	77.877	44.243
df	7	7	7	7
渐近显著性	0.000	0.000	0.000	0.000

注：采用 Kruskal Wallis 检验。

四、讨论及分析

本研究在义务教育阶段学生数学表征能力测评框架的基础上编制了测试题,通过量化及质性分析对于试题的合理性和有效性进行了修正,并对全国 8 个地区学生的数学表征能力与变换进行了评测。但由于研究时间、研究条件以及个人经验的限制,本研究尚存在一些不足之处。例如,问题情境只针对个人生活情境及教育情境进行命题,未包含评价框架中情境维度上的其他两项内容,且测试任务的侧重点偏向于与学生学校数学知识更近的教育情境问题,对于涉及社会团体生活及自然科学情境的问题,目前正在进一步完善中。另外,限于纸笔测验这种形式,内容领域的"综合与实践"及系统间表征中的"操作性表征"在本研究中均未能涉及,也在努力寻找开发新的测量手段等许多工作仍需要我们进一步研究与探讨。

第七章　数学交流能力

第一节　研究背景

一、我国数学课程改革的需求

数学在现代社会中被广泛应用,"学会数学交流"成为数学素养的重要组成部分,数学交流能力被列入学生所需的核心数学能力系列。[1][2][3] 数学交流是学生学习数学的一种方式,同时也是应用数学的途径之一。学生在交流中学习数学语言,并运用数学语言中特定的符号、词汇、句法去认识世界,从而逐渐获得常识的积累。[4] 随着科学技术的发展,数学广泛地应用于社会的方方面面。学生在学习期间和未来生活与工作中均不可避免地需要利用数学进行交流。[5] 作为未来公民的学生需要具备一定的数学交流能力,在交流中学习并应用数学,同时学会使用数学这一工具来进行交流。

我国 2012 年颁布的《义务教育数学课程标准(2011 年版)》(以下简称"数学课程标准 2011")突出了关于"数学交流能力"的目标。它明确指出,积极思考、合作交流等都是进行数学学习的重要方式,将"学会与他人合作交流"作为数学课程总目标之一,

---

① Niss, M.. Mathematics competence and the learning of mathematics: the Danish KOM project [EB/OL]. (2011 - 11 - 02) http://www.msi.vxu.se/users/hso/aaa_niss.pdf.

② Turner, R.. Exploring mathematical competencies [J]. *Research Developments*, 2011, 24, Article 5.

③ 徐斌艳. 数学学科核心能力研究[J]. 全球教育展望, 2013(6): 70.

④ 施仁智. 浅论课堂教学中的数学交流[J]. 数学通报, 1998(2): 16.

⑤ 沈呈民, 孙连举, 李善良. 数学交流及其能力的培养[J]. 课程·教材·教法, 1991(9): 14.

要求学生通过经历与他人合作交流解决问题的过程,学会倾听和理解他人的思考方法和结论,清晰表达和解释自己的思考过程与结果,并尝试对别人的想法提出建议,对他人提出的问题进行反思,初步形成评价与反思的意识。①

在数学交流过程中,学生学会分享观点、解释理解。当学生具有较高的数学交流能力水平时,他们能不断反思、精炼或修正自身的数学观点,使思维清晰化,发展自己的数学理解。② 但是数学交流能力并不是天生的,有意识地培养学生的数学交流能力是数学教育的任务之一,而且随着年级的升高,数学交流会趋向于复杂和精深,更加需要教师的引导。教育提倡"因材施教",教师必须了解学生的学习特点后才能针对性地加以引导;培养学生的数学交流能力也要遵循这样的教育规律,因此建立一套显性的、细化的、可检测的数学交流能力评价体系,明确学生现有的数学交流能力水平,以"评"促进数学交流能力的培养,乃是当务之急。

二、数学交流的全球关注

随着现代社会的发展和进步,数学交流在数学教育中的重要性逐渐凸显,重视数学交流能力已经成为世界上主要国家和地区数学课程改革的共同趋势之一,美国、英国、荷兰、新加坡等国家和地区在课程标准修订中纷纷提出对学生"数学交流能力"的要求。③ 20世纪80年代末期,NCTM修订的《美国学校数学课程与评价标准》将"为数学交流而学习"作为五个总目标之一,指出应该为学生提供阅读、写作和讨论数学思想的机会,使学生具备运用数学语言交流的能力,并在交流过程中澄清和巩固自身的数学思维。④ 该标准强调数学交流能力包括描述、交谈、倾听、书写和阅读等关键成分,数学交流在数学学习中发挥着两方面的重要作用:(1)帮助学生在非正式的、直觉的观念与抽象的数学语言之间建立联系;(2)帮助学生在实物的、图画的、图示的、符号

① 中华人民共和国教育部. 义务教育数学课程标准(2011年版)[M]. 北京:北京师范大学出版社,2012:9—15.
② 全美数学教师理事会.美国学校数学教育的原则和标准[M].蔡金法,等,译.北京:人民教育出版社,2004:58.
③ 徐斌艳. 数学课程与教学论[M]. 杭州:浙江教育出版社,2003:105—106.
④ 全美数学教师理事会.美国学校数学课程与评价标准[M].人民教育出版社数学室,译.北京:人民教育出版社,1994:4—5.

的、口头的以及心智描绘的数学概念中形成重要的联系。① 2000 年 NCTM 又颁布了《美国学校数学教育的原则和标准》，将"交流"作为五个过程标准之一，要求 K‑12 数学教育应该使所有的学生都能够用交流学习数学，学会用数学进行交流。② 荷兰的中学教育获得性目标包括"学会交流"③，中国香港地区颁布的《中学课程纲要：数学科》和《小学课程纲要：数学科》将传意（表达）能力作为技能目标之一④。德国于 2003 年颁布全联邦数学教育标准，其中也明确提出"数学交流能力"是六大数学能力之一。⑤英国在 2007 国家课程中将"数学交流能力"作为三大能力之一⑥，PISA 的七大数学能力框架中也包括了数学交流能力⑦。

　　国内外的理想课程皆对数学交流能力给予关注和要求，这为我们调查和分析数学交流能力提供了充分的现实依据。本章主要调查义务教育阶段八年级学生的数学交流能力。在义务教育阶段，八年级被视为学生数学学习的分化期，此时学生的数学思维进入从以具体形象思维为主发展到以抽象逻辑思维为主的飞跃期。在这个阶段，教师若能有效引导，将帮助学生的数学素养获得较大发展。⑧ 有研究发现，八年级学生在数学交流上存在不少问题，如倾向于"单向、被动地"接受数学信息，无法清晰准确地表达而导致交流过程受阻，欠缺反思性、批判性交流等。⑨ 那么八年级学生所拥有的数学交流能力到底处于什么水平？不同水平的学生又有哪些典型表现？与理想课程（课程标准）的要求还有多少差距？本章的研究将围绕这些问题展开。

① 全美数学教师理事会. 美国学校数学课程与评价标准[M]. 人民教育出版社数学室,译. 北京:人民教育出版社,1994:20.
② 全美数学教师理事会. 美国学校数学教育的原则和标准[M]. 蔡金法,等,译. 北京:人民教育出版社,2004:58.
③ 孙晓天. 数学课程发展的国际视野[M]. 北京:高等教育出版社,2003:114—115.
④ 孔企平. 香港中学数学课程改革的新动向[J]. 课程·教材·教法,2000(11):61.
⑤ 徐斌艳. 关于德国数学教育标准中的数学能力模型[J]. 课程·教材·教法,2007,27(9):84—87.
⑥ The Department of Education, UK. Mathematics programme of study for key stage 3 and attainment targets [EB/OL]. [2016‑03‑01]. http:// www. qca. org. uk/curriculum.
⑦ OECD. PISA 2012 mathematics framework [EB/OL]. [2016‑03‑01]. www. oecd. org/dataoecd/8/38/46961598. pdf.
⑧ 徐彦辉,杨玉东. 八年级学生数学问题解决的表征分析[J]. 上海教育科研,2007(8):6,28—30.
⑨ 苏洪雨. 初中生数学交流的现状及其分析[J]. 数学教育学报,2003,12(3):92—93.

第二节　文献综述

21世纪以来,关于数学交流能力及其相关问题的研究成果逐渐丰富,对这些成果进行分析、归类、阐述有助于我们全面把握数学交流能力的内涵与意义,为我们开展数学交流能力的调查提供有价值的参考。

一、数学交流能力的内涵

(一) 数学交流能力的主体和客体

有研究表明,数学交流能力的主体是学生,而客体即交流的具体内容,主要指数学事实和数学思想。其中,数学事实是指含有数学信息的文本,如含有数学语言的新闻报道和政府统计报告;[①]数学思想是指以数学语言描述的对数学规律的理性认识,即对数学事实与数学理论经过概括后产生的本质认识,是从某些具体数学认识过程中提炼出的一些观点[②]。《美国学校数学教育的原则和标准》还提出了"数学思维"和"数学观点"的概念。[③]

(二) 数学交流能力过程的内涵

一些研究从接受和表达这两个过程维度对数学交流能力进行界定,例如PISA将数学交流能力描述为"伴随交流过程的数学读写能力"[④];德国的数学教育标准指出,数学交流能力包括对文本的理解或数学的语言表达,也包括对数学思考、解决方式以及结果的清晰的书面或口头表达[⑤]。阅读并理解数学事实是接受过程,而以书面或口头形式阐述数学思想(包括数学思考过程和解决问题方法以及最终结果)则属于表达过程。尼斯从这两个过程维度分析,指出数学交流能力包括两方面内涵:(1)能理解

① 徐斌艳.关于德国数学教育标准中的数学能力模型[J].课程・教材・教法,2007,27(9):87.

② 雷会荣.浅谈数学思想在极限教学中的渗透[J].教育探索,2011,12:58.

③ 全美数学教师理事会.美国学校数学教育的原则和标准[M].蔡金法,等,译.北京:人民教育出版社,2004:73—76.

④ OECD. PISA 2012 mathematics framework [EB/OL]. [2016-03-01]. www.oecd.org/dataoecd/8/38/46961598.pdf.

⑤ 徐斌艳.关于德国数学教育标准中的数学能力模型[J].课程・教材・教法,2007,27(9):87.

他人以各种表征呈现的有数学意义的文本，包括书面的、视觉化的或口头的形式；(2)能根据理论和技术的不同精确水平，表达自己的数学见解，同样包括书面的、视觉化的或口头的形式。①

也有研究者指出，"接受"的过程即"理解文本"的过程，包括获取信息、加工信息两个步骤：第一步是从题设中通过检索和搜索来"获取信息"，即区分、辨认众多信息，抽取、捕捉目的信息；第二步是在脑中组织、转化和解释信息，"组织信息"是指将获取的信息重组，建立信息间的联系，"转化信息"则是指变形、改造信息，使之成为达到问题目标的有价值的信息。② 而"表达"的过程则是将"理解文本"所得的信息显性化的过程。

二、数学交流能力的行为表现

《美国学校数学课程与评价标准》指出，数学交流能力是内隐的，它有三种表现形式，即数学对话、数学写作和数学阅读。③

(一) 数学对话

数学对话是指人与人之间围绕数学进行谈论，包括听和说两个过程，如课堂上的师生对话、生生对话等。根据学生在数学课堂教育情境下的对话目的，平姆（David Pimm）将"数学对话"分为"与他人交流的数学对话"和"自我反思的数学对话"两种类型。④

1. 与他人交流的数学对话

通过这种对话，学生能让他人理解自己的数学观点，或者传递某种数学信息。这是口头语言所具有的交流功能之一。

这种对话又可以细分为两类——信息导向的对话和倾听者导向的对话。在信息

① Niss，M.．Mathematics competence and the learning of mathematics：the Danish KOM project ［EB/OL］．(2011 - 11 - 02) http：//www. msi. vxu. se/users/hso/aaa_niss.
② 涂荣豹. 试论反思性数学学习[J]. 数学教育学报，2000，9(4)：17—21.
③ 全美数学教师理事会. 美国学校数学课程与评价标准[M]. 人民教育出版社数学室，译. 北京：人民教育出版社，1994：20.
④ Pimm，D.．*Speaking mathematically*：*Communication in mathematics classrooms* ［M］. London：Routledge，1987：23 - 24.

导向的对话中,说话者抱着通过表达特定信息以改变倾听者知识状态的期望,关注的是对方是否准确理解目标信息;而对于倾听者导向的对话而言,最重要的目标是与倾听者建立并保持良好的社会关系,信息是否有效传递并不是关键。学生往往能熟练开展倾听者导向的对话,而在信息导向的对话中却会遇到不少障碍,因而需要全面练习。

2. 自我反思的数学对话

通过这种对话,学生能有效组织自身思维、澄清数学意义和观点,从而获得更进一步的数学理解,如学生为了澄清或矫正解决问题的模型,重复细述数学问题。这是口头语言的另一种功能——促进对思维的反思。[①] 这种自我对话是与他人交流的基础,但因为这种对话的倾听者也是学生自身,故具有内隐性。

(二) 数学写作

数学写作作为一种独特而有力的学习方式,是对口头交流的重要补充。学生在进行数学写作的时候,他们积极投入创造和形成数学知识、发展深层数学理解、改善数学学习态度的过程中。[②] 美国许多数学教师在课堂上组织"通过写作来学习"(Writing-to-learn,WTL)活动,鼓励学生使用数学语言表达数学思维和数学思想,同时也使学生获得"发展数学知识、推进问题解决、培养反思行为、促进情感流露、加强对话交流"等附加值。[③] 数学课堂中常见的较为正式的写作任务包括日记写作和解释型写作两类。

1. 日记写作

学生在日记写作中通过表达对所学数学的思考和感想来反思整个学习过程。[④] 克拉克(David Clarke)等人曾进行了长达四年的日记写作实验,他们要求七年级学生在每堂数学课后按"做了什么"、"学到了什么"、"例子和问题"这三个小标题完成写

① Pimm,D.. *Speaking mathematically:Communication in mathematics classrooms* [M]. London:Routledge,1987:24-25.
② Jurdak,M. & Zein,R. A.. The effect of journal writing on achievement in and attitudes toward mathematics [J]. *School Science and mathematics*,1998(8):412-419.
③ 汪晓勤,柳笛. 数学写作在美国[J]. 数学教育学报,2007,16(3):75—78.
④ Shield,M. & Galbraith,P.. The analysis of student expository writing in mathematics [J]. *Educational Studies in Mathematics*,1998,36(1):30-31.

作,相当于三个小任务——总结所教内容、描述知识点和学习情况、设计问题并收集例子。

2. 解释型写作

解释型写作的目的是为了描述和解释,它要求学生解释某一数学步骤是如何实施的、为何得到了题中给定的数学结果等。希尔德(Mal Shield)等人研究了两种解释型写作任务：（1）给缺课朋友的信,要求学生为其解释最近学习的数学内容；（2）应对他人的学习障碍,要求学生展示自己将如何解释他人难以理解的数学观点。[1]

(三) 数学阅读

数学交流包括两个子过程,即"投入"和"产出"。[2] "理解"属于"投入"子过程,包括感知、识别和领会由书面或口头表征的数学意义；而"表达"属于"产出"子过程,包括呈现解决方案、提供解释或论证过程,或是对他人数学观点的评价。[3] 数学对话和数学写作以内隐的理解过程为基础,使表达过程外显,而数学阅读则与之相反,属于"投入"子过程。

数学阅读的材料多为混合型文本,往往由文字和表格、图像、图示、时间表等组成。[4] 它需要学生结合文字、数学符号、图表等进行阅读,即先读文字、看相关图表,再读文字、看表征符号和图表,然后再循环。在这样的过程中符号、图表、图形、言语形式相互转化,是非线性且需要灵活的语言转化机制的过程。这也是数学阅读与其他阅读之间存在的最主要差异。[5]

三、数学交流能力内涵的比较

主要国家和地区的课程标准对数学交流能力的内涵界定不同,或融合接受和表达

[1] Shield, M. & Galbraith, P.. The analysis of student expository writing in mathematics [J]. *Educational Studies in Mathematics*, 1998,36(1)：30 – 31.

[2] Turner, R.. Exploring mathematical competencies [J]. *Research Developments*, 2011,24, Article 5.

[3] National Council of Teachers of Mathematics. Principlesand standards for school mathematics [S]. Reston, VA：NCTM, 2000：60.

[4] OECD. PISA 2009 assessment framework-key competencies in reading, mathematics and science [EB/OL]. (2016 – 03 – 01). http://www.oecd.org/dataoecd/11/40/44455820.pdf

[5] Bosse, M. J. & Faulconer J.. Learning and assessing mathematics through reading and writing [J]. *School Science and Mathematics*, 2008,108(1)：9.

这两个维度进行描述，或在描述过程中偏重于某个维度。

（一）融合接受和表达的数学交流能力

如德国教育标准指出，学生应能接受、理解并判断数学事实，还能表述数学思想（包括数学解决方法、思考以及结果）和评价纠正他人的理解，[①]前者属于接受维度，后者是表达维度。英国著名的《考克罗夫特报告》(Cockcroft Report)要求学生能以各种方式读、写和谈论数学[②]，阅读的过程便是接受对方数学"文本"的过程，而"写"和"谈论"分别是指书面和口头的表达。英国2007年国家课程仍遵循这一传统，要求学生能理解和解释以多种形式呈现的数学，并以最合适的方式有信心地交流数学[③]。口头的谈论和书面的书写都是表达的途径，学生必须具备根据实际情况选择最有效的方式的能力。与德国教育标准相似的是，它还要求对数学文本（含有数学信息）的解释，"解释"包括分析正确性和纠正错误。这是建立在识别和理解基础上的数学交流，也能够发展学生的数学思维。中国香港的中小学课程纲要明确传意（表达）是指以听、讲、读、写为主要手段，通过语言、符号、图表及艺术形式来接收及交流。

（二）侧重接受或表达的数学交流能力

《美国学校数学课程与评价标准》要求学生能交流数学思维、表达数学观点、分析和评价他人的数学思维和策略，并在交流过程中通过反思组织和巩固自身的数学思维[④]，可见美国更强调表达维度的数学交流。新加坡的中学教学大纲也有这一特点，它指出教育目的之一即"能够运用数学语言精确、简明并有逻辑地表达数学思考和论证过程"[⑤]。我国2011年版数学课程标准要求学生：（1）能与他人交流各自解决问题的算法和过程，并能表达自己的想法；（2）在教师的引导下，能通过与他人的交流选择合适的策略；（3）能解释统计结果，根据结果作出简单的判断和预测，并能进行交流；（4）会反思参与活动的全过程，将研究的过程和结果形成报告或小论文，并能进行交

① 徐斌艳.关于德国数学教育标准中的数学能力模型[J].课程・教材・教法,2007,27(9)：87.

② 孙晓天.数学课程发展的国际视野[M].北京：高等教育出版社,2003：50.

③ The Department of Education，UK. Mathematics programme of study for key stage 3 and attainment targets [EB/OL]. [2016-03-01]. http://www. qca. org. uk/curriculum.

④ 全美数学教师理事会.美国学校数学教育的原则和标准[M].蔡金法,等,译.北京：人民教育出版社,2004：73—76.

⑤ The Ministry of Education，Singapore. Secondary mathematics syllabuses [EB/OL]. [2016-03-01] http://www. moe. gov. sg/education/syllabuses/sciences/files/maths-secondary. pdf.

流,进一步获得数学活动经验。[①] 可见我国 2011 年版数学课程标准与主要国家和地区对数学交流能力的要求有很多共同点,强调学生对解决问题算法、过程和结果的表达和反思,这是建立在接受、领会数学事实(如问题信息)和他人数学思想的基础上的,即表达能力的提升以良好的接受过程为基础,若未能识别和理解数学意义,表达过程肯定无法展开。尽管我国 2011 年版数学课程标准未明确指出在数学交流的接受过程中对学生的要求,教师仍有必要在平时的数学教学中重视培养学生通过阅读和倾听来识别与理解数学信息的能力,只有领会了数学信息,才能开展有效的数学表达过程。

表 7.1　数学交流能力在课程文件或评价项目中的体现

国家或地区	课程标准类文件名	关于数学交流的概念	在课程目标中的体现	数学交流能力的内容维度		数学交流能力的过程维度
美国	学校数学课程与评价标准[②]	交流	K-12 学校数学教育的五大过程标准之一	数学思维	自身和他人的数学思维	交流
					他人的数学思维和策略	分析和评价
					自身的数学思维	组织和巩固
				数学思想	数学观点	表达
德国	全联邦数学教育标准[③]	数学交流能力	六大数学能力之一	数学事实		接受、理解、判断、表达
				数学思想	数学解决方法、思考以及结果	设计、表述
					他人对数学类文本的说明	解释
					他人的理解	比较、评价并纠正

① 中华人民共和国教育部. 义务教育数学课程标准(2011 年版)[M]. 北京:北京师范大学出版社. 2012:21,25,41,50.

② 全美数学教师理事会. 美国学校数学教育的原则和标准[M]. 蔡金法,等,译. 北京:人民教育出版社,2004:29,73—76.

③ 徐斌艳. 关于德国数学教育标准中的数学能力模型[J]. 课程·教材·教法,2007,27(9):87.

国家或地区	课程标准类文件名	关于数学交流的概念	在课程目标中的体现	数学交流能力的内容维度	数学交流能力的过程维度
英国	2007 国家课程（KS3）①	数学交流能力	三大能力之一	数学符号和规则	交流
				以多种形式呈现的数学	理解和解释
荷兰	教育获得性目标（中学）②	交流	跨学科目标	不同的观点	识别和对待
			一般性目标	数学语言	发展和使用
新加坡	初中数学教学大纲③	交流和联结	过程性技能之一	数学观点和论据，数学理解，数学思考	表达
中国香港	中学课程纲要：数学科④	传意（表达）能力	技能目标之一	意念	接收和表达
				意见	沟通与表达
经济合作与发展组织（OECD）	PISA 2012 数学框架⑤	数学交流能力	七大重要的数学能力之一	陈述报告、问题、任务或其他相关信息	阅读、破译和解释
				解决方案、论证过程和解释	展示

四、数学交流能力评价的比较

《美国学校数学课程与评价标准》指出，评价学生的数学交流能力应提供证据表明学生是否能够做到以下三点：(1)通过口头表达、书写、证明和形象描述的方式表达数学思想；(2)理解、表述和评论以文字、口头或图像的方式表达的数学思想；(3)使用数学词汇、记号和语法来表达数学思想、描述关系、建立模型。⑥ 这一标准重视评价学生在运用多种交流方式接受和表达数学思想的表现，教师不仅应该关注学生如何表达数

---

① The Department of Education，UK. Mathematics programme of study for key stage 3 and attainment targets [EB/OL]. [2016 - 03 - 01]. http://www. qca. org. uk/curriculum.

② 孙晓天. 数学课程发展的国际视野[M]. 北京：高等教育出版社,2003：114—115.

③ The Ministry of Education，Singapore. Secondary mathematics syllabuses [EB/OL]. [2016 - 03 - 01]. http://www. moe. gov. sg/education/syllabuses/sciences/files/maths-secondary. pdf.

④ 孔企平. 香港中学数学课程改革的新动向[J]. 课程·教材·教法,2000,11：61.

⑤ OECD. PISA 2012 mathematics framework [EB/OL]. [2016 - 03 - 01]. www. oecd. org/dataoecd/8/38/46961598. pdf.

⑥ 全美数学教师理事会. 美国学校数学课程与评价标准[M]. 人民教育出版社数学室，译. 北京：人民教育出版社,1994：177.

学思想,同时还需要注重学生如何理解他人的数学表述,[①]从而兼顾了数学交流的接受和表达过程。该评价标准没有给出界定学生具体能力水平的方法。

PISA 主要从认知的角度,将学生在数学活动中的数学交流能力表现分为三个水平:(1)再现水平,以口头的或书面的形式表达自身对于简单数学内容的理解;(2)联系水平,对事物间联系的解释,理解他人对于这些事物的口头或书面叙述;(3)反思水平,理解数学材料,并能以口头的或书面的形式表达自己关于数学材料的数学思想,交流还包括理解他人对这些数学材料的书面或口头陈述。[②] 根据水平界定和学生在测试题上的表现,可以判断其所在的具体能力水平。

德国数学教育标准对数学交流能力的水平分层与 PISA 有不少相似之处。该标准根据所需的认知要求的不同,将数学交流能力具体化为三个水平(如表 7.2 所示)。[③] 随着教师的有效引导和学生自身的努力,学生数学交流能力可以逐步进阶到高一级水平,并最终真正学会有效接受和表达数学思想与数学事实。

表 7.2　德国教育标准中数学交流能力的水平分层

水平	数学交流能力
水平一	表达简单的数学事实;从简短的数学类文本中识别并选择信息
水平二	理解地表述数学解决方法、思考以及结果;解释他人对数学类文本的说明(正确的或错误的);从数学类文本中识别和选择信息(信息的复杂程度不直接对应数学运算的难度)
水平三	设计能完整呈现某个复杂的解决与论证过程的方案;领会复杂数学类文本的意义,比较、评价并纠正他人的理解

在课程标准类文本提出学生数学交流能力水平的同时,研究者们对数学交流能力展开了进一步研究。蔡金法从评价工具的角度,指出开放题能为学生提供展示自身问题解决过程、解释和论证的机会,并以此对美国学生的数学交流能力进行调查研究。为了便于定量分析,他将学生在每个测试题的表现分为五个水平,分别对应 0—4 的分

① 全美数学教师理事会. 美国学校数学课程与评价标准[M]. 人民教育出版社数学室,译. 北京:人民教育出版社,1994:178.
② OECD. PISA 2009 assessment framework-key competencies in reading, mathematics and science [EB/OL]. [2016-03-01]. http://www.oecd.org/dataoecd/11/40/44455820.pdf.
③ 徐斌艳. 关于德国数学教育标准中的数学能力模型[J]. 课程·教材·教法,2007,27(9):87.

值,每个水平有相应的详细标准;他还从数学交流的质量和数学交流的表征两方面进行定性分析,前者包括准确性和清晰性,后者涉及学生在问题解决过程中的交流方式(如作图、数学表征等)。①

以上几种测评框架或方式,对于研究体现我国数学教育现实的数学交流能力水平分层均有一定的启示,既可以通过定量评价来确定学生所处的具体能力水平,又可以对其数学交流能力表现进行定性分析,综合两者来描述学生能力发展的现状。

第三节 研究过程与方法

本研究包括如下环节:首先根据文献分析和专家研讨,构建数学交流能力框架及其测评框架,然后以框架为参照开发测评工具,对八年级学生的数学交流能力进行预测和正式测试,最后对测试表现进行编码整理、统计分析与解题过程分析。

一、数学交流能力测评框架构建

(一)数学交流能力框架

参考国外能力评价研究成果,结合我国数学教育传统,课题组邀请相关领域的专家多次研讨,确定本测评研究依据的数学交流能力内涵,包括内容和过程两个维度,如表 7.3 所示。

表 7.3 数学交流能力的内涵

维度		具 体 描 述
内容	数学事实	含有数学信息的文本
	数学思想	以数学语言描述的对数学规律的理性认识
过程	识别与接受	以读、听等方式识别、理解、领会数学思想和数学事实
	表达与沟通	以写、讲等方式解释自己的问题解决方法、过程和结果;针对他人的数学思想和数学事实做出分析和评价

---

① Cai, Jinfa, Jakabcsin, M. S., & Lane, S.. Assessing students' mathematical communication [J]. *School Science and Mathematics*, 1996,96(5): 242-243.

由于学生认知水平的差异，数学交流能力的表现也会有差异。结合我国数学教育传统和已有研究成果，我们将数学交流能力划分为记忆与再现，联系与变式，反思与拓展三个水平，表7.4描述了在这三个水平上数学交流能力的不同表现。

表 7.4　数学交流能力水平划分

水平	内涵	具体描述
记忆与再现	能领会简单文本的意义； 能表达简单的数学事实	(1) 能从简短的数学类文本中识别并选择信息； (2) 能清晰地表达简单的数学事实，如对于简单数学内容的理解
联系与变式	能领会较复杂的数学文本的意义； 能表达较为复杂的数学理解；能解释他人的数学思想	(1) 从数学类文本中识别和选择信息，并领会其意义；能把他人的数学思想由一种载体(图表、文字、符号、实物或动作等)转换成另一种载体，便于进一步理解； (2) 能简要、有逻辑地表述思考过程、解决方法以及结果；能在判断的基础上解释他人对数学类文本的说明(正确的或错误的)
反思与拓展	能领会复杂的数学文本的意义； 能以适当的载体表达自己的解决方案； 能评价他人和自己的数学思想	(1) 领会复杂数学类文本的意义，比较、判断他人的数学思想； (2) 设计能完整呈现某个复杂的解决与论证过程的方案；比较、评价并纠正他人的理解；能灵活转换数学思想的载体，并能根据具体情况选择最优的表达载体；表达对学习过程的检查和反思，使解决问题过程进一步具有合理性、完整性、简洁性、和谐性

(二) 数学交流能力测评框架构建

为调查分析我国八年级学生数学交流能力水平，我们需要设计相应的测评工具，测评工具以测试任务为主体。测试任务的设计不仅需要指明具体针对的能力水平(即目标能力水平)，而且还要完成任务所需的具体认知。[1] 具体而言，测试任务的设计需要考虑所针对的目标能力水平、能力表现形式、情境类型、题型，还有对应的解决方案，以及具体的评价提示语。[2] 数学交流能力测评框架如下图7.1所示。

---

① Lane, S., Liu, M., Ankenmenn, R. D., & Stone, C. A.. Generalization and validity of a mathematics performance assessment [J]. *Journal of Educational Measurement*, 1996, 33(1)：73 - 74.

② OECD. PISA 2009 assessment framework-key Competencies in reading, mathematics and science [EB/OL]. [2016 - 03 - 01]. http://www.oecd.org/dataoecd/11/40/44455820.pdf.

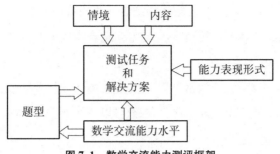

图7.1　数学交流能力测评框架

1. 目标能力水平

表7.4反映了我们设计测试任务所依据的目标能力水平,主要从记忆与再现,联系与变式,反思与拓展三个水平进行测评。根据对能力水平的描述,每个测试任务都会对应一个具体能力水平。若学生成功完成该任务,则表示学生在该问题上达到了这个特定水平的要求;反之,则表示该学生未达到这一水平的要求。

2. 情境设置

情境设置主要参考PISA的设计理念。测试题的情境应该是学生世界中的一部分,是来自现实世界的真实情境;距离学生最近的一类情境是他们的个人生活,其次是受教育的生活,紧接着是社会团体生活。[①] 因此本研究涉及的情境根据与学生的距离近及远依次是个人的、教育的、社会的三类情境。个人情境关系到学生每天的行为,如看电视或打电子游戏等;教育情境出现在学校生活中,如学科知识或考试排名等;社会情境则与社区当地或国家的经济生活有关,如银行金融或人口调查等。

3. 题型

测试任务的形式有以下两种:填空题和开放题。开放题能促使学生积极思考和推理,让学生展示解决问题的过程能有效反映高层次思维,而且开放题往往来源于实际问题,学生需要用数学语言将其数学化后才能解决问题。这种题型适合评价学生解决复杂问题和在现实世界情境中应用知识的表现,因此可用于测试数学交流能力水平

---

① OECD. PISA 2009 assessment framework-key competencies in reading, mathematics and science〔EB/OL〕.〔2016 - 03 - 01〕. http://www.oecd.org/dataoecd/11/40/44455820.pdf.

二和水平三。^① 本研究涉及的开放题特指结论开放或策略开放的任务。填空题能用于判断学生是否理解文本并简短地表达出观点，适合测试水平一和水平二。

4. 能力表现形式

数学交流能力的行为表现包括对话、写作和阅读三种。学生在这些形式中的表现能反映他们所拥有的数学交流能力水平，因此可以从各个表现形式中寻找能力测评的突破点。^②

（1）模拟"数学对话"

通过课堂观察能评价学生在开展真实数学对话的表现。这种方式直接有效，但在大样本评价中的可行性较低。通过编制"模拟对话"的测试任务实施纸笔测试，能大大提高效率。测试任务需要包括问题情境、能激发学生思维活动的信息以及表述清晰的问题。^③ 所给信息可以是与具体数学内容相联系的数学事实、数学思想和数学观点。学生通过识别和提取信息，以书面方式进行"对话"，使自身的数学思维显性化。

以"捐资助学"测试任务为例：

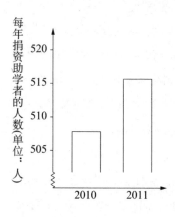

例题 7.1 某地统计了 2010 年和 2011 年捐资助学者的人数，如左图所示。小南说："这张图可以反映出 2010 年到 2011 年捐资助学者人数的剧增情况。"你认为这张图能反映出小南所谓的"剧增情况"吗？请给出具体解释。

这个测试任务创设了以公共生活为背景的社会情境，小南对于统计图的解读能引发学生的思考，设置的

① Shepard, L. A.. The role of assessment in a learning culture [J]. *Educational Researcher*, 2000,29(7): 8.

② National Council of Teachers of Mathematics. Curriculum and evaluation standards for school mathematics [S]. Reston, VA: NCTM, 2009: 20 - 22,63 - 66,116 - 119.

③ OECD. PISA 2009 Assessment Framework-Key Competencies in Reading, Mathematics and Science [EB/OL]. [2016 - 03 - 01]. http://www.oecd.org/dataoecd/11/40/44455820.pdf.

问题考查的是学生对小南数学观点的立场。要实现信息导向的"对话",学生需要在领会图表和小南观点的基础上,评价并纠正他的数学理解,这属于"反思与拓展"水平的要求。学生可以从计算增长率或增长量的角度指出图示表现的是"微增"情况,也可以从绘图的不合理性(纵轴单位长度太小,省略了505以下的柱长等)所导致的这种"顶端放大"的现象来否定小南的观点。通过学生的"对话"表现,能判定学生是否达到数学交流能力水平三的要求。

(2)数学写作任务

克拉克(Clarke)等人在七年级学生的写作实验中要求学生完成三个小任务——总结所教内容、描述知识点和学习情况、设计问题并收集例子。通过分析总结,学生的写作被分为三个等级——细述(Recount)、总结(Summary)和对话(Dialogue),具体描述如表7.5所示。[①]

表7.5 写作等级及其描述

写作等级	学生写作作品的特点
细述	引用课堂上详细、琐碎的事件,举出的例子仅仅与当堂所学知识相关
总结	精致地描述学习过程中的关键步骤、记录自己的进步;开始有意识地将新知识与旧知识联系起来,在学习过程中能识别问题并描述解决问题的过程,但个人评论和反思较少
对话	关注当堂呈现的知识点,并探索与脑中已有知识的联结;能识别和分析学习中的困难,思考过程有理有据,能有信心地用自己的语言表达知识点的联系,并能提出关于问题解决方式的合理化建议,表现出数学建构的积极性

可以发现,这三个等级与数学交流能力水平分层有对应关系。如位于"总结"写作等级的学生已具备"联系"意识,但自我反思和评论欠缺,他们的表现属于"联系与变式"能力水平。通过分析学生的写作作品能获悉他们的数学交流能力水平情况。

希尔德(Shield)等人研究了两种解释型写作任务:(1)给缺课朋友的信,要求学生为同伴解释最近学习的数学内容;(2)应对他人的学习障碍,学生需要通过书面写作形

---

① Clarke, D., Waywood, A., & Stephens, M.. Probing the structure of mathematical writing [J]. *Educational Studies in Mathematics*, 1993,25(3):235-250.

式向他人解释他们难以理解的数学观点。[1]

以下以"'矛盾'的两种观点"为例，展示如何使用第二种任务来评价数学交流能力。

例题 7.2　某地政府连续两年的教育支出和公共财政支出如下表所示（公共财政支出包括教育支出；同时不考虑两年间的通货膨胀率）。

	2010 年	**2011 年**
教育支出	7 500 万元	8 000 万元
公共财政支出	5 亿元	6 亿元

有人说，从上表可以看出从 2010 年到 2011 年教育支出是增加的；但也有人说是减少了。请利用上述数据说明这两种看似矛盾的观点分别是站在什么角度上提出的。请给出进一步的解释。

这个任务中的两个数学观点看似矛盾，实则是因为看问题的角度不同——它们分别关注了"绝对支出"和"相对支出"。这个任务要求学生根据需求灵活组合数据，探究矛盾观点的根源，属于"反思与拓展"水平的要求。学生既要明确需解释什么，说明引起观点矛盾的关键词——不同的比较角度，还要分别指出是哪两种角度，并通过数据组合或文字表达给出证据支撑，如解释"减少"观点的角度有多种，可以是"教育支出占公共财政支出比例减少"，也可以是"教育支出增长率比公共财政支出增长率小"，还可以是"单位亿元公共财政用于教育支出的部分减少"。假如学生的作品满足该题要求，就说明他的表现达到了数学交流能力水平三。

（3）数学阅读任务

数学阅读水平可以分为三个层次——机械性阅读水平、被动理解性阅读水平和主动探究性阅读水平，如表 7.6 所示。[2]

---

[1] Shield，M. & Galbraith，P.. The analysis of student expository writing in mathematics ［J］. *Educational Studies in Mathematics*，1998,36(1)：36 - 37.

[2] 郭刘龙.数学阅读能力探析［J］.教学与管理，2004(9)：67.

表 7.6 数学阅读水平分层

阅读水平	水平特征描述
机械性阅读水平	基本理解阅读材料,阅读停留在对材料直接的、字面意义上的理解
被动理解性阅读水平	能理解文字、数字、图形、符号之间的联系,并完整领会阅读材料的意义,得出合理的结论
主动探究性阅读水平	通过对阅读材料的思考加工,发现新结论或推导出下文概要,该水平有三大特征:独立性、创新性、审美性

这三个阅读水平与数学交流能力的三个水平相互对应。阅读是个相对内隐的过程,要评价学生的阅读水平需要设计特定的阅读任务,这些阅读任务应与学生的年级和年龄相符、知识量合适。[①] 为了激发学生的阅读兴趣,任务要有一定的乐趣,除了传统的提取数据,还可以引入补全图像、猜想新发现等。

以下以"郊游遇猫"为例,说明学生阅读任务的完成情况如何反映出他的数学交流能力水平。

例题 7.3 小林开车外出郊游,途中有一只猫冲到他的车前,小林紧急刹车,猫溜走了。小林受到了惊吓,决定开车返回,并且走近路。下图是这段时间小林开车速度变化的部分图像。

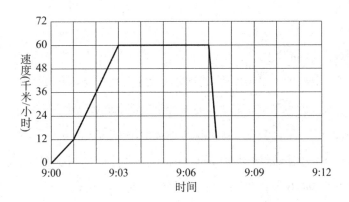

① Bosse, M. J. & Faulconer J.. Learning and assessing mathematics through reading and writing [J]. *School Science and Mathematics*, 2008,108(1): 13.

(1) 根据上图,小林的最快车速是_____;为躲避那只猫,小林在_____
(填时间)踩刹车。

(2) 请你根据以下描述,将上图补充完整:

小林刹车后,车速减速到了 12 千米/小时;这时他开始踩油门加速,9:09 时
车速到达 36 千米/小时;他看到家就在不远处,于是又逐渐减速,9:12 时顺利到
了家门口。

(3) 从最终的图像中,你认为小林开车过程中的哪段时间速度增加最快?

————

该任务第 1 小题要求学生从时间-速度图中直接提取信息,属于"记忆与再现"
水平的要求,但这两个空对学生的要求是有区别的,看图能直接回答"最快车速",
但"踩刹车的时间"需要先明确横轴单位长度为 1 分钟,再推导出时间为 9:07。为
完成第 2、第 3 小题,学生需要建立文字与图像间的联系,转换信息载体,也即将文
字信息转化为图像信息、将图像信息转化为文字信息,属于"联系与变式"水平的
要求。

数学对话、数学写作和数学阅读联系紧密,并不是相互独立的,因此不能通过上述
某一表现形式单一地来评价数学交流能力,而需要三种形式相结合。

二、测评工具的开发

根据情境、题型、能力表现形式、目标能力水平分类描述,结合数学内容,本研究编
制了一套数学交流能力测试卷。测试卷共分学生信息和测试题两个部分,学生信息包
括姓名、性别、学校、班级、最近一次期中考试数学成绩。

经过两次预测的反馈和课题组的讨论会,正式施测的测试题共有 7 道小题,涉
及的数学内容包括"数与代数"和"统计与概率"两个领域,在现实情境下激发学生
通过模拟数学对话、数学阅读和数学写作三种表现形式来展示自身拥有的数学交
流能力水平,目标能力水平较均衡地涵盖了三个水平。测试题分布如表 7.7
所示。

表 7.7　测试题分布情况

题号	内容	目标能力水平	情境类型	题型	能力表现形式
试题 7.1(1)	数与代数	水平一	个人情境	填空题	数学阅读
试题 7.1(2)	数与代数	水平二	个人情境	开放题	数学阅读
试题 7.1(3)	数与代数	水平二	个人情境	填空题	数学阅读
试题 7.2(1)	数与代数	水平一	教育情境	开放题	数学对话
试题 7.2(2)	数与代数	水平二	教育情境	开放题	数学对话
试题 7.3	统计与概率	水平三	社会情境	开放题	数学对话
试题 7.4	数与代数	水平三	社会情境	开放题	数学写作

三、数学交流能力测评的实施

(一) 测试对象的选择

八年级是数学学习的飞跃期,学生的数学思维经历着从以直观形象思维为主向以抽象逻辑思维为主过渡的阶段。该年级学生的数学交流能力现状怎么样? 如何优化教学设计才能帮助八年级学生实现交流能力的飞跃? 这些方面是本研究的重点。因此,本研究初期暂定的测试对象是八年级学生。为了检验数学交流能力测评框架的合理性,预测对象包括八年级和九年级学生(测试题中涉及的数学知识属于七年级水平);统计发现,九年级学生中达到水平一和水平二的学生的比例相近,而在八年级学生中分层现象更明显,因此测评框架的合理性在八年级学生中更能得到验证。故本研究正式的测试对象最终选定为八年级学生。

课题组在选取被试样本时采用了分阶段整群抽样的方法:首先,基于城市的地理位置(包括华东、西北、华中、西南、华南、东北及华北)及相应的经济发展水平(包括发达、中等发达、欠发达等)确定 8 个具有代表性的城市;第二,在每个城市中,由当地的教研员或师范院校的同行根据所在地学校的综合水平推荐至少三所中学(即优秀、中等、薄弱);第三,在每个样本学校中,任意选取 2—3 个整班学生参加测试。正式测试对象来自 26 所初级中学、28 个班的 1 192 名八年级学生,分布情况如表 7.8 所示。

表 7.8　正式测试对象分布情况

地区	城市	学校数(所)	班级数(个)	学生数(人)
发达地区	A 北京	4	4	171
	D 广州	3	3	80
	E 上海	3	3	107
中等发达地区	B 成都	3	3	137
	C 大连	3	3	119
欠发达地区	F 汉中	3	3	180
	G 乌鲁木齐	3	3	154
	H 郑州	6	6	244
	合计	26	28	1 192

测试时间为 2013 年 5 月中旬至 6 月初,主要基于以下两点考虑:一是至该时间段,八年级学生在初中已经学习一年半,学过或正在学习平面几何的证明,对数学语言的简洁性和严谨性有所体会,不同程度地经历过领会和表达数学信息的过程。二是该时间段紧跟在学校组织的期中考试之后,期中考试成绩可作为最近的一次学业成绩,能为数学交流能力水平与学业成绩间的相关性分析提供较为可信的数据。

(二) 测试的实施

本测试包括预测和正式施测两部分。课题组于 2012 年 9 月在某城市选取某初中 26 名八年级学生进行第一次预测;于同年 11 月选取该城市 31 名八年级学生、10 名九年级学生,以及另一城市的 52 名九年级学生实施第二次预测。预测的目的是验证测评框架的有效性,同时优化测试题。

1. 对测评框架的验证

分析两次预测数据发现,学生在数学交流能力测试题上的表现的确存在分层,验证了测评框架的有效性。如图 7.2 和图 7.3 所示,从左往右三种柱形填充分别表示目标能力水平为水平一、水平二、水平三的测试题的正确率。通过比较可以发现,八年级学生比九年级学生存在更明显的三个层次表现。预测后对测试任务进行增删和完善,故预测时的题量和题号与正式测试的不同。

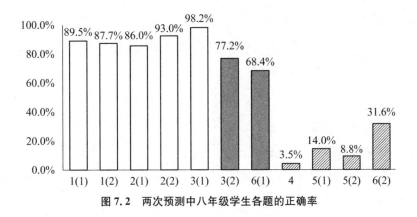

图 7.2　两次预测中八年级学生各题的正确率

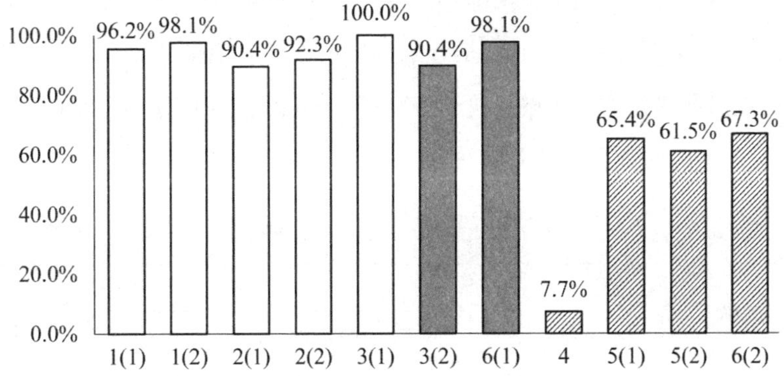

图 7.3　两次预测中九年级学生各题的正确率

从学生个体来看,三个能力水平有递进性,拥有高能力水平的学生已基本达到低能力水平的要求,即若学生的数学交流能力位于水平三,那么水平二和水平一的任务他也能较顺利地完成。

2. 测试题的优化

根据学生在预测中的表现,课题组对测试题进行了增删和修改。

第一次预测后,本研究排除了样题 7.5 中学生不熟悉的"通货膨胀率"的干扰(正式测试时调整为试题 7.4),同时明确评价目标和标准,根据学生在解决问题过程中的表现,删除部分评价目标重复的测试题。

通过第二次预测,课题组再次调整测试题。一是题型转变,增加画图类的开放题,而且更加关注情境的可接近性和隐性教育功能,如将样题 7.3 的统计内容由"抢劫情况"改为"捐资助学情况",将样题7.4的"国防预算支出"改为"教育支出"。二是使任务表述更加确切有效,如将样题7.4的两个小题合并为一个,减少干扰。

正式测试的实施时间为2013年5月中旬至6月初。

四、数据编码与整理

(一) 测试题的记分与编码

本次数学交流能力的测试题以0—1制二分计分法(dichotomy)为主,即正确回答计为1分,否则为0分。此外,本研究还参考 TIMSS 的双重计分制,对于所有被试的应答给出诊断性编码,以确定特定的表征方式、解题策略、常规的错误或误解。[1]

试题7.1(1)是填空题,两个空是分别编码的。第一空要求学生从图中读出最快车速,根据数值和单位的正误设置诊断编码;第二空要求学生读出踩刹车的时刻,由学生回答的时刻或时间间隔确定具体编码。

表 7.9　试题 7.1(1)双重编码体系

	正确(1)		不正确(0)	
	编码	定义	编码	定义
第一空	11	数值和单位完全正确,如 60 km/h	01	数值正确但单位有误,如 60 km/t
	12	数值正确,单位遗漏	02	数值有误
	13	数值正确,单位中英文结合,如 60 km/时	03	无关内容
			04	空白
第二空	11	正确,9:07	01	错误的时刻
			02	错误的时间间隔,如 9:03—9:06
			03	空白

试题7.1(2)要求学生根据文字补全图像。正确的解法有两种:♯1是确定转折点9:09的速度和9:12的末速度后,直线段连接各点;♯2是确定9:09和9:12的速度后,曲线连接各点。

---

① 鲍建生,周超. 数学学习的心理基础与过程[M]. 上海:上海教育出版社,2011:207—209.

表 7.10　试题 7.1(2)双重编码体系

正确(1)		不正确(0)	
编码	定义	编码	定义
11	所用解法：♯1	01	加速至 9:09 绘图
12	所用解法：♯2	02	绘出"先加后减"的趋势
		03	无规律绘图
		04	空白

试题 7.1(3)要求判断哪段时间速度增加最快,学生需要从 $\dfrac{\Delta v}{\Delta t}$(速度增量和时间间隔的比值)的角度进行比较。正确的解法有两种：

♯1 是计算各个线段所在直线的斜率,找到第二段的斜率最大,因此结果是 9:01—9:03；

♯2 是将前两段看作整体,与刹车后的加速段进行 $\dfrac{\Delta v}{\Delta t}$ 的比较,得到前者较大,因此结果是 9:01—9:03。

表 7.11　试题 7.1(3)双重编码体系

正确(1)		不正确(0)	
编码	定义	编码	定义
11	所用解法：♯1	01	加速段,如 9:08—9:09
12	所用解法：♯2	02	非加速的时间段
		03	不是时间段
		04	空白

试题 7.2(1)是关于描述"旧数"到"新数"的变换过程,根据学生的表征方式,分为 5 种情况：

♯1 是通过列式(整式或分式形式)表达,如 $\dfrac{80^2}{100}=64$；

♯2 是不列式,通过文字表述过程,如"先把 80 平方得 6 400,再用 6 400 除以 100,得 64"；

♯3 是既列式又用文字描述补充；

♯4 是描述了"开方"等不符合题意的运算；

♯5 是无过程描述，只有计算结果。

表 7.12　试题 7.2(1)双重编码体系

正确(1)		不正确(0)	
编码	定义	编码	定义
11	所用解法：♯1	01	所用解法：♯4
12	所用解法：♯2	02	所用解法：♯5
13	所用解法：♯3	03	空白

试题 7.2(2)要求学生在两种观点中做出选择，表明立场，并给出理由。将学生表现分为以下 5 种情况：

　　♯1：通过解方程举出反例表明立场，支持小平；

　　♯2：不列方程，由猜想而得到反例，并表明立场；

　　♯3：支持的立场存在笔误或遗漏，但举出的反例正确；

　　♯4：用来支持小平的理由错误或表述不清；

　　♯5：立场错误，理由错误或无理由。

表 7.13　试题 7.2(2)双重编码体系

正确(1)		不正确(0)	
编码	定义	编码	定义
11	所用解法：♯1	01	所用解法：♯4
12	所用解法：♯2	02	所用解法：♯5
13	所用解法：♯3	03	空白

试题 7.3 要求学生判断柱状图是否反映了小南所说的"剧增情况"，并给出理由和解释。将学生表现分为以下 7 种情况：

　　♯1：从两年的绝对增长率的角度指出只是"微增"；

　　♯2：指出人数增量较少，不属于剧增；

　　♯3：通过反思所给统计图的不合理性（如纵轴单位长度太小等），作出"不是剧

增"的判断;

♯4:以统计图的部分特点(如"柱状图能直观反映数值,而不能较好地反映增长趋势"等)作出判断,理由不充分;

♯5:通过比较柱高得出"人数在增长"的结论,认为能反映"剧增情况";

♯6:以常识或社会背景为理由,认为没有反映出"剧增情况";

♯7:用来支撑结论的理由不合逻辑或同义重复。

表7.14 试题7.3双重编码体系

正确(1)		不正确(0)	
编码	定义	编码	定义
11	所用解法:♯1	01	所用解法:♯4
12	所用解法:♯2	02	所用解法:♯5
13	所用解法:♯3	03	所用解法:♯6
		04	所用解法:♯7
		05	无理由或空白

试题7.4给出了看似矛盾的两个观点,要求学生能利用数字的不同组合,解释这两种观点分别是站在什么角度提出的。学生的表现可分为以下8种情况:

♯1:以数字运算为载体,通过呈现计算过程或结果来解释如何得出两种观点;

♯2:以文字为载体,描述两种观点背后的思路,也即支出金额的绝对增加、相对减少(占比减少);

♯3:能正确地表述是站在何种角度得出一种观点,但来解释另一种观点的理由是错误的;

♯4:能正确地表述是站在何种角度得出一种观点,但未给出对另一种观点的解释;

♯5:给出的描述大致合理,但过于笼统,对应关系不明确,如"增加是站在教育支出的角度提出的,减少是站在教育支出与公共财政支出两个方面";

♯6:只给出了针对一种观点的分析,但数字组合错误;

♯7:用社会背景或常识来推测两种观点背后的理由,如人口增加、教育环境等;

♯8：语义不通或重复,内容无意义。

表 7.15　试题 7.4 双重编码体系

正确(1)		不正确(0)	
编码	定义	编码	定义
11	所用解法：♯1	01	所用解法：♯3
12	所用解法：♯2	02	所用解法：♯4
		03	所用解法：♯5
		04	所用解法：♯6
		05	所用解法：♯7
		06	所用解法：♯8
		07	空白

（二）对编码数据整理的标准

对照表 7.7,每道测试题都有预设的数学交流能力水平。如试题 7.2(1)要求学生在领会题意后,用自己的语言简短地表述数学游戏过程,预设目标是数学交流能力水平一。如果学生不列式而以文字为载体表达出关键点"先平方,然后除以 100",则记为"水平一 12";假如学生将"平方"运算描述为"开方",则记为"水平一 01"。

在本次测试中,学生每小题的表现都会有相应的"水平编码",以表示是否达到了该题的数学交流能力水平,及其所用的解题策略或错误类型。但是学生在某一题上的表现有不稳定性,故需要通过多个测试任务来验证其达到了何种水平,目标能力水平为水平一的有 3 题[试题 7.1(1)的两个填空计为两题],水平二的也有 3 题,水平三的有两题。通过两次预测,本研究已经论证了三个能力水平之间有递进性,而评价学生最终的数学交流能力水平需要全面考虑学生在三个不同目标能力水平测试任务上的表现,对学生的能力水平进行分类。如表 7.16 所示,假如学生属于第三类,说明他的数学交流能力水平属于高水平;类比可得,若学生属于第一类,其数学交流能力水平较低。

表 7.16 确定数学交流能力水平的标准

水平编码	数学交流能力水平	标　准		
		答对大部分水平一的任务	答对大部分水平二的任务	答对大部分水平三的任务
0	第零类	×	×	×
1	第一类	√	×	×
2	第二类	√	√	×
3	第三类	√	√	√

注：√表示答对大部分特定水平的任务；×表示没有答对大部分特定水平的任务。

第四节　研究结论

本研究通过创设相对真实的问题情境,激发学生以特定的表现形式(数学对话、数学阅读或数学写作)将数学能力外显化,由此获得的信息借由双重计分制的编码标准处理,对数据的分析包括以下几个方面:(1)八年级学生数学交流能力的总体水平,包括平均能力水平,在不同目标能力水平任务上的表现(即各题正确率和解题类型等);(2)八年级学生数学交流能力水平的性别差异,包括平均水平、各题正确率和解题类型的性别差异,以及在三个水平任务表现上的性别差异;(3)八年级学生数学交流能力水平与其学业表现的相关性分析,包括数学优秀学生与困难学生的水平差异,数学交流能力水平一和水平三的学生的学业表现差异比较,以及学生数学交流能力水平与其学业表现的相关系数分析。

一、数学交流能力总体水平

(一)平均数学交流能力水平分析

按照上述测试题编码体系以及水平编码标准(如表 7.16),1 192 名八年级学生在数学交流能力测试题中,平均数学交流能力水平为 1.98(如图 7.4)。即学生的总体数学交流能力水平很接近于水平二——"联系与变式":能领会较复杂的数学文本的意义;能表达较为复杂的数学理解;能解释他人的(正确的或错误的)数学思想。

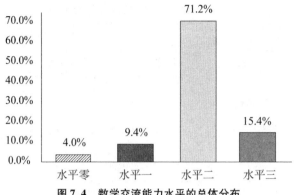

图 7.4　数学交流能力水平的总体分布

《义务教育数学课程标准(2011 年版)》的课程目标要求学生能反思他人的问题，初步形成评价与反思的意识，养成合作交流、反思质疑等学习习惯；还要让学生经历交流、反思等过程，感悟知识形成和应用，[①]这对其数学知识与方法的理解、数学思维习惯和应用意识的形成以及问题解决能力的提高有重要帮助。

反思性思维是由水平二"联系与变式"提升至水平三"反思与拓展"的关键，它是指为了获得深层次的认识，学生以严谨的态度，主动、持续、深入地对已有数学观点和数学思维进行严密的再思考，这种思维具有自主性、逻辑性、目的性和激励性等特征。[②] 反思性思维能帮助学生比较、评价并纠正他人的理解，并根据具体情况选择最优的表达载体，使解决问题过程进一步具有合理性、完整性、简洁性、和谐性。

"学会对自身和他人观点进行反思性评价"是学生从数学交流能力水平二上升到水平三面临的最大挑战。为了提升能力水平，达到课程目标要求，教师需要在教学中有意识地给予学生充分的机会去反思并表达，比如鼓励学生提问、评价同伴的观点，或示错教学，让学生针对自身的思考过程、解题思路、运算过程或推理逻辑等进行积极的再思考。[③]

① 中华人民共和国教育部. 义务教育数学课程标准(2011 年版)[M]. 北京：北京师范大学出版社，2012：9—15，64.
② 陈蓓. 反思性思维与数学教学[J]. 高中数学教与学，2005(2)：1—3.
③ 涂荣豹. 试论反思性数学学习[J]. 数学教育学报，2000，9(4)：17—21.

(二) 在不同能力水平任务上的表现分析

本研究中共有 3 道体现能力水平一的测试题,3 道体现能力水平二的测试题,2 道体现能力水平三的测试题。分析学生在各题上的正确率和诊断编码,能揭示出学生具体的数学交流能力现状。

1. 各题正确率分析

学生的总体数学交流能力水平接近水平二,故在目标能力水平一和水平二的任务上学生表现较好,平均正确率分别为 86.3%、83.3%,远远高于水平三的任务平均正确率(37.6%)。从测试题的正确率可以发现,学生在试题 7.2 上的表现特别好,试题7.2(1)的正确率为 96.0%,而目标能力水平为水平二的试题 7.2(2)的正确率高达89.8%,这与任务情境是教育情境有关(如图 7.5)。试题 7.2 的题设是教育情境中的纯数学情境,与日常的数学练习题情境较为相似。正因为对情境的熟悉度较高,学生的表现较好[1]。而目标能力水平为水平一的试题 7.1(1)的第二个填空,正确率只有67.8%,与其他两个目标能力水平相同的任务的正确率(95.1%,96.0%)差距较大,并且低于在水平二任务上的表现。

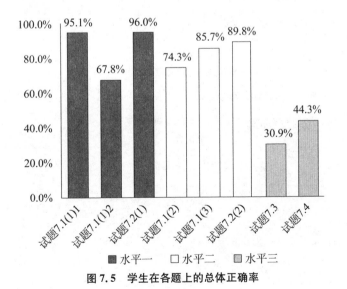

图 7.5 学生在各题上的总体正确率

---

① 马玮. 情境性数学问题解决过程中的性别差异研究[D]. 上海:华东师范大学,2011.

2. 学生解题类型分析

根据测试题编码体系,我们把学生在每题上的表现对应于一个两位数的编码,第一位数字表示正确与否,第二位则是学生解题类型(包括解题策略、数学表征方式、错误类型等)的诊断编码。通过对各题诊断编码的分析,能获悉学生数学交流能力的行为特征。

统计发现,若测试题的题设中明确含有数字,学生更倾向于选择这些数字的运算来表达数学信息。如试题 7.2(1)要求学生描述"旧数 80 变换到新数的过程",85.9%的学生选择通过数字列式运算来表达变换过程,其中 75.8%的学生能够正确列式,22.8%的学生不仅列式还附上文字作出补充说明,1.5%的学生在列式时选择的运算类型出现错误。本题的重点是对过程的描述,故学生是否给出最终计算结果与能力水平无关。而试题 7.2(2)是让学生解释他人的数学观点,判断会不会出现"新数等于旧数"的情况。题设中有"0 至 100 整数范围",66.6%的学生通过选择特殊值 0 或 100 猜想列出了一种或两种"新数等于旧数"的情况,其中 87.8%的学生只举出了一个反例,而只有 23.2%的学生选择设未知数、列方程举出"新数等于旧数"的解题策略(如图 7.6 所

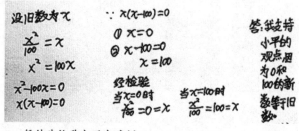

图 7.6 试题 7.2(2)学生表现举例

示）。有些学生无法把反例穷尽，可能与他们未选择解方程这一解题策略有关，117 名学生通过正确解方程完整举出了两个反例，而 94 名学生通过特殊值运算找到两个反例（如图 7.6 所示）。

试题 7.3 有关捐资助学情况，所给的统计图纵轴上有 4 个刻度数字，2010 年和 2011 年捐资助学人数没有明确标示。只有 26.3% 的学生先估计出两年的捐资人数，通过数字运算从"增长率"或"增长量"角度作出判断，并予以说理。而 18.5% 的学生受到两年柱高差距较大的迷惑，在计算增量后得出"剧增"的结论，没有充分利用图中的数字信息进行反思（如图 7.7 所示）。还有 37.6% 的学生是以图的其他特点（如"图的类型"或"数据不确定"等）为由认为不能反映"剧增情况"，这些学生又可以分为三类：第一类学生指出"柱状图只能反映数值，只有折线图才能反映增长趋势"，占 85.3%；第二类学生强调图中的数据不明确，故无法确定是否为"剧增情况"，占 6%；而第三类学生认为图能反映两年捐资助学的人数，但是无法反映出增长情况，占 8.7%。这些学生都没有把握图中的数学信息，只停留在浅层次的"看图说话"。第一类学生掌握了折线图和柱状图在描绘数据方面的主要优势，却忽略了无论哪一种图

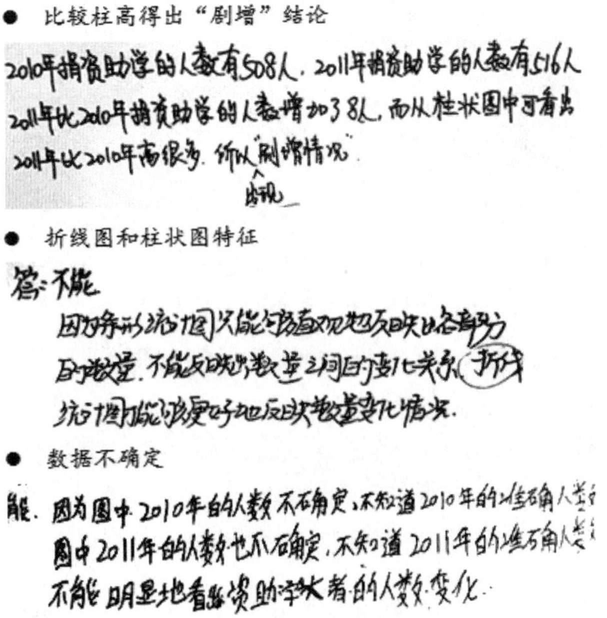

● 比较柱高得出"剧增"结论

2010年捐资助学的人数有508人，2011年捐资助学的人数有516人，2011年比2010年捐资助学的人数增加了8人，而从柱状图中可看出2011年比2010年高很多，所以"剧增"情况。

● 折线图和柱状图特征

答：不能
因为条形统计图只能够直观观地反映出各事物的数量，不能反映出数量之间的变化关系，折线统计图则能够更好地反映数量变化情况。

● 数据不确定

能。因为图中2010年的人数不确定，不知道2010年的准确人数，图中2011年的人数也不确定，不知道2011年的准确人数，不能明显地看出捐资助学者的人数变化。

图 7.7　试题 7.3 学生表现举例(1)

型,都能表达出数据和增减性,只不过折线图能更直观地反映增长率;第二类学生认为数据不精确就无法判断"剧增";第三类学生注意到了每年的人数,但没有寻求两年间的数字联系,其实通过估算就能确定两年间的增长量范围,从而得出判断。

学生在试题 7.4 上的表现也有类似的特点,该题给出了 2010 年和 2011 年两组确定的数据,学生倾向于选择将题设中的数据进行不同组合,因为数字的简洁性,那些选择数字运算作为描述载体的学生的正确水平更高。分析发现,62.3% 的学生选择了数字运算来分析两种观点背后的线索,其中 51.1% 的学生正确地用数字说明了如何得到两种看似矛盾的观点;而选择纯文字为表达载体的学生中,只有 33.2% 准确地给出了解释(如图 7.8 所示)。

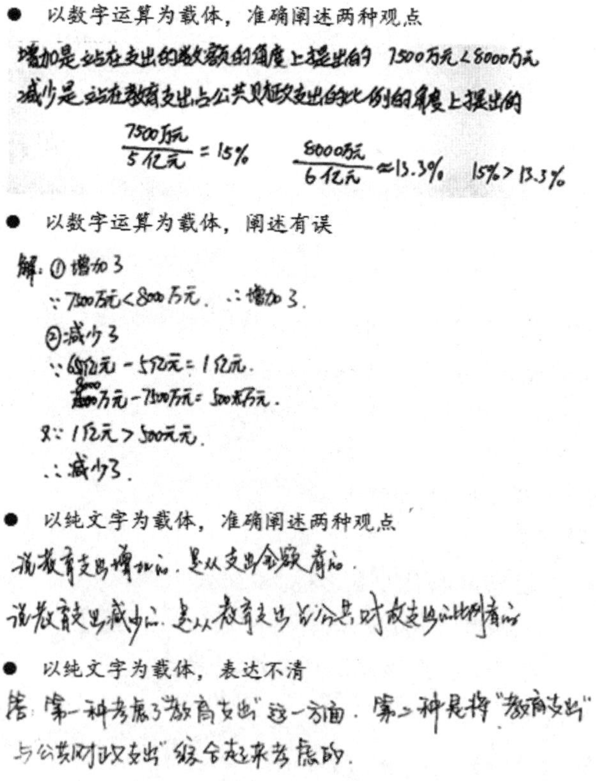

图 7.8 试题 7.4 学生表现举例(1)

由于对社会情境的熟悉度不高,部分学生在面对试题 7.3 和试题 7.4 时,没有考虑将其转化为与题意有关的数学问题,而是用社会背景知识或生活经验来解释。如3.0%的学生在解决试题7.3时,考虑了2010年和2011年的天数不同、人口上升等社会情况,却忽略了图中所含的数学信息(如图7.9所示)。5.1%的学生在试题7.4问题解决中,将"人口"问题作为突破口,假想了在两年间人口是增加的(如图7.10所示)。这些学生没能直面测试题的数学信息,没有"数学味"的描述表达已经失去了"数学交流"的本质。

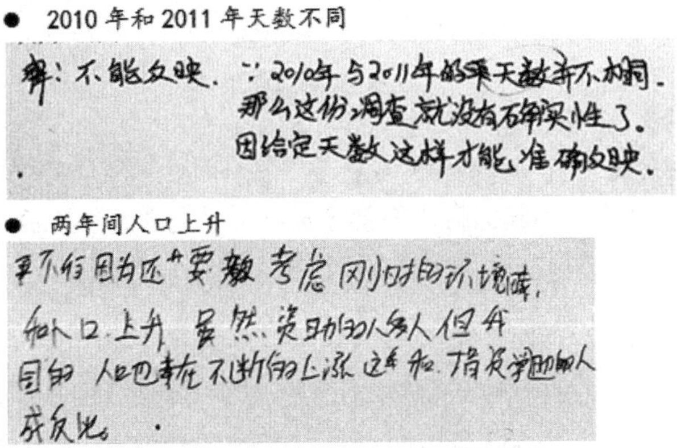

● 2010年和2011年天数不同

● 两年间人口上升

图7.9 试题7.3学生的表现举例(2)

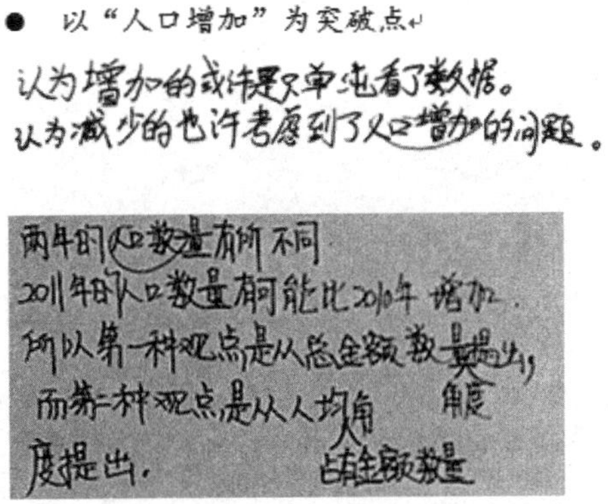

● 以"人口增加"为突破点

图7.10 试题7.4学生的表现举例(2)

二、数学交流能力水平的差异性比较

研究发现,学生数学思维的灵活性水平与其认知方式(如场独立性水平)之间存在密切关联,即场独立性强的学生倾向于高灵活性的数学思维,而八年级男生的场独立性水平明显优于女生。[1] 那么男生的数学能力是否强于女生呢?有研究者指出,在九年制义务教育阶段数学能力的性别差异从总体上不具有显著性[2],但在空间想象能力、逻辑推理能力以及抽象概括能力方面存在显著差异[3]。那么对于数学交流能力这一较"新鲜"的数学能力而言,会存在性别差异吗?而学业成绩和数学交流能力有没有一定的相关性呢?然而,目前几乎没有关于数学交流能力的性别差异,以及数学交流能力与学业表现相关的文献。以下本研究分别从这两个角度进行分析。

(一) 学生数学交流能力水平的性别差异比较

传统观点认为,女性的语言表达能力优于男性,而在空间有关能力方面逊于男性。有研究者通过男女生在脑半球上的优势差异来解释以上现象,左右脑有不同分工,男生因为右半脑的优势,善于辨别、判断类型,倾向于从全局与联系上处理问题;而女生在左半脑上拥有优势,喜欢细致的演算、精确的模仿,她们倾向于模式、注重于细节的思维趋势。众多研究证实了三个关于"性别差异的脑半球特殊化对男女认知模块的影响"的论点:(1)男性比女性在视觉空间能力上更具有优势;(2)男性的数学能力优于女性;(3)女性的口语能力和言语的流畅性优于男性。还有其他研究试图从新视角解释男女的认知模块差异,如"认知策略和场景依存的性别差异理论"。[4] 但随着时代发展以及大型国际评价项目的实施,以上论断遭到了研究者的驳斥,他们指出性别差异正在逐渐减少,远没有想象中的大[5][6];但在要求较高水平认知能力、涉及复杂问题解决的任务上,男性仍存在优势[7]。随着对组内变异和组间相似性的日益关注,产生了

① 李明振.认知方式及其与学生数学思维灵活性的关系研究[J].心理发展与教育,1994(3):16—20.

② 范叙保,汤炳兴,田中.数学能力成分的性别差异测试分析[J].数学教育学报,1999,8(4):70—73.

③ 范文贵,李伟华.西方数学学习性别差异研究述评[J].比较教育研究,2008(9):77—82.

④ 徐光兴.性别差异的脑半球功能特殊化及其认知模块观[J].华东师范大学学报(教育科学版),2007,25(2):48—52.

⑤ Spelke, E. S. Sex differences in intrinsic aptitude for mathematics and science? A critical review [J]. *American Psychologist*, 2005,60(9):950-958.

⑥ Pajares, F. & Miller, M. D.. Role of self-efficacy and self-concept beliefs in mathematical problem solving: A path analysis [J]. *Journal of Educational Psychology*, 1994,86(2):193-203.

⑦ 范文贵,李伟华.西方数学学习性别差异研究述评[J].比较教育研究,2008(9):77—82.

两个重要假设,如表 7.17 所示。①

表 7.17 关于数学学习性别差异的两个假设

假设	男性更大变异假设 (Greater Male Variability Hypothesis)	性别相似性假设 (Gender Similarities Hypothesis)
提出背景	一个世纪前 Ellis 提出该假设,用来解释当时男性在智力超群(天才)和智力迟滞人群中占大多数的现象	由近年大型调查和元分析可得,两性间的数学成就的相似性远比差异要多
常用统计量	方差比(Variance Ratio, VR); $VR = \dfrac{男性方差}{女性方差}$	效应值(Effect Size)d 表示两性群体实际差异的大小;$d = \dfrac{男性均值 - 女性均值}{联合标准差}$
	VR>1.0 说明男性方差更大; VR<1.0 说明女性方差更大	d>0,男性得分较高;d<0,女性得分较高; d<0.1,设为接近于 0;d=0.2 为小效应; d=0.5 为中等效应;d=0.8 为大效应

而数学交流能力既与数学密不可分,又包含了对数学语言的处理,因此数学交流能力的性别差异值得探讨研究。

1. 总体水平的性别差异

如表 7.18 所示,从均值差异的角度分析,男生的平均数学交流能力水平和女生非常接近,男生略高于女生,但仅高出近 0.06 个水平等级,而且男生数学交流能力水平分布的离散程度较女生大。经显著性差异检验发现,男女生之间无显著差异(p>0.5),即在统计意义上八年级男女生的数学交流能力水平相当。

表 7.18 男女学生数学交流能力水平平均数与方差

性别	人数(人)	平均数	方差
男生	577	2.02	0.436
女生	564	1.96	0.375

从"男性更大变异假设"的角度分析,方差比为 1.16。虽然男生的方差并不比女生的方差大很多,但是微小的方差差别就会在学生能力水平分布的尾端造成巨大差异。在数学交流能力水平三的学生中大部分是男生,占水平三总体的 60.3%,占男生

---

① 刘蕴坤,陶沙. 数学成就的性别差异[J]. 心理科学进展,2012,20(12):1980—1981.

总数的 18.7%，而女生占比只有 39.7%，占女生总数的 12.6%。可见数学交流能力高水平的男生在其群体中的比例（19.9%）是女生相应比例（13.3%）的 1.5 倍。而在数学交流能力水平一的学生中，一半以上还是男生，占水平一总体的 52.9%，占男生总数的 9.5%，而女生占比只有 47.1%，占女生总数的 8.7%。可见数学交流能力低水平的男生在其群体中的比例（9.5%）是女生相应比例（8.7%）的 1.1 倍。因此，数学交流能力的性别差异验证了"男性更大变异假设"，但发现男生在高能力水平上的变异较低水平更明显。

从"性别相似性假设"的角度分析，效应值为 0.098，为正值，即男生能力水平较高。但是效应值小于 0.1，可视为接近于 0，这与大型国际评价项目的结果相近，这么小的差异并不具有实际意义[1]。因此，数学交流能力的性别差异验证了"性别相似性假设"。

综上，男生总体的数学交流能力水平略高于女生，但不具有统计意义上的显著差异。男女生的能力差异验证了"男性更大变异假设"和"性别相似性假设"，在高能力水平和低能力水平分布上，男生的占比（占男生总体的比例）均高于女生，其变异程度更大。总体而言，不同性别的数学交流能力水平的相似性大于差异性。

2. 三个水平测试题表现的性别差异

随着测试题目标水平的提高，男生的表现依次下降，而女生在水平一和水平二的测试题上的答对题数相同，在水平三上出现减弱。可以发现，男女生在目标能力水平为水平二的测试题上的表现较为相近，而男生答对目标能力水平为水平一和水平三的试题数比女生分别多 0.09 题和 0.13 题。经显著性差异检验发现，男女生在这两个水平的任务上显示出极其显著的差异（$p \leqslant 0.01$），即在数学交流能力低水平和高水平的任务上，男生的表现明显优于女生。

表 7.19　男女学生正确完成不同目标能力水平的平均试题数与方差

性别	人数（人）	水平一（3题）		水平二（3题）		水平三（2题）	
		平均数	方差	平均数	方差	平均数	方差
男生	577	2.64	0.322	2.47	0.524	0.82	0.547
女生	564	2.55	0.337	2.55	0.493	0.69	0.480

[1] 刘蕴坤，陶沙. 数学成就的性别差异[J]. 心理科学进展，2012，20（12）：1981.

3. 各题正确率的性别差异

在目标能力水平为水平二的 3 道测试题[试题 7.1(2),试题 7.1(3),试题 7.2(2)]上,女生的正确率均高于男生;与之相反的是男女生在两道水平三测试题(试题 7.3,试题 7.4)上的表现,男生的正确率均高于女生。分析男女生的各题正确率还可以发现,在试题 7.1(1)的第二个填空上的表现差距最大,相差为 10.6%,女生的正确率比其在目标能力水平更高(如水平二)的测试题上还低。从情境角度来看,在教育情境的测试题上,女生的表现优于男生,如试题 7.2,女生在两小题上的正确率分别为 96.8%和 90.1%,分别略高于男生的 95.5%和 89.8%;但在社会情境的测试题上,女生的表现逊于男生,如试题 7.3 和试题 7.4,男女生之间的差距比在教育情境任务的差距还大,分别相差 8.9%和 3.9%(如图 7.11 所示)。

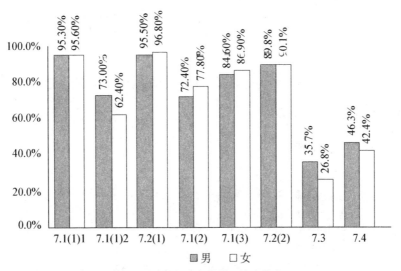

图 7.11　男女生各题的正确率分布

4. 解题类型的性别差异

有研究表明,和男生倾向于使用抽象的解题策略相比,女生偏爱具体的策略,[1]即相对女生而言,男生更倾向于选择简洁精干的数学表达,这一特点主要体现在试题 7.2 的两个小题中。

---

① 刘蕴坤,陶沙. 数学成就的性别差异[J]. 心理科学进展,2012,20(12):1983.

分析试题 7.2(1)正确水平为 1 的学生的解题策略,一半以上的学生选择简洁的"只列式"策略(♯1),包括男生总体的 65.4% 和女生总体的 54.7% 的学生,男生的比例高于女生。而 18.9% 的女生选择了"只用文字表述"(♯2),比男生的比例略高。在选择"兼用列式和文字表述"策略(♯3)上也出现同样的差异,可见女生较男生更倾向于选择"文字表述",她们甚至在列式的同时还用文字加以补充(如图 7.12、图 7.13 所示)。

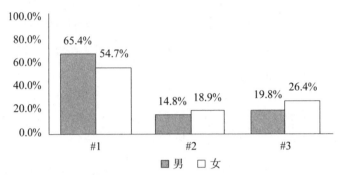

图 7.12　试题 7.2(1)正确水平为 1 的男女生解题类型分布

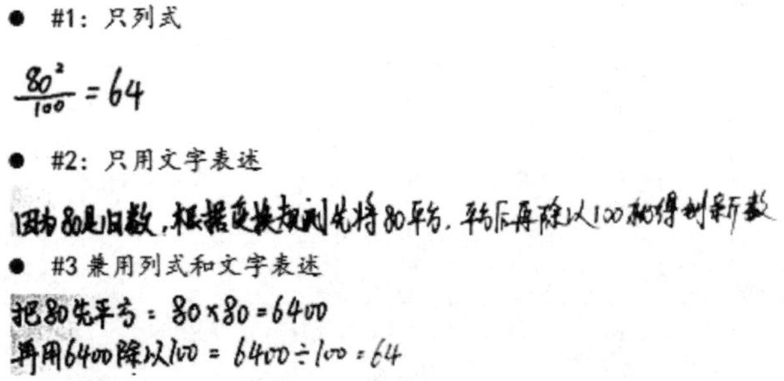

- ♯1: 只列式

$$\frac{80^2}{100} = 64$$

- ♯2: 只用文字表述

因为 80 是旧数,根据变换规则先将 80 平方,平方后再除以 100 就得到新数

- ♯3 兼用列式和文字表述

把 80 先平方: $80 \times 80 = 6400$

再用 6400 除以 100 = $6400 \div 100 = 64$

图 7.13　试题 7.2(1)正确水平为 1 的三种解题类型

试题 7.2(2)正确水平为 1 的男生中,67.5% 是选择"不列方程,猜想出反例"(♯2)策略,远高于女生的相应比例(43.1%);这与选择"解方程"策略(♯1)的情况恰恰相反,27.5% 的男生选择设未知数、列方程并解出反例,远低于女生的比例(49.0%)(如图 7.14 所示)。题设未规定学生必须选择某种策略或穷尽反例,即只要能表述出正确的反例,就判断学生达到了该题对数学交流能力的要求。男生倾向于选择相对简洁的策略,只要猜想出反例再加以验证即可,但这种策略可能导致无法找出全部反例;而女

生倾向于选择的"解方程"策略的确需要相对较长的篇幅,但正如之前所述,该方法能提高找到所有反例的可能性。

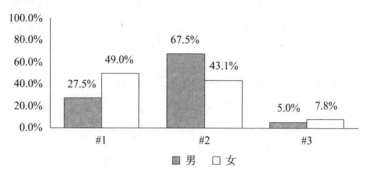

图 7.14　试题 7.2(2)正确水平为 1 的男女生解题类型分布

在试题 7.4 正确水平为 0 的学生表现中,男生中 43.3％的学生描述两种角度的思路合理,但阐述过于笼统,对应关系不明确(如图 7.15 所示),而女生的相应比例略低,为 37.5％。过于追求简洁的数学表达,则存在损失准确性的风险,如何兼顾两者,需要学生在数学交流中不断摸索。

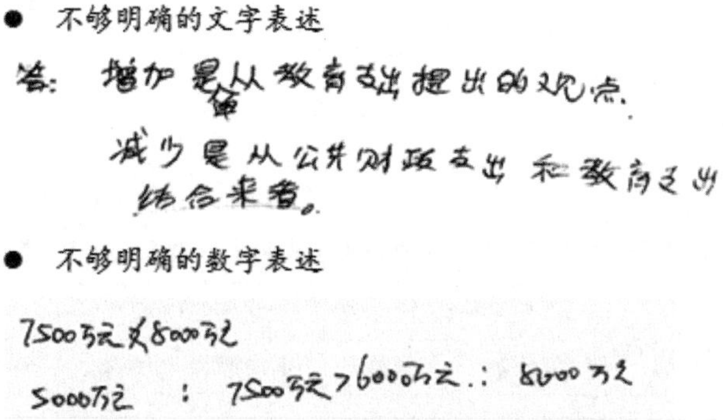

● 不够明确的文字表述

答: 增加是从教育支出提出的观点.
　　减少是从公共财政支出 和教育支出
　　结合来看.

● 不够明确的数字表述

7500万元又8000万元
5000万元 : 7500万元>6000万元 ∴ 8600万元

图 7.15　试题 7.4 学生表现举例(所用解法为＃5)

三、与学业表现的相关性分析

八年级学生已系统学习数学 8 年,数学知识水平有了一定的积累。在日常数学学习中,课堂上,课外练习中,数学交流无处不在。学业表现的评价多采用纸笔测试,学生将数学思维通过书面形式表达,这和本研究的数学交流能力评价有些相似,那么学生的数学交流能力会不会受到数学学业表现的影响?

本研究对八年级学生的数学交流能力水平与学业成绩进行了相关性分析。将未填写最近一次期中考试成绩的测试卷归为缺失卷后,本次相关性分析的有效测试对象有947名。

(一)数学优秀学生与数学困难学生的数学交流能力水平差异比较

数学学业成绩在本研究中指的是学生最近一次的期中成绩。数学学业成绩优秀学生一般是指成绩在前10%的学生。分析所得成绩分布可知,得分为90—100分的学生基本覆盖了参加测试的各学校学生的前10%。故将期中成绩在90—100分区间的学生归入数学优秀学生(以下简称数优生),60分以下的学生归入数学困难学生(以下简称数困生)。

如表7.20所示,比较这两类学生在不同能力水平测试题上的表现可知,数优生在每层水平的测试题上的答对题数均比数困生多,而且随着目标能力水平的提高,数优生的优势更加明显,答对水平三任务的数量是数困生的2.2倍,但离散程度也较大(方差为0.507)。在水平一和水平二的任务上,数优生的方差较小,表现都较为稳定。统计可得,两类学生在每层水平测试题上的表现都有极其显著的差异($p \leqslant 0.01$),即数优生在每个能力水平测试题上的表现都明显比数困生好。

表7.20 数优生与数困生数学交流能力水平的平均数与方差

期中成绩	人数(人)	水平一(3题)		水平二(3题)		水平三(2题)	
		平均数	方差	平均数	方差	平均数	方差
90—100分	149	2.73	0.211	2.75	0.269	0.990	0.507
60分以下	218	2.42	0.429	2.23	0.669	0.450	0.387

(二)不同能力水平学生的数学学业表现差异比较

在此主要关注表现为能力水平一和能力水平三的学生之间的数学交流表现差距较大,水平一上的学生仅能接受并表达简单的数学事实和数学思维,而水平三上的学生还能在交流中反思、改善自身的观点,并对他人的观点进行评价和纠正。不同类别学生的数学学业成绩是否有差异,若有差异,具体有多大? 分析结果如表 7.21 所示。

表 7.21 不同能力水平学生的期中平均成绩比较

	人数(人)	平均成绩(分)
水平一	82	58.33 ± 2.60
水平三	138	78.32 ± 1.43

上述数据显示,数学交流能力水平差距较大的学生,其数学学业平均成绩相差 16—24 分,两者有极其显著的差异($p \leqslant 0.01$)。从这一结果可以发现,数学交流能力的要求和学业成绩评价有较大的共通性。

四、讨论及分析

通过本节测试数据处理的初步分析,可以得到如下结果:

第   ,我国八年级学生的数学交流能力基本上处于水平二,即"能领会较复杂的数学文本的意义,并能表达较为复杂的数学理解;能解释他人的(正确的或错误的)数学思想",但反思思维存在欠缺,在评价、纠正他人的观点时有障碍。

第二,男生的数学交流能力水平略高于女生。男女生数学交流能力的表现验证了"男性更大变异假设",即在高能力水平和低能力水平分布上,男生比例(占男生总体的比例)均高于女生,其变异程度更大。

第三,学生的数学交流能力水平与其数学学业表现有一定的相关性。数学优秀学生与数学困难学生的数学交流能力水平存在极其显著的差异。

形成上述现状的原因是多方面的,主要包括如下因素:

(一) 对八年级学生数学交流能力总体水平的思考

1. 新课程改革关注学生的积极参与,但反思思维训练有待加强

数学提供了一种有力的、简洁的和精准的交流信息的手段,[1]应给予学生机会以各种方式读、写和谈论数学。但传统数学教学容易忽视数学的描绘性和传递性,学生

---

[1] [英]W. H. 科克罗夫特. 数学算数——英国学校数学教育调查委员会报告[M]. 范良火,译. 张小萍,校. 北京: 人民教育出版社,1994: 19,192.

较少有机会反省作为交流媒体的数学[①]。反思思维是一种高层次思维,它不是单纯的感知、记忆、复述或简单的应用,而是围绕特定目标、需要付出持续心理努力的、包含发散和反思等认知活动的复杂思维。[②] 如果数学教学没有创设适合反思思维训练的环境,依赖学生自主学习是无法系统地发展反思思维的。有研究显示,我国学生的记忆和理解水平的技能发展较好,应用和分析水平的技能表现平平,而评价和创造水平的技能亟待提高。以上分析能部分解释八年级学生数学交流能力总体水平为何没有达到水平三。

但我国数学教育有"变式教学"的传统,教师教学强调知识间的前后联系,在新课程改革中尝试使用更多的需要高认知参与的学习任务,给学生提供更多的具有挑战性的学术活动的机会,更多地要求学生在寻找答案时描述过程、解释答案背后的推理过程。因此,学生的数学交流能力几乎达到了水平二"联系与变式"。

2. 有关与"非连续性文本"的数学交流的思考

用于交流的文本包括连续性文本和非连续性文本,后者特指不仅含有文字还包括图表等形式的文本,本研究测试卷的试题 7.2 是连续性文本中的"描述性文本"类,试题 7.1 与试题 7.3 属于非连续性文本中的"曲线图"类,试题 7.4 属于非连续性文本中的"信息单"类。[③] 阅读非连续性文本需要文字和图表相结合,具有不连贯性,不能就图论图,停留在浅层次的"看图说话",它需要将图中的数学信息和文字表述融合起来理解。因此,与"连续性文本"的交流易于与"非连续性文本"的交流,这在学生的测试表现中也得到了验证。同一能力水平要求的测试题,学生在非连续性文本上的正确率较低,如目标能力水平为水平一的测试题中,最高的是试题 7.2(1)(96.0%),高于试题 7.1(1)的两个填空(分别为 95.1%、67.8%)。再如水平二的测试题中,试题 7.2(2)的正确率(89.8%)均高于试题 7.1(2)和试题 7.1(3)的正确率(分别为 74.3%、85.7%)。

若测试题的题设中含有明确数据,学生更倾向于选择这些数据的运算来表达数学

---

① 徐斌艳.数学教育展望[M].上海:华东师范大学出版社,2006:44—50.

② 刘儒德.基于问题学习对教学改革的启示[J].教育研究,2002(2):73—77.

③ 王连照,田慧生.国际学生阅读能力评价旨趣与过程——PISA 2006 阅读能力评价框架解读[J].比较教育研究,2007(8):71—72.

信息;若无明确数据,学生则需要推导出数据的值或范围,这是一个障碍。如学生在试题7.1(1)的第二个填空的正确率较低,不仅与它位于测试的第一题,学生未进入思维活跃状态有关,还因为它所求的刹车时间是无法通过直接找明确数据来获得的,需要由横轴单位长度推导而得,大部分的错误答案是"9:06",这些学生没有结合图和文字来领会意义,而这是阅读非连续性文本的基本要求。

(二)对数学交流能力性别差异分析结果的思考

1. 数学交流能力具有性别相似性

有研究显示,女生的语言表达能力高于男生,PISA 2009 的阅读素养测试中男生的阅读成绩明显低于女生[①];而在数学成就方面男生优于女生,虽然这种性别差异正在减小,但在认知水平较高的测试题中差异仍然存在,尤其是当测试题涉及复杂的问题解决时,男生的性别优势就更明显[②]。数学交流能力不仅涉及应用数学语言和日常语言的表达,而且还与数学内容息息相关,综合男女在语言运用和数学成就表现的各自优势,他们在数学交流能力总体平均水平上无显著差异。

对于八年级学生而言,问题解决、几何和高层次认知能力测试题倾向于对男生有利,而代数和纯计算试题则对女生有利。[③] 本研究的测试卷未包括几何内容,高能力水平测试题是关于"统计与概率"和"数与代数"知识,均兼顾了男女生的优势,因此性别差异在数学交流能力上不明显。

2. 受试题情境影响和解题策略的性别差异

研究发现,熟悉的情境对女生的问题解决会有帮助,而男生容易剥离情境进行独立思考。[④] 两道水平三的试题都是社会情境,分别和"捐资助学情况"、"教育支出变化"有关,这两个情境来源于学生所处的社会,但并不是他们最熟悉的情境。女生在这两道题上的表现逊于男生,一方面是因为男生在认知能力要求较高的试题上表现较好,另一方面是因为男生能从不熟悉的情境中提取出有效信息思考加工,受情境影响较小。

① 谭轶斌. 借鉴他山之石不可邯郸学步[J]. 上海教育,2010(12):33
② 范文贵,李伟华. 西方数学学习性别差异研究述评[J]. 比较教育研究,2008(9):77—82.
③ 周超. 八年级学生数学认知水平的性别差异[J]. 数学教育学报,2011,20(3):59—62.
④ 马玮. 情境性数学问题解决过程中的性别差异研究[D]. 上海:华东师范大学,2011.

相对女生而言，男生更倾向于选择简洁精干的数学表达。男女生之间的解题策略之所以有差异除了与解题经验有关，还可能与他们在解决复杂问题时涉及的脑区不一致有关。男性的 IQ 和灰质容量最大相关是在额叶和顶叶（BA 8/9/39/40 区）上，而在女性身上的最大相关是在额叶（BA 10 区）和布罗卡区（BA 44/45 区），这也许是不同性别的学生选择不同解题策略的原因之一，而策略对特定问题的合适性可能是男女在解决某些数学任务上出现差异的原因。[①]

（三）数学学业成就的评价与数学交流能力评价具有互通性

学业成就的评价标准是数学课程的三维目标，与数学交流能力的评价标准存在差异，但都强调数学知识之间、数学与生活之间、数学与其他学科之间的联系，都重视数学思维的呈现。学生在面对日常的数学练习时也需要识别和表达数学信息，这也能解释数学交流能力水平较高的学生，其数学学业成绩也较好。但两者并不等同，数学交流能力评价关注学生的表达过程，为了让学生充分展示数学思维和数学事实，引入了较多开放题（包括结论开发和策略开放），若存在不影响信息传递的计算错误和笔误，仍把该生的表现记为达到交流要求，这与学业成绩评价的要求就不同。

（四）数学交流能力评价研究展望

本研究的对象是来自全国 8 个地区的 26 所初中的 1 192 名八年级学生，在上文中对他们的数学交流能力现状和差异特征进行了一些分析，但是在课堂教学实践中，如何面向拥有不同数学交流能力水平的学生实施有效的差异化教学提升其能力水平，如何开发针对数学交流能力的形成性评价工具以便教师追踪学生的能力发展，以便发挥"评价"的发展功能，则是进一步研究的重点。

本次研究的工具——数学交流能力测试卷为课题组在 TIMSS、PISA 测试任务和八年级数学习题的基础上编制设计而成，尽管经过两次学生预测和专家座谈，但测试题数目有限。由于各地教材存在差异，八年级学生的几何学习进度差异较大，故测试题中只涉及"数与代数"和"统计与概率"两个领域，在今后的研究中需要增加"图形与几何"内容的知识，该测评框架的科学性仍需更多样本的检验。

数学交流能力不仅涉及书面表达，口头表达也是重要形式。考虑到纸笔测试在

① 刘蕴坤，陶沙. 数学成就的性别差异[J]. 心理科学进展，2012，20(12)：1980—1990.

大样本施测时的便利性,本研究没有引入口头数学交流,故未能将数学交流能力现状更全面地展示出来。此外,数学交流能力不仅涉及数学背景和知识,而且与日常语言有关。数学交流能力与语文中的语言应用能力是否存在相关性,也值得进一步探讨。

第八章　数学建模能力

第一节　研究背景

一、我国数学课程改革的需求

随着数学在现代社会的广泛应用，"数学建模"在过去的三十多年里逐渐成为数学教育的中心话题之一[1]。数学建模是学生将数学应用到其他领域的一种方式，同时它本身也是一种数学思想和数学理念。学生把非数学领域中的实物或问题，映射（或翻译）到数学领域中，并运用数学方式寻求答案，然后解释和评估这些答案能不能解决非数学领域的问题，从而提升应用数学的能力[2]。进入 21 世纪，各国与各地区启动的数学课程改革都将学生数学建模思想的形成，以及数学建模能力的培养作为数学教育的重要目标之一。

我国 2003 年颁布的《普通高中数学课程标准（实验）》突出了"培养数学建模能力"的重要性，要求将"数学建模"作为新增的三个课程内容（数学探究、数学建模、数学文化）之一，渗透在整个高中课程的内容中，并且要求高中阶段至少为学生安排一次建模活动。在义务教育阶段，2004 年颁布的《上海市中小学课程标准（试行稿）》明确提出

---

① Blum，W. ，et al. （Eds）. *Modelling and application in mathematics education：The 14th ICMI study*［M］. Berlin：Springer，2007：451 - 456.

② Niss，M. Models and modeling in mathematics education［J］. *Mathematics Education. EMS Newsletter December 2012*，2012：49 - 52.

"要使学生的数学建模能力初步形成",2011年版的《义务教育数学课程标准(2011年版)》中,模型思想是数学素养的核心词汇(数感、符号意识、空间观念、几何直观、数据分析观念、运算能力、推理能力、模型思想、应用与创新)之一。[1]

二、数学建模受到全球关注

随着数学教育研究的不断深入,数学建模在国际数学教育研究中的重要性逐渐凸显。在1976年的第三届国际数学教育大会(ICME-3)上,波拉卡(Henry Pollak)作了题为《数学和其他学校学科的相互作用》[2]的调查报告,把应用与建模带到了前沿,[3]数学建模逐渐成为相关国际会议的重要专题。从1984年在澳大利亚举行的第五届国际数学教育大会(ICME-5)开始,应用与建模被列为每四年举办一次的国际数学教育大会(ICME)的小组专题。1983年,国际数学建模与应用教学会议(the International Conferences on the Teaching of Mathematical Modeling and Applications,ICTMA)召开,[4]每两年举办一次的ICTMA主要讨论各级各类数学教育(从小学到中学到学院到大学)中涉及的应用与建模教学。数学与计算机建模国际会议(the International Conference on Mathematical and Computer,ICMM),每隔两年召开一次。

伴随着数学建模在数学教育研究中的发展,数学建模也开始慢慢进入数学教育实践中,主要表现为三种形式:课程标准对数学建模的要求,开设数学建模课程,以及开展数学建模竞赛活动。德国、美国、英国、法国、芬兰、澳大利亚等国家都把建模或模型列入其课程标准之中。例如颁布于2003年底的德国数学教育标准明确提出,数学建模能力是学生应该发展的六大数学能力之一。美国《州共同核心数学标准》(CCSSM),数学建模既是高中数学六大核心内容之一,又与数学实践一起构成高中数学的两大核心概念。[5] 2010年澳大利亚课程评估和报告局(ACARA)发布的高中数学

---

① 章建跃. 中学数学课程论[M]. 北京:北京师范大学出版社,2011.

② Pollak, H. O.. The interaction between mathematics and other school subjects [C]// G. R. Rising, *New trends in mathematics teaching IV*. Paris: UNESCO, 1979: 232-248.

③ Pollak, H. O.. How can we teach applications of mathematics? [J]. *Educational Studies in Mathematics*, 1969, 2(2/3): 393-404.

④ http://www.icmihistory.unito.it/ictma.php.

⑤ 王林全. 美国高中数学建模标准——分析、评价与思考[J]. 数学教学,2011(10):4—6.

课程标准意见草稿中将建模列为基本的数学活动。① 瑞典现行的课程标准中陈述：问题解决的一个重要方面是设计和使用数学模型，并且教育的一个目的是发展学生设计和使用数学模型的能力，以及批判地评价条件、机会和不同模型的局限。② 英、美等国自 20 世纪 70 年代起相继在研究生和本科阶段开设了数学建模课程，并于 70 年代末期将其纳入中学课堂。而在我国，自 20 世纪 80 年代中期开始少数大学的理工科专业率先开设了数学建模课程。

国内外的教育理论与教育实践皆对数学建模能力给予关注和要求，这为我们调查和分析数学建模能力提供了充分的现实依据。但是针对义务教育阶段，关于什么是建模能力，如何评价学生的建模能力，课程标准中至今未作清晰阐述，也缺乏相应的建模能力测试题。我国义务教育阶段学生的建模能力处于什么水平？如何从学生数学活动的角度建构适合义务教育阶段数学建模能力的测评框架？又该如何根据测评框架编制用于测评学生数学建模能力的测试题？本章的研究将围绕这些问题展开。

第二节　文献综述

21 世纪以来，国内外出现了丰富的有关数学建模能力及其相关问题的研究成果。对这些成果加以分析、归类、阐述，有助于全面把握数学建模能力的内涵与意义，为我们开展建模能力的调查提供有价值的参考。现将关于数学建模能力内涵与评价形式的文献作一梳理。

一、数学建模的过程
(一)"问题解决"建模过程
2010 年 6 月，全美州长协会和美国首席州立学校官员理事会联合出台了《美国州

① ACARA. Australian curriculum draft consultation version 1. 1. 0 [R]. ACARA，2010.
② Ärlebäck，J. B.. Mathematical modelling in the Swedish curriculum documents governingthe upper secondary mathematics education between the years 1965 - 2000 [In Swedish] [R]. Linköping：Linköpingsuniversitet，Matematiskainstitutitionen，2009.

际核心数学课程标准》(CCSSM)①,已有 48 个州签署了采纳协议。该课程标准将数学建模看作问题解决的一种方式,在这种视角下,数学建模过程如图 8.1 所示,即"问题—解法—答案"。

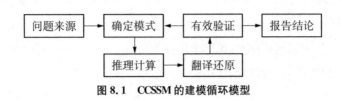

图 8.1 CCSSM 的建模循环模型

基本的建模过程包括:(1)确定问题中的变量,选出能代表本质特征的变量;(2)通过创造和选择能够描述变量之间关系的几何的、图示的、表格的、代数的或统计的表征形式,系统地阐述模型;(3)对这些关系进行分析和运算,得出结论;(4)按照原来的问题情境解释数学结果;(5)通过结论和现实情况的比较验证结论,然后或者改进模型或者接受结果;(6)汇报结论,并附上推理过程。

将数学建模视为问题解决的一种方式,在数学建模过程中,选择、假设以及近似值贯穿于整个过程,包含"现实问题—建立模型—解决问题"的思维过程。

(二)"现实/数学世界"建模过程

波拉卡用是否涉及现实背景来区分数学建模与一般的数学问题解决。问题解决可能丝毫不考虑数学外部的世界;即使考虑数学外部的世界,也通常开始于用数学形式表达的理想化后的现实世界,并且结束于得到数学答案。然而,数学建模起始于没有"编辑"的现实世界,要求在问题解决之前进行数学表述,而且一旦问题获得解决,还要回到现实世界考虑初始情境中的答案。②

因此,数学建模循环将现实与数学打通并建立联系。从现实角度出发,数学模型是将现实问题的信息加以数学化的产物。从数学角度出发,建模就是联结数学的"两

① Common Core State Standards Initiative. Common Core State Standards for Mathematics [R]. Common Core State Standards Initiative,2010:148.

② The Consortium for Mathematics and Its Applications. Mathematical modeling handbook [EB/OL]. [2016-03-01]. http://www.comap.com.

张脸"(two faces),即现实的数学和抽象形式化的数学。[①] 随着对数学建模认识的深入,数学建模过程由初始的四阶段循环模型逐渐发展成为七阶段循环模型。

1. 四阶段循环模型

如果把数学建模看作一种从现实世界到数学世界的映射求解过程,则这一过程包含典型的四个阶段。如较早提出的四阶段建模循环,[②]后来《美国学校数学课程与评价标准》中提出的建模过程模型,国际学生评价项目 PISA 的建模过程模型等都为 4 个状态的循环。以下是发展成熟的四阶段循环模型:

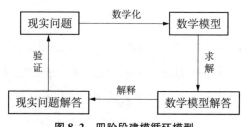

图 8.2　四阶段建模循环模型

2. 五阶段循环模型

如果更细致地关注数学建模过程中就会发现,在现实问题和数学模型之间还存在一个关键的中间状态,即现实模型。建模者根据问题的需要,对现实情境作出恰当的简化和假设,只保留对解决问题有用的变量、过程及其关系和整个结构。这种结构往往以一种心理表征的形式存在于建模者的心中,可以理解为建模者理解问题情境后对问题情境的一种认知图式,也可以外化出来画或写在纸上,是一些还未经过数学化或提炼出数学结构的对象和关系。能否正确构建现实模型,影响到后面的数学模型的建立。为此布鲁姆就提出了五阶段建模循环模型,[③]在四阶段循环模型中的现实问题和数学模型之间多加了现实模型,以此表示现实问题到数学模型之间的中间过渡环节。

① Greer, B.. Modeling reality in the mathematics classroom: The case of word problems [J]. *Learning and Instruction*, 1997,7(4): 293 - 307.

② Preston, R.. Mathematical modeling in the secondary school: Possibilities and constraints [D]. Indiana University, 1997.

③ Maaß, K.. What are modelling competencies? [J]. *ZDM*, 2006,38(2): 113 - 142.

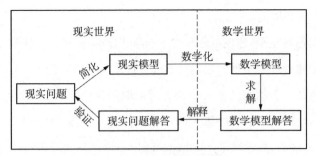

图8.3　五阶段建模循环模型

3. 七阶段循环模型

更进一步地,把客观存在的现实情境和对现实情境的主观理解分为两个状态的话,就出现了2007年布鲁姆和莱斯(Leiß)经过几次修订而提出的典型的七阶段建模流程框架。所谓建模七阶段循环是指在现实问题情境和现实模型之间加入情境模型,即认为建模者要先理解现实情境,头脑中对情境有一个表征,然后再简化和建构,得到现实模型。具体的七个阶段是:

(1) 理解现实问题情境;

(2) 简化或结构化现实情境,形成现实模型;

(3) 将被结构化的现实模型翻译为数学问题,形成数学模型;

(4) 用数学方法解决所提出的数学问题,获得数学解答;

(5) 根据具体的现实情境解读并检验数学解答,获得现实结果;

(6) 检验现实结果的有效性;

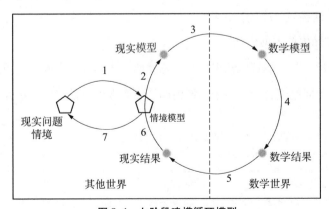

图8.4　七阶段建模循环模型

（7）反馈给现实情境。

根据七阶段循环模型，建模过程包含 6 个状态（states）和 7 个环节（stages）。这里所说的状态是指建模问题所处的原始状态或经过某个环节的转换之后获得的结果，而环节是指建模者从一个状态到下一个状态所采取的操作行为。6 个状态分别是现实问题情境（real situation）、情境模型（situation model）、现实模型（real model）、数学模型（mathematical model）、数学结果（mathematical result）、现实结果（real result）；7 个环节是理解、简化、数学化、数学求解、解释和转译、检验、反馈。[①]

现实问题情境是指来自现实世界的建模问题。现实模型就是现实问题情境经过简化和建构的结果，它只包含初始问题的基本要素，从而更易于数学处理。现实模型经过数学化，也就是模型中的数据、概念、关系、条件、假设等要素被转换为数学的结构形式，即数学模型，它由对应于初始问题情境的基本要素的数学对象和关系组成。所谓的结构化就是简化现实情境，从中抽象出数量结构或空间结构，而数学化是指由问题模型到数学形式的转化或翻译过程。建模最关键的环节就是"现实问题情境—现实模型—数学模型"这一子过程。[②③]

这个阶段序列是规范的，并被看作建模的理想方式；但实际上，建模并不是按照其呈现出来的完美圆形顺序进行。通常，学生会反复进行理解、建构和数学化问题。学生能否自如地在整个循环中移动依赖于一系列因素，比如他们在建模问题、问题背景和小组动态中的经验水平。

二、数学建模能力评价

（一）数学建模能力的内涵

能力通常指一个人能够以知识性和反思性的方式解决一类困难。因此，如果一个人为了解决一个问题或者理解某个领域内的情境而推进数学建模的过程，则认为这个

① 赵继源. 高中生数学建模的基本心理过程及其影响因素[D]. 北京师范大学,2007.

② Blum，W & Niss，M.．Applied mathematical problem solving, modelling, applications, and links to other subjects：State, trends and issues in mathematics instruction, in educational studies in mathematics [J]. *Educational Studies in Mathematics*，1991,22(1)：37 - 68.

③ 张继源. 高中生数学建模的基本心理过程及其影响因素[D]. 北京：北京师范大学,2007.

人具有数学建模能力。由于建模能力与建模过程相关联,历来的数学教育研究者都倾向于将数学建模能力定义为推进数学建模过程所需要的数学能力。

例如尼斯将数学建模能力定义为对建模过程起重要作用的能力(ability)、技能(skills)、态度(attitudes)以及在数学建模过程中发挥前三者的意愿。

也有研究用数学建模的某些特征过程来定义数学建模能力。PISA 2012 提出的 7 个数学能力中,数学化(mathematising)是对建模能力的刻画,包括将现实世界中的问题翻译为严格的数学形式(可以包括结构化、概念化、假设、形成模型),或者解释和评估与原来问题相关的数学结果或数学模型。[①] 数学化这个术语被用来描述包含的基本数学活动。

卡雷拉(Susana Carreira)等人[②]提到了一些数学建模的特征能力,比如数学化(把非数学的内容翻译为数学)、批判性的理解(重新编码已有的信息)、计算(处理数学和非数学实体的能力与技巧)和交流(在参与者之间持续地相互影响)。布鲁姆把数学建模能力定义为结构化、数学化、解释和解决问题的能力,另外还包括解决数学模型、验证模型、批判地分析和评估模型与结果、交流模型,以及观察和自我判断控制建模过程。

ICMI Study14 中将数学建模能力定义为:在给定的现实情境中,定义相关的问题、变量、关系或假设,把它们翻译为数学语言,并解释和评估数学问题解答的能力,以及通过调查假设检查所给模型的性质和范围,分析或比较所给模型的能力。简洁地说,数学建模能力是执行所有建构和调查数学模型包含的过程的能力。[③] 德朗热(Jan de Lange)把数学建模能力定义为结构化、数学化、去数学化、数学求解、检验模型、反思、分析、对模型和模型结果的批判、对模型和模型结果的交流(包括结果的局限性、管理和控制建模过程)。[④]

---

① OECD. Draft PISA 2012 mathematics framework [EB/OL]. [2016 - 03 - 01]. http://www.oecd.org/pisa/pisaproducts/46961598.pdf.

② Carreira, S., Amado, N., & Lecoq, F.. Mathematical modeling of daily life in adult education: Focusing on the notion of knowledge [J]. *Water Research*, 2011,45(9): 2965 - 2974.

③ Blum, W., et al. (Eds.). *Modelling and application in mathematics education: The 14th ICMI study* [M]. Berlin: Springer, 2007: 451 - 456.

④ de Lange, J.. Framework for classroom assessment in mathematics [S]. Freudenthal Institute & National Center for Improving Student Learning and Achievement in Mathematics and Science, 1999.

（二）数学建模特征子能力

数学建模能力是一项综合的能力，建模者通常要用到完成建模各个子过程的能力，如理解简化、数学化、数学求解、转译、检验，同时也要发挥自主地顺利完成整个建模过程所需要的能力。

1. 布鲁姆和凯萨的五能力模型

布鲁姆和凯萨(Kaiser)根据数学建模五阶段循环所需要的能力，列出了推进数学建模过程所需的五个子能力：(1)结构化情境；(2)数学化(从现实翻译到数学)；(3)处理模型(在数学领域内工作)；(4)转译(用现实的语言解释数学模型)；(5)反思、分析、批判模型和模型结果。

表 8.1　五个建模特征子能力

数学建模循环阶段	建模子能力描述
理解现实问题情境，建立现实模型(RS→RM)	就问题作出假设，并能简化情境
	确认影响情境的量，命名并定义关键变量
	建立变量之间的关系并且结构化
	找寻相关信息，辨别相关与无关信息
从现实模型建立数学模型(RM→MM)	数学化相关量和它们之间的关系
	简化相关量，需要的话简化它们之间的关系，减少变量个数及复杂程度
	选择合适的数学术语，用图表示情境
求解数学模型，得到数学结果(MM→MR)	使用探索策略，例如把问题分解为一些小问题，或划归为熟悉的或已解决的问题，重新描述问题，用不同形式看问题，改变量和变量的数据
	运用数学知识解决数学问题
数学结果返回现实情境中解释、转译(MR→RR)	在外部数学情境中解释、转译数学结果
	将特殊结论普遍化
	使用恰当的数学语言解释结论，交流解
检验结果的合理性(RR→RS)	在现实情境中，批判性地看待结果
	当解不适合情境时，回顾模型的一些部分，或再次经历建模过程，完善模型
	当有不同解法时，尝试其他方法解决问题
	对模型一般化提问

2. PISA 的三能力模型

PISA 2012 提出的框架中用简洁的三个过程"表述"、"使用"和"阐释"描述了建模的三个关键步骤,相应地,建模能力包括如下三种特征子能力:

(1) 表述为数学形式,包括确定可以使用数学的机会——看到数学可以被用来理解和解决问题或挑战。这个过程包含选取呈现出来的情境,翻译为可以用数学处理的形式,给出数学结构和表达,确定变量和作出简化的假设来帮助解决问题或者应对挑战。

(2) 运用数学,包括应用数学推理,使用数学概念、程序、事实和工具推导数学结果。这个过程包括执行运算、操作代数表达式、方程和其他数学模型,分析数学图表里的数学形式的信息,开发数学描述和解释,并使用数学工具解决问题。

(3) 阐释数学,包括反思数学求解和答案,并在问题情境中加以转译。这个过程包括评估与问题背景相关的数学求解或推理,决定结果在情境中是否合理和有意义。

表 8.2　三个建模特征子能力 [①]

建模子能力	行　为　指　标
表述	识别出一个现实问题的数学方面以及其中重要的变量; 认出问题或情境中的数学结构(包括规律、关系、类型); 简化一个情境或问题,使其适合于数学分析; 识别数学建模和简化背后的局限性与假设; 使用恰当的变量、符号、图表和标准模型,数学化地表述一个问题; 用不同的方式表述同一个问题,包括根据数学概念组织问题,以及做出合理的假设; 理解、解释一个问题情境特定的语言与数学化地表述问题所需要的符号性正式语言之间的关系; 将一个问题转化为数学语言或者数学陈述; 识别出问题中与已知的问题或数学概念、事实、步骤相符的方面; 使用技术(比如电子制表软件、图形计算器上的列表设备)描绘情境问题中包含的数学关系。
运用	为寻找数学解决方案设计和执行策略; 使用数学工具,包括技术工具,帮助寻找大概的或者精确的解决方案; 运用数学事实、公理、算法和结构; 处理数字、图表和统计数据及信息、代数表达式和等式、几何表述法; 制作数学图表、结构,并从中提取数学信息; 使用不同的表述法,并知道转换; 在应用数学步骤得出结果的基础上加以概括; 反思数学论证,解释、证明数学结果。

---

① OECD. Draft PISA 2012 mathematics framework [EB/OL]. [2016 - 03 - 01]. http://www.oecd.org/pisa/pisaproducts/46961598.pdf.

建模子能力	行　为　指　标
阐释	将数学结果放回现实情境下进行阐释； 在现实情境下评估一个数学解决方案的合理性； 理解现实世界如何影响结果和数学步骤或模型的运算，对必要的调整或应用结果作出判断； 解释在某一问题情境下，一个数学结论为何合理或者不合理； 理解数学概念和数学方案的范围与局限性； 批评和鉴定解决问题所使用的模型的局限性。

(三) 建模能力测评

数学建模是由一系列顺利完成的建模子过程组成的，对应地，建模能力的主要组件是完成每个建模子过程所需的特征能力。根据测评的目的是某个或某些建模子能力，还是完整的建模能力，可以选用不同的测评任务类型，目前常见的有如下三种：

1. 子能力和整体能力测试组合

该组合由三类建模特征子能力测试题和整体建模能力测试题两种类型组成：

● 单个建模特征子能力测试题：聚焦于某个或某些建模子过程，题目形式可以为选择题等客观题，也可以为解答题等主观题。

● 整体建模能力测试题：需要完成整个建模过程的测试题，题目形式必须为主观解答题。

詹森(Jensen)[①]曾给出了测试子能力的三类任务和测评整体建模能力的任务：类型 1，要求建立数学模型的子能力；类型 2，要求数学内部的能力；类型 3，要求数学结果的现实解释和问题答案的检验；类型 4，要求自主完成全部建模子过程。

例题 8.1　（类型 1）意大利湖

Anke 有一张意大利局部地图（图略），图中有一个巨大的湖泊，她想要估计这个意大利湖覆盖的面积。请在地图上画出 Anke 为了测量湖的面积所必须测量的部分，另外，写下进行计算所需要的公式（你不必进行计算）。注意：公式中所

---

① Jensen，T. H.. Assessing mathematical modelling competency ［C］// Christopher Haines，Peter Galbraith，Werner Blum，& Sanowar Khan(Eds.)，*Mathematical modelling*（*ICTMA*12）*education*，*engineering and economics*. Chichester：Horwood，2007：141 - 148.

使用的符号须和地图保持一致。

例题 8.2 （类型 2)请选择正确的陈述：

如果你将一个正方形的边长变为原来的 3 倍长，则新正方形的面积是：

A. 原来正方形面积的 3 倍

B. 原来正方形面积的 9 倍

C. 原来正方形面积的 12 倍

D. 和原来的正方形面积无法比较

例题 8.3 （类型 3)谢尔曼将军树(General Sherman)

谢尔曼将军树是世界上最大的树，想要知道它到底有多大，需要知道一个信息，即树杆的直径。指示牌给出了一些信息：树杆周长（底部)31.3 米；树杆最大直径为 11.1 米。

Paul 感到困惑：使用圆形周长公式和已知的周长 31.3 米，能够计算得到直径大约为 10.0 米，可是树杆的最大直径怎么可能是 11.1 米！请解释其中的原因。

例题 8.4 （类型 4)西班牙的面积

现有一张西班牙和葡萄牙的地图（图略），已知葡萄牙的面积为 9.221 2 万平方公里，请用地图估计西班牙的总面积。写下你估算的所有过程（如果可以帮助你，你可以在地图上画图）。

进行子能力测评一方面保证能测评那些不能自动执行完整建模的低成就学生的建模能力；另一方面，这些测评任务也可能提供关于学生在各个子过程方面特别的优势与不足的详细信息。

四种类型的建模测评相互补充，其结果有助于展示学生的各种数学建模特征子能力，以及完成整个建模的综合能力，为我们提供了详尽的分析数据。当学生的水平参差不齐，同时要了解每个学生在完成整个建模过程中的优势与缺陷在哪里时，就适合使用这种类型的测评。它的不足之处在于，如果第四种类型的测试题选择真正意义上的建模测试题，同时前三种类型的测试题又要覆盖各种情况的话，就会使得题量很大。

2. 系列问题驱动的完整建模能力测评

COMAP 出版的《数学建模手册》(*The Mathematical Modeling Handbook*)给出了几十道数学建模题,都是用与一系列步骤的子问题引导学生一步步完成整个建模过程,从而考查学生在每个建模特征步骤上的建模能力和顺利完成整个建模过程的能力。

例题 8.5　选择大学[①]

你如何选择最适合你的大学? 决策可能是不同的,尤其是当你考虑高中毕业后,接下来的 2—4 年你将在哪里度过时?

以下显示了一些可能的解答方式。下面是引导学生完成任务的一系列引导性问题。

1. 当你考虑一所大学的时候,什么标准对你来说是重要的? 选择 3—5 个在你的选择中最重要的变量。(例如,可以考虑体育项目、学术、费用、资助、地理位置)

2. 在你选择的标准中,哪个是最重要的? 比如,学费比地理位置重要,或者地理位置比学费重要。按照对你的重要性将它们依次排序,并解释为什么某个标准比另一个标准重要。(什么使得某个标准比另一个重要?)

3. 选择 3—5 所你感兴趣的大学,说明它们如何满足你选择的标准。可使用参考资料如《美国新闻与世界报道》发布的 VSNews 大学排名,或者类似的关于大学的资料为你提供指导。(设计一个赋值表:A＝4,B＝3,C＝2,D＝1,F＝0)

4. 根据问题 3 的回答构造一个模型,帮助你做出最好的选择。

5. 你的模型帮助你选定了最适合你的大学吗? 得到了你期望的结果吗? 这个模型方便你组织自己的选项吗? 你认为其他人能用这样的模型帮助他们选定最适合他们的大学吗? (存在并列的情况吗? 如果有,这个模型如何帮助你在并列结果之间选出更适合你的选项?)

---

① The Consortium for Mathematics and Its Applications. Mathematical modeling handbook [EB/OL]. [2018-11-05]. http://www.comap.com.

6. 如果你的朋友有一个不同的大学列表和标准,你如何使用你的模型为他提供帮助?

矩阵模型是一种可以用来管理一系列权重的简洁工具。决策矩阵显示每个可选项如何满足标准。行代表选项(被比较的对象),列代表标准(选项被判断特征值),在决策矩阵上用数学运算帮助得出与真实生活相关的解答。

7. 使用权重,为你的标准和你考虑的大学构造一个决策矩阵。

8. 使用决策矩阵,你怎么决定每个学校的最终排名?(看起来大学 A 应该比大学 B 更靠前,你使用什么数学方法来展示个体在每个权重下加起来比另一个高?)

9. 回想你最初的模型,如果你不能使用决策矩阵,请使用一种能帮助你选定最好大学的矩阵。答案有意义吗?如果有,你如何使它们有意义?如果没有,你为什么认为它们没有意义?比较你最初的模型和那些新的处理方式。如果你最初使用的是决策矩阵,那么为什么你会这么做?

在线性代数中,行向量或者列向量是一个仅仅包含单个列或行的矩阵。在矩阵上的向量的数学运算允许对利益矩阵进行分析。

10. 在你选择的标准之间寻找关系。你如何用数学方法显示你更喜欢某个标准?解释你的模型是如何考虑等价和不等价关系,以及它们在模型中的应用。

11. 如果你的模型理应对不同的标准给予独特的考虑但却没有,那么利用问题 10 的答案构造列向量,帮助你权衡每个标准。

12. 利用你的决策矩阵和列向量,构造一个修改过的模型,并且选定最适合你的大学。

这一系列引导性问题将整个建模过程详细地分解为众多小步骤,学生按照每个引导性问题的提示,逐个完成很小的单个子任务。这种考查形式的优势是降低了独立完成整个建模任务的难度,对于不熟悉整个数学建模流程的学生,这是一种非常好的引导方式;逐个步骤的引导不仅能展示学生在每一步上所具备的建模特征能力,为我们考查学生的建模特征子能力提供详尽的数据,同时,最终也能为我们提供学生完成整个建模所需要的能力情况。但这种测试形式的优势也造成了它的缺陷,就是我们无法区分在那些顺利完成全部步骤的学生当中,哪些学生是能够独立完成整个建模的,而哪些学生必须在一步步的提示下才能最终完成整个建模任务——这样的测试题,让两种存在明显水平差异的学生却展示出相同的回答情况。

因此,这种测试适合在学生不熟悉建模过程,而且很难独立完成整个建模的情况下使用。

3. 开放题形式的完整建模能力测评

例题8.6 缝制足球①

足球是一项深受人们欢迎的运动,但是你知道如何手工缝制足球吗?人们需要将足球的各个面缝制起来,通过艰辛的手工劳动才换来光滑圆润的足球。请你从数学的角度估算缝制一个足球需要多长时间?

只给出一个单独的建模情境,没有任何关于建模步骤的提示,也看不出任何明显的数学内容或结构,这是真正意义上的建模测试任务,也是真正意义上对学生独立建模能力的考查。学生需要通过一系列的建模步骤才能完成这类测试任务,而完成的情况也展示了学生独立完成建模的能力。这种题型的优势是能够真正考查学生独立建模的能力,而且相对前两种类型的测试,这种测试任务只有情境和问题,题目简短。这种测试的不足之处在于对学生要求较高,一旦题目较难或者学生能力太低,很可能学生就什么都答不出来,一旦题目太容易则学生全部答出,即出现所谓的"地板效应"或者"天花板效应",难以反映低成就学生和高成就学生之间的细微差异。而且学生的解答情况可能与学生对该题特殊的情境和内含的数学知识的熟悉程度有关。如果学生熟悉建模情境,对所要用的数学知识熟练,则学生的答题情况较好;否则学生的答题情况不佳。所以,如果不能控制好背景和数学知识的通俗性,这种测试在反映学生数学建模能力上就较难有恒常性和客观性;如果不能控制好难度的话,则难以反映各个层次水平的学生的数学建模能力特征情况。

(四)数学建模测评框架

建模能力包含完成每一个建模子过程所需要的能力,然而这些子能力却不足以描

① 出自作者徐斌艳主持的研究生课程"数学学习的理论与实践"的相关资源。

述建模能力,还需要评价更多的能力,比如协调这些子过程的能力。

毕卡德(Biccard)等研究者展示了一个建模能力涉及的宽阔领域,用来作为建模能力测评框架。[①] 这个框架建构了建模能力特征的结构,包含 3 个单独的能力领域,即认知能力、情感能力、元认知能力。认知能力涵盖整个建模循环,反映出学生在建模过程中的有意识活动。情感能力与学生对数学、问题本质和解决现实问题的数学意义的信念有关。而元认知能力与那些支持认知的因素有关。其中认知能力包括理解、简化、数学化、数学工作、解释、检验和表达。理解是指知道情境的含义,包含假设蕴含的信息。只有经验和背景相结合时,理解才会发生。简化意味着看到问题的本质特征,也意味着为这种选择使用有意义的数据和理由。数学化强调把现实世界翻译为数学世界,探测那些对应数学概念的现实世界的特征。数学工作包括灵活地应用和使用选择的数学,同时也要关注被选择用来解决问题的数学的类型。解释重视数学结果必须在现实世界中重新被解释,解出的数学结果必须根据现实问题重新评估。检验要求学生确保他们的模型与现实情境背景的条件一致。表达包括交流,要求学生必须清楚地描述他们的思维。学生需要参考他们创造的"文件路径"。元认知能力则包括讨论、定位、计划和管理。讨论作为一个过程而不是一件完成的产品是这个能力的重点,通过推理进行交流,以便说服和解释。定位强调预测学生解答的潜在结构的能力,包括使用明确接下来做什么,以及如何与任务结束时学生想要的相关联,使用提供的信息。计划和管理涉及小组组织和"监管"求解答的路线。情感能力主要指信念,建模的一个关键,作为学习处理"由于太多路可供选择和没有指南针"的复杂的感觉。这涉及学生的情感能力,即他们对数学、问题本质、问题如何解决,以及在解决现实问题中数学的价值的看法和信念。

詹森构建了一个具有三个维度的建模能力测评框架,[②]根据这个框架,一个人的建模能力水平可以由三个方面来决定:覆盖率(个体能进行的建模子过程),活动范围

① Biccard, P. & Wessels, D. C. J.. Documenting the development of modelling competencies of Grade 7 mathematics students [C]// Gabriele Kaiser, Werner Blum, Rita Borromeo Ferri, & Gloria Stillman, *Trends in teaching and learning of mathematical modelling*. Netherlands: Springer, 2011: 375 - 383.

② Jensen, T. H.. Assessing mathematical modelling competency [C]// Christopher Haines, Peter Galbraith, Werner Blum, & Sanowar Khan(Eds.), *Mathematical modelling (ICTMA12) education, engineering and economics*. Chichester: Horwood, 2007: 141 - 148.

（个体能进行建模活动的现实情境范围和数学内容范围）和技术水平（个体能运用的数学技术与概念的高级程度）。

根据覆盖率的定义，一个能在提示下执行数学建模各个子过程的人，比那些不能进行任何子过程的人有更高的能力，却比那些能自主推进所有过程的人能力更低。例如，一个能将某个现实情境系统化的人，显然比仅能处理还没有系统化的现实情境的人有更高的覆盖度。

活动范围维度的必要性来自建模任务的现实情境性和数学内容性。在领域间体验到的差异与一个人被要求使用的数学方式、数学领域之外问题的特征相关。一个通常能进行几何方面建模的人在离散数学或者统计建模方面可能不是那么有能力。一个擅长在每天的购物情境中开发和使用最优模型的人，不保证在遇到设计问题时同样有能力。一个人能够在涉及一系列不同数学内容领域的很广泛的背景下调用数学建模能力，则可以认为其比那些只能在某些特定数学内容领域和某些背景下调用数学建模能力的人更有能力。

技术水平维度显示了个体"数学工具箱"的体积和内容。一个仅使用简单的和基本的数学工具解决问题的人比那些能使用高级数学工具的人能力低。例如，一个能用函数关系方式对情境建模的人比那些仅能用方程"连结"变量的人更有能力，却比那些也能考虑微分方程的人能力要低。

这三个维度组成了一个几何模型。在这个模型中，一个人的能力强弱可用这三个维度构成的立方体的体积来表示，相应地，能力的进步可用增加的体积来表示。

（五）建模水平

建模过程中最困难和最关键的环节就是现实与数学之间的来回翻译，而且我们研究的是初中学生数学建模能力，所采用的建模测试一般都选择学生熟悉的数学知识，也就是说一旦学生建立好数学模型后，求解数学模型基本上是没有问题的。因此，为了突出建模能力的本质特征——数学化，也为了有别于其他的数学内部能力如表征、推理，我们只考虑数学建模最关键的成分即数学化，按照数学化的复杂程度来划分能力水平。

PISA 2012 的数学测评框架把数学化的能力当作数学的一种基本能力来区分水平。PISA 2012 用数学化来描述现实到数学、数学到现实的过程，数学化包括将现实世界中的问题翻译为严格的数学形式（包括结构化、概念化、假设、表述模型），或者按照初始问题解释评估一个数学结果或者一个数学模型。[1] PISA 2012 将建模能力主要成分的数学化能力——现实与数学之间来回转译——根据调用的复杂程度划分为以下三个层次，以此来预测测试题的难度。

水平一：在一些任务中，不需要数学化——要么问题已经足够具有数学形式，要么解决问题不需要考虑模型和情境之间的关系。当问题解决者需要从已知模型中解释和直接推导，或者直接从情境翻译到数学（比如以适当的方式将情境结构化和概念化，确定和选择适当的变量，收集适当的测量，或者制作图表）时，需要用到形式最简单的数学化。

水平二：修改或使用已给的模型来适应变化了的条件，或者解释进一步推导的关系。在有限制和清晰表达约束的情况下选择熟悉的模型，在要求的变量、关系和约束清晰明确的情况下创造模型。

水平三：在许多假设、变量、关系和限制有待确定和定义的情况下，创造或者解释模型，检查模型是否满足任务要求，权衡和比较不同的模型。

德国的教育标准，也是按照数学化的复杂程度将数学建模能力划分为三个水平。[2] 水平一：能够熟练并直接辨别可利用的标准模型（如勾股定理）；直接将现实情境转换成数学问题；直接分析说明数学结果。水平二：能够在一定的限制条件下进行建模；分析说明这类建模的结果；数学模型对应适当的现实情境，或者调整模型使其适应现实情境。水平三：能够针对复杂情境建立某个模型，在这个模型中需要重新定义假设、变量、关系以及限制条件；检验、评价并且比较模型。

第三节　研究过程与方法

本研究包括如下环节：首先根据文献分析和专家研讨构建数学建模能力框架及其测评框架，然后以框架为参照开发测试工具，对八年级学生进行预测和正式测试，最后对测试表现进行编码整理、统计分析与解题过程分析。

---

[1] OECD. PISA 2012 assessment and analytical framework of mathematics [EB/OL]. [2016 - 03 - 01]. http://www. oecd-ilibrary. org/docserver/download/9813011ec003. pdf? expires = 1394686559&id = id&accname=ocid49026773&checksum=7D4B3464210A3A04826954CE88CB7107.

[2] 徐斌艳. 关于德国数学教育标准中的数学能力模型[J]. 课程. 教材. 教法, 2007(9)：84—87.

一、数学建模能力测评框架构建

为调查分析我国八年级学生数学建模能力水平,我们需要设计相应的测评工具。本研究综合考量了詹森构建的三个维度的建模能力测评框架[①]和 PISA 2012 提出的测评框架。[②] 课题组统一采用三个维度即情境和内容范围、数学建模特征能力和建模能力水平,评价义务教育阶段学生的数学建模能力。具体而言,测评框架将会明确四类内容、四类背景类别、每个过程、每种回答形式、各种建模水平的测试题比例,试图反映过程、情境、内容的广泛类别。该测评框架将测量学生能够进行建模的情境、内容、过程、类型、水平的范围。对应地,选取建模测试任务题有 5 个指标——问题情境、数学内容范围、数学建模特征能力、测试任务类型、数学建模能力水平。数学建模能力测评框架如图 8.5 所示。

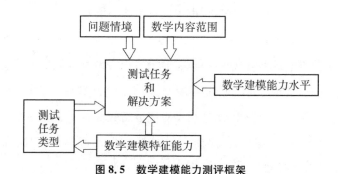

图 8.5 数学建模能力测评框架

(一) 情境和内容范围

1. 情境范围

数学建模起始于意义丰富的现实情境,测试题的情境应该来源于学生主要的生活领域。因此,本研究根据数学建模问题产生的领域,将所涉情境范围分为个人情境、社会情

① Jensen,T. H.. Assessing mathematical modelling competency [C]// Christopher Haines,Peter Galbraith,Werner Blum,& Sanowar Khan(Eds.),*Mathematical modelling*(*ICTMA12*)*education,engineering and economics*. Chichester:Horwood,2007:141 - 148.

② OECD. PISA 2012 assessment and analytical framework of mathematics [EB/OL]. [2016 - 03 - 01]. http://www. oecd-ilibrary. org/docserver/download/9813011ec003. pdf? expires = 1394686559&id = id&accname=ocid49026773&checksum=7D4B3464210A3A04826954CE88CB7107.

境、职业情境和科学情境。个人情境包括个体家庭或者团体面对的问题或挑战;社会情境聚焦于人存在的社区,即区域、国家乃至全球;职业情境集中于工作场合;科学情境与应用数学和自然或者技术世界相关。在建模过程中,情境本身或许并不重要,但我们将建模情境如此分类,能够较为全面地反映出个体进行数学建模所涉及的一系列广泛情境。

2. 内容范围

数学建模必须用数学的内容去解决现实情境的问题。一个问题的特征也包括蕴含在挑战中的数学现象的本质。PISA 2012 数学能力评价涉及四类主导内容:空间与形状、变化与关系、数与数量、数据与不确定性。① 然而,这四个类别在描述数学建模所用的具体数学知识时太过抽象,不容易识别。而我国义务教育阶段数学课程标准中,数学内容在中小学各学段分为数与代数、图形与几何、统计与概率以及综合与实践四大模块。② 这四块数学内容可以统摄义务教育阶段的 5 类常见数学模型③(根据数学表现形式)——算术模型(用运算表、向量等表示的模型)、代数模型(由变量、集合、函数、向量、矩阵或类似的对象构成的方程、不等式,或者方程或不等式的系统表示的模型)、图像模型(用表达某种函数依赖关系的图像表示的模型)、图形模型(用几何图形表示的模型)和混合模型。模型类型(数学表征的类型)的选择依赖于现实情境的特征。因此,我们将数与代数、图形与几何、统计与概率以及综合与实践作为数学建模内容范围的四个类别。

(二) 任务类型设置

前文综述的三种形式的测试各有利弊。由于本研究实施大规模测试受到时间的限制,我们选择了三道完整建模测试任务题,一方面可以判断学生在完成不同水平任务测试时的整体建模能力;另一方面,通过细致分析学生的解答情况,弥补无法直接单独考查学生某个特征能力的局限。如表 8.3 所示,根据学生完成建模步骤的情况,可

---

① OECD. PISA 2012 Assessment and Analytical Framework of Mathematics [EB/OL]. [2016 - 03 - 01]. http://www. oecd-ilibrary. org/docserver/download/9813011ec003. pdf? expires = 1394686559&id = id&accname=ocid49026773&checksum=7D4B3464210A3A04826954CE88CB7107.

② 中华人民共和国教育部. 义务教育数学课程标准(2011 年版)[M]. 北京:北京师范大学出版社,2011: 27.

③ Sekerák, J.. Phases of mathematical modelling and competence of high school students [J]. *The Teaching of Mathematics*, 2010, XIII (2): 105 - 112.

以细致考查学生在已完成的步骤上的特征能力。

表 8.3　完整建模测试中学生建模特征能力分析表

特征步骤	定　　义	学生解答情况
0→RS	学生无法理解具体的情境,不能识别出任何问题	空白或没有任何相关内容
步骤 1→SM	学生能够理解给出的现实情境,但是不能将情境结构化并简化问题,或者无法找到任何与数学之间的联系	有一些关于题目片段信息的处理,但是能看出学生没有完整的结构化情境,即无法看出题目中各部分信息如何以已知或未知的形式互相联系
步骤 2→RM	学生能够分析给出的情境,并在简化情境后发现某个真实模型,但不知道如何转化为数学问题	学生已经明确结构化情境,即可以用语言说出已知什么,要求什么,抓住现实模型的关键因素,但是没有转换出解题需要的完整的数学信息,或没有明确所要求解的数学问题,或没有数学求解的过程
步骤 3→SM	学生不仅能够找到某个真实模型,而且能够将其转化为数学问题,但是不能在数学世界中准确地解决这个数学问题	从学生的解答看,学生已经将现实问题转换成结构良好的数学问题,即已知条件、求解问题都很清晰,且表现为数学形式,开始用数学的语言进行求解
步骤 4→SR	学生能够从现实情境中找出数学模型,并且在数学世界中解决问题,得出答案	学生正确地求解出数学答案
步骤 5→RR	学生能够体验数学建模过程,并且结合现实情境,检验数学问题解答的合理性	学生考虑到答案的现实意义,并根据现实情境评估检验数学模型的合理性

(三) 数学建模能力水平

为了全面地调查学生的数学建模能力状况,测试题应该具有一系列难度,也就是说既包括能对能力最强的学生构成挑战的测试题,也包括适合能力最弱的学生的测试题。从测量心理学的角度,当试题难度与被测试对象的能力相匹配时,对该群体的测量是最有效的。最简单的测试题要求以一种直接的方式运用能力;最困难的测试题要求能力的复杂调用。

参考以上数学建模能力水平划分方式,本研究根据考查的重点,并为了区分其他数学内部能力,按照数学建模的关键环节即数学化的难易程度将数学建模能力水平划分为：直接套用标准模型，在一定限制条件下进行常规建模，以及针对复杂情境建模。

1. 直接套用标准模型

这个水平的能力包括练习知识的再现，即标准化考试和课堂测试所需要的那些常规数学过程、知识和技能。这些知识涉及常见问题和事实、等量识别、熟悉的数学对象和性质的回忆、常规程序的演练、标准算法和技能的应用、符号表达式的操作、标准形式的表述，以及运算。[①] 因此，数学建模能力水平的最基本层次就是能够在熟悉的情境下识别出标准模型，直接将现实情境翻译为数学模型，或者从已知模型给出解释或直接推导。在这个层次上，数学与现实的转化翻译关系很简单，对应也简单直接。

在学校数学课程学习中，学生经常会接触到一些标准模型，也会接触到很多能够直接套用这些标准模型的真实情境练习，这些都属于这个层次能力水平的体现。例如，上海市课程标准[②]中就明确要求学生熟悉基本的数学模型，"体验、探索具体问题中的数量关系和变化规律，能用代数式、方程、不等式、函数等进行描述"，并且"经历利用方程解决实际问题的过程，体会方程是刻画现实世界中一类数量关系和探索未知量的有效的数学模型"，"经历建立函数关系的过程，体会函数是反映两个变量相互依赖关系的数学模型，是揭示两个变量变化规律的有效工具"。这种能力类似于学生在熟悉的问题情境下重复以前学过的某个数学模型。

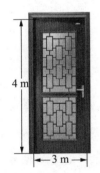

例题 8.7　过门框

一个门框的尺寸如图所示，一块长 6 m、宽 4.4 m 的薄木板能否从门框内通过？为什么？

解：根据勾股定理，门框长方形对角线为

$$\sqrt{4^2 + 3^2} = 5 \text{ m} > 4.4 \text{ m}$$

所以薄木板能从门框内通过。

① OECD. PISA 2009 assessment framework-key competencies in reading, mathematics and science［EB/OL］.［2016 - 03 - 01］. http://www.oecd.org/dataoecd/11/40/44455820.pdf.
② 上海市教育委员会. 上海市中小学数学课程标准（试行稿）［S］. 上海：上海教育出版社，2004.

"勾三股四弦五"的直角三角形是学生学习中熟悉的标准数学模型,本题中长 4 m 宽 3 m 的矩形对勾股定理的运用也具有强烈的提示作用,使学生能够从简单熟悉的情境中识别出可利用的标准模型直角三角形,利用勾股定理求解模型,是对标准模型的直接套用。

2. 在一定限制条件下进行

较高水平的数学建模能力是指在非常规但包含熟悉或准熟悉(认为是学生熟悉的)的情境下进行问题解决。[①] 问题情境虽然包含学生熟悉的情境,但题目形式却非常规,即学生对要求解的问题可能不熟悉,问题情境的背后看不出或者没有可以直接套用的数学模型,需要学生自己分析问题情境,独立建模。但这种建模却只是通常意义上的建模,即问题情境并不复杂,要求的变量、关系和约束清晰明确,最终分析使用的数学模型是学生所熟悉的。也就是说,学生可能只需要修改或使用已给的模型来适应变化了的条件,或者解释进一步推导的关系。在这个层次上,学生要完成建模,简单直接的对应或者套用已经无法解决问题,需要学生将具体的问题情境和自己熟悉的数学概念、结构、模型相联系,根据问题情境,对已有的数学模型进行适当的调整、修改、组合,才能使问题最终获得解决。

这个层次能力水平的学生虽然没有见过给出的问题情境,但是通过分析问题情境,调整、组合前面学过的数学模型可以使问题获得解决,而这整个过程并不是太复杂,需要考虑的因素在问题中基本明确清晰。

例题 8.8　跳伞[②]

当跳伞时,飞机飞到 4 000 多米的高空。从那儿,跳伞员从飞机跳下,先自由降落将近 3 000 米。在 1 000 多米高的时候,跳伞员打开降落伞,滑翔到地面。当降落的时候,风会从水平角度吹着飞行员前行。在不同阶段,风吹飞行员的偏离

① OECD. PISA 2009 assessment framework-key competencies in reading, mathematics and science [EB/OL]. [2016-03-01]. http://www.oecd.org/dataoecd/11/40/44455820.pdf.
② Schukajlow, S. & Krug, A.. Treating multiple solutions in the classroom and their influence on students' achievements and the affect-theoretical background and design of the quasi-empirical study [C]. ICME-12, 2012.

值如下：

风速	在自由降落时每 1 000 米水平滑行距离	在滑翔时每 1 000 米水平滑行距离
微风	60 米	540 米
中风	160 米	1 440 米
强风	340 米	3 060 米

求飞行员滑行的距离。

解题思路：在解决"跳伞"问题时，问题解决者必须先理解问题，简化和结构化情境模型。为了建构情境模型，问题解决者必须作出假设。主要的假设如下：在不同阶段水平偏离距离保持常数，在每个阶段，假设风速是微风、中风或者强风，为了数学化现实模型，必须确定直角三角形。用毕达哥拉斯定理算出这些直角三角形的斜边长并且相加，能够算出可以转译和检验的数学结果。

简单分析"跳伞"问题可见，解决建模任务有不同的方式。该题情境是学生熟悉或准熟悉的跳伞情境，然而所求的情境问题（滑行距离）却是非常规的，而且情境中并没有任何可用的数学模型的暗示，学生需要想象出飞行员在下降过程中向下的距离与横向风带动的距离所构成的直角三角形，要求的飞行员的滑行距离为至少两个直角三角形斜边长的叠加，但这种分析对于具有基本数学知识技能的学生还是较为容易的。情境中要求的变量、关系和约束是清晰明确的，最终分析使用的数学模型也是学生熟悉的——两个直角三角形的斜边长的直接叠加。这种情境问题对学生来说属于非常规，要求的变量、关系和条件清晰明确，学生要据此独立建模，是较高水平数学建模能力的体现。

3. 针对复杂情境建模

在这个层次上，学生在包含更多因素因而比练习显得更真实的情境下，解析问题、计划并实施问题求解策略，因此学生在问题解决过程中，所使用的程序、知识、技能都包含反思的成分。[①] 这个层次的问题情境通常很复杂，而且信息模糊，许多假设、变

① OECD. PISA 2009 assessment framework-key competencies in reading, mathematics and science [EB/OL]. [2016 - 03 - 01]. http://www. oecd. org/dataoecd/11/40/44455820. pdf.

量、关系和条件有待确定和重新定义;问题情境背后的数学模型不仅不可见,也不是将已有的模型进行简单修改、组合、调整就可以完成建模的,只有对问题情境有很多分析,对自己掌握的各种数学工具有深刻的理解,并且能灵活地与问题情境相结合,才能找到恰当的对应的数学,建立模型;根据所考虑因素的不同,可以制定不同的解题策略,使用不同的数学工具,建立不同的数学模型,因而需要学生在各种可能的求解中权衡重要因素,选择最恰当的数学模型。在这个层次上,学生要完成建模,反思问题情境中的各种因素,反思可以使用的各种数学工具,重新定义假设、变量、关系和限制等,然后才能将具体问题情境和自己熟悉的数学概念、结构、模型相联系,最终建立模型。

例题 8.9 灯塔[①]

在德国不来梅港岸边有一座"红沙"(Roter Sand)灯塔,建造于 1884 年,高 307 米,用来提醒看见灯塔的船已经靠近海岸了。船离海岸线多远时,海员将会第一次在地平线上看到灯塔?

解:

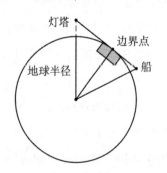

模型 1:地球作为球面,船看作点,灯塔和船之间可见。数学化就是建立现实情境的数学模型,灯塔的高度 $H = 307$ 米,地球半径 $R = 637$ 千米,S 作为要求的船和灯塔的距离。数学考虑显示有一个直角三角形,并且根据勾股定理得 $S^2 + R^2 = (R+H)^2$,因此 $S = \sqrt{2RH + H^2} \approx \sqrt{2RH} \approx 19.81\,\text{km}$。得到答案"约为 20 km"。

模型 2:

解 2:观察者站在 2.2 米高的船上甚至更高的瞭望台上,另外观察者自己也有高度,比如 1.8 米。使用勾股定理两次,一次是计算灯塔到边界点的距离,一次是计算人眼到边界点的距离。($h = 2.2 + 1.8 = 4$ 米)

要求的距离是灯塔顶到人眼的距离,$D = d_1 + d_2$,其中 d_1 是灯塔顶到边界点

① Blum, W & Borromeo, F. R.. Mathematical modelling: Can it be taught and learnt? [J] *Journal of Mathematical Modelling and Application*, 2009, 1(1): 45 - 48.

的距离，d_2 是观察者眼睛到边界点的距离，

$$d_1 = \sqrt{h^2 + 2Rh};$$

$$d_2 = \sqrt{H^2 + 2RH};$$

$$D = \sqrt{h^2 + 2Rh} + \sqrt{H^2 + 2RH};$$

$$D \approx 27\,013 \text{ m} = 27.013 \text{ km}.$$

灯塔以及灯塔作为靠近海岸线的预警是学生所不熟悉的情境，也是一个复杂的情境，包含着很多需要考虑的因素，学生需要考虑是把人看作一个海平面上的点，还是考虑把高出海平面一段距离的眼睛作为研究对象。问题情境背后的数学模型不仅不可见，也不是对已有的模型进行简单修改、组合、调整就可以完成建模的。学生要挖掘出隐含的地球是圆的这一看见灯塔的关键因素，能想象并且正确画出二维图，需要作适当的假设（地球画作圆 O，灯塔顶是圆外一点，假设可见度极好，没有障碍物，要求的距离可用可看到的最远点和灯塔顶的距离 s 来近似表达），发现直角三角形，运用勾股定理计算。根据把人看作一个海平面上的点，还是考虑高出海平面一段距离的眼睛，可以建立不同的模型，学生需要在这种选择中决策，并权衡各种模型。这里情境复杂，需要学生在复杂情境中挖掘出隐含的信息，需要重新定义假设、变量、关系和限制等，然后在情境和数学的反思上，权衡、建立模型，属于最高水平的建模。

综合上述数学建模能力三个层次的分析，本研究将数学建模能力从低到高分为再现、联系和反思三个水平，其具体表现形式可结合测评框架具体描述为：

水平一（记忆与再现）：能够在熟悉的情境下识别出标准模型，直接将现实情境翻译为数学模型，即再现标准数学模型。

水平二（联系与变式）：在情境熟悉但问题非常规，并且要求的变量、关系和约束清晰明确的问题情境中，学生需要将具体问题情境和自己熟悉的数学概念、结构、模型相联系，根据问题情境，对已有的数学模型进行适当的调整、修改、组合，建立模型。

水平三（反思与拓展）：在复杂情境中，考虑情境中的各种因素，反思可以使用的各种数学工具，重新定义假设、变量、关系和限制等，然后才能将具体问题情境和自己熟悉的数学概念、结构、模型相结合，创建模型；检验、评价并且比较模型。

二、测评工具的开发

根据建模能力测评框架的建构原则,可以从五个维度考虑设计建模测试任务的编制。以下是各个维度上设计建模测试任务的考虑因素:

(一) 情境维度

数学建模的任务具有情境性,这种情境越逼近真实世界的情况越好,也就是背景不容易剥离,情境信息有时多余、有时不完整、有时隐含。

布鲁姆等人将建模与应用题划分了等级:[①]

(1)学校里的那些传统的文字题,只是用现实世界的辞藻给纯数学问题加了层"外衣",在这种情况下,所谓的数学建模只是"去掉外衣"(自然语言翻译成数学语言)。

(2)那些"标准应用",即适合的数学模型就在手边,如根据邮递要求,求出最大容积的圆柱包装,这样的问题解决不需要更深入地考虑已给真实世界的背景,这层背景能够很容易被剥离掉,从而成为在规定限制下求圆柱体最大容积的纯数学问题,翻译是直接的。以上两种情境都是很容易被剥离的,因此情境到数学的翻译就非常简单直接,所以都不属于真正意义上的建模。

(3)"建模题",即包含整个建模过程的来自现实的问题,如"在大学校园里的一条路上确定减速带的最佳位置"。这里只有情境,没有任何关于数学的提示,问题必须得到再一步明确,然后形成数学模型并解决和解释问题,初步的解答要在数学和背景下进行评估,最后得出结论。在这样的问题中,整个建模循环都被包含进去,才叫作建模。

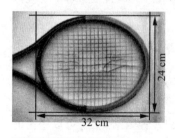

例题 8.10 网球弦

假设你需要为一个网球中心商店里的工作人员提供帮助,请问如何对网球拍进行快速测量,从而计算出重新网好一个网球拍需要多长的弦?

---

① Blum,W.,et al.(Eds.). *Modelling and application in mathematics education:The 14th ICMI study* [M]. Berlin:Springer,2007:451-456.

该题中,学生要在真实与简化之间保持一种恰当的平衡,不能以最长的直径或者最短的弦去计算所需要的弦长,虽然所需要的弦长介于两者之间,还要考虑各个连结点的所用弦线。正是因为解决该题时需要在现实情境与数学世界之间来回反复考虑,使得该任务的背景无法轻易被剥离,因而这是一道真正意义上的建模题。

另外,建模的真实情境所给出的信息往往不可能是刚刚好,既不多也不少的,也不可能都是很明确的,这才符合建模的真实情况。所以,在编制建模测试任务时,往往可以把情境的信息设置得多余或不够,并将一些必要的信息隐藏起来。这就需要学生去挖掘出隐藏的信息,舍弃多余的信息,通过假设补充不完整的信息,这才是建模的真实过程。例如"跳伞"题目中,风速就是一个不明确的条件,需要学生自己去假设,使建模所需要的条件变得完整。

(二) 内容维度

在真实的建模中,建模情境下的数学内容通常是看不见的。换句话说,不同的人由于储备的数学知识不同、数学视角不同,他们从情境中看到的数学概念、数学结构是不同的。一道真正意义上的建模题,对建模所需要使用的数学是没有任何暗示或者提示的,甚至不同的人可以建构不同的数学模型,这才是真正意义上的一道好的数学建模题。

例题 8.11　稻草堆的高度[①]

在夏天结束的时候,农夫常将稻草捆成筒状,堆积在一起。图中的稻草捆从最底层到最顶层依次有 5 捆、4 捆、3 捆、2 捆和 1 捆。请尝试尽可能精确地估算整个稻草堆的高度。

解:假设图片中女子身高 1.7 米,并且刚好和一捆稻草一样高。因此一捆稻草的直径就是 1.7 米。

① Kaiser, G.. Mathematical modeling in school: Examples and Experiences [EB/OL]. [2019 - 04 - 08]. http://math. nie. edu. sg/ame/mtc09/pdf/Gabriele-keynote-2009-find. pdf.

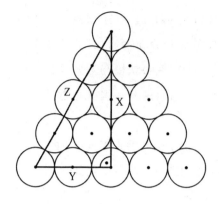

模型 1：稻草堆差不多是女子身高的 4 倍，因此稻草堆的高度是 $4 \times 1.7 = 6.8(\mathrm{m})$，近似 7 米。

模型 2：使用勾股定理，用如图所示的方法计算。

$$X = \sqrt{Z^2 - Y^2} = \sqrt{(4d)^2 - (2d)^2} \approx 5.89(\mathrm{m})$$
$$H = X + d = 7.59 \text{ 米} \approx 7.6(\mathrm{m})$$

结论似乎是合理的。两种建模方法算出的稻草堆的高度都小于 5 倍稻草堆的高度。

能看出情境中蕴含的简单倍数关系（如模型 1）的学生通常占大多数，但是这道题本身并没有关于所需要用到的数学模型的暗示，所以一个能想象整个画面、具有全局观，并且对直角三角形具有强烈感觉的学生，可能会将情境翻译为模型 2 的数学模型。因此，这是一道好的数学建模测试题，并且能够区分出那些具有不同水平数学能力的人。

（三）过程维度

数学建模不同于一般的数学问题解决，它有着很独特的从现实情境到数学世界的建模循环，尤其是其中的数学化环节，即把现实情境的问题"翻译"为数学问题，进而建立数学模型。所以，在编制数学建模测试任务时，一定要注意包含数学建模的关键环节：现实情境—现实模型—数学模型。

例题 8.12　建造铁路轨道

如图是一张铁路轨道的图片，你能估算出要建造照片中的铁路轨道，需要移走多少土吗？

解题思路：建造铁路轨道，需要移走土。为了协调建造工程，必须计算出需要移走多少土，从而知道需要多少拖拉机，这个问题具有现实意义。要解决这个问题，首先就要算出壕沟的体积。但是如何计算呢？壕沟的形状不像学生在学校里常常接触到的那些几何体，但可以将其近似为棱柱体。所以，就可以得到下面的结果：棱柱体的体积等于梯形面积乘以壕沟的长度 $V_p = A_t \cdot l = \frac{1}{2}(a+c) \cdot h \cdot l$。

学生可以通过估算、测量或者假设得到具体的数据，从而得到需要移走的土的体积。

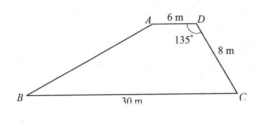

例题 8.14　求水库的体积

水库大坝的横截面是梯形 $ABCD$，坝顶 $AD=6$ m，斜坡 $CD=8$ m，坝底 $BC=30$ m，$\angle ADC=135°$，如果坝长 100 m，那么建筑这个大坝共需多少土石料？（结果精确到 0.01 m³）

上面两道题，需要运用同样的数学知识——求横截面为梯形的棱柱体的体积。然而"建造铁路轨道"设置在真实的情境下，需要学生从现实情境中"看"出数学，将壕沟的形状近似为学校里学过的棱柱体，而且需要思考如何得到需要的数据，也就是经历从现实情境到数学世界的"数学化"过程，这是一道数学建模题。而"求水库的体积"，已经是非常具有数学形式的问题，明确地给出了梯形的上底、下底、斜边、角度，也给出了棱柱体的长度，只是让学生套用棱柱体体积的计算公式，没有从现实情境到数学的"数学化"环节，是一道典型的学校里的数学求解问题，不属于建模题。因此，我们可以看出，在学校数学教学中，学生接触到的大量数学题都是类似于"求水库的体积"这样的题，即数学形式非常明确的问题，不需要学生经历从现实到数学的翻译。我们在编制建模任务时，可以去寻找这些数学题的背景、来源，还原真实情境，使得题目具有从现实情境到数学模型的"数学化"过程。

(四）任务类型设置维度

在编制数学建模能力测试题时,同样需要考虑建模能力测试形式和任务类型设置。建模能力测试目前主要有三种形式:三类单个建模特征子能力测试题和整体建模能力测试题两种类型的测试题组合;逐个步骤引导的完整建模能力测试题;开放题形式的完整建模能力测试题。这三种测试形式各有利弊,可以根据测试目的、被试学生的能力水平,以及测试时间等因素具体选择某种或某几种测试形式。

(五）建模水平维度

根据建模测试任务中,数学建模关键环节"数学化"的复杂程度,可以将数学建模任务分为三个水平:

水平一(记忆与再现):直接套用标准模型;

水平二(联系与变式):在一定限制条件下进行常规建模;

水平三(反思与拓展):针对复杂情境建模。

在编制建模测试任务时,应尽量涵盖三个水平,使得测试任务适应不同建模能力水平的学生。

根据情境、建模过程、任务类型设置、建模水平分类描述,结合数学内容,本研究编制了一套数学建模能力测试卷。测试卷分为学生信息和测试题两个部分,其中学生信息包括姓名、性别、学校、班级、最近一次期中考试数学成绩。

经过两次预测和课题组的讨论会,正式施测的测试题共有三道题,涉及的数学内容包括"数与代数"和"图形与几何"两个领域,在现实情境下激发学生通过完整建模,以主观解答题的形式展示自身拥有的数学建模能力水平。测试题分布如表 8.4 所示。

表 8.4　义务教育阶段学生数学建模能力正式测试试卷结构

任务名称	情境	数学内容	拟定水平	测试形式	答案分析
试题 8.1 拉面有多长	个人生活	数与代数	水平一	完整建模 主观解答题	双重计分

任务名称	情境	数学内容	拟定水平	测试形式	答案分析
试题 8.2 巨人鞋	公共生活	图形与几何/数 与代数	水平二	完整建模 主观解答题	双重计分
试题 8.3 汽车加油	科学情境	数与代数	水平三	完整建模 主观解答题	双重计分

三、数学建模能力测评的实施

正式测试时间为 2013 年 5 月中旬至 6 月初,课题组选取了来自 26 个学校的 1 172 名八年级学生进行了测试,要求学生在 40 分钟内完成纸笔测试。

表 8.5　测试对象情况分布

区域	地区	学校数(所)	班级数(个)	学生数(人)
西北	新疆	3	3	107
华中	郑州	6	6	237
华北	北京	4	4	254
西北	陕西	1	2	120
华东	上海	3	3	111
华南	广州	3	3	84
东北	大连	3	3	113
西南	成都	3	3	146
	合计	26	27	1 172

四、数据编码与整理

(一) 测试题的编码

对学生测试答案的编码分析参考 TIMSS 的双重计分制,即学生在每一题上的表现会对应一个两位数分数,其中第一个数字表示回答的情况,第二个数字表示一个诊断性编码,以确定特殊的表征方式、解题策略、常规的错误或误解。①

因此,每个学生在每道测试任务上的表现用二重编码记录,即学生完成建模特征步骤_学生的回答类型。以下是 3 道测试任务及各自的编码表。

试题 8.1 拉面有多长②

拉面是中国西北地区著名的风味小吃。拉面师傅将一团和好的面揉搓成一根长条后,手握两端用力拉长,然后将长条对折,再拉长,再对折,每次对折称为一扣,如此反复操作,连续拉扣 7 到 8 次后便成了许多细细的面条。假如拉了 4 扣,请你估计此时这些拉面加起来共有多长?

参考答案:一根拉面长略小于师傅的臂展,可假设一根拉面约为 1.5 m 长,拉 4 次共有 2^4 根,则拉面长为 $1.5 \times 2^4 = 24$ m,即拉面约有 24 米长。

表 8.6 试题 1"拉面有多长"评分表

特征能力	题型	数学内容	拟定水平	问题情境
完整建模能力	主观解答题	数与代数	水平一	个人生活

水平描述:本题背景是学生熟悉的个人生活情境,有可以直接套用的标准数学模型,即数学模型是学生在学校学习中常常遇到的指数模型,因此学生可以直接从现实翻译出数学模型,即直接套用标准模型,属于水平一

		编码 1 学生完成建模步骤	编码 2 学生解答类型
双重计分	0	学生无法思考现实情境与数学之间的关系。	空白或没有任何相关内容
	1	学生能够认清给出的现实情境,尝试将该情境结构化,以便找出数学模型,但是无法找到与数学相关的线索	学生能够用文字叙述算出拉面根数,乘以一根拉面的长度
	2	学生能够提出一个合理的假设,并且能够找出一个真实模型,但是不知道如何转化为数学问题(数学文字题)	学生能够尝试算出拉面的根数,或者试图找到拉面根数与拉面次数的关系

---

① 鲍建生,周超. 数学学习的心理基础与过程[M]. 上海:上海教育出版社,2011:207—209.
② 徐斌艳主持的研究生课程"数学学习的理论与实践"的相关资源。

	编码 1 学生完成建模步骤	编码 2 学生解答类型
3	学生不仅能够找到某个真实模型，而且能够将其转化为数学问题，但是不能在数学世界中准确地解决这个数学问题	学生能够发现拉面根数与拉面次数之间可能存在的指数关系，根据拉面的次数算出拉面的根数，乘以一根拉面的假设长度，得到拉面总长度；其中，指数关系存在错误，或者算式存在错误；如拉面根数算成 2^3 或 $2\times$臂展$\times 2^4$
4	学生能够从现实情境中提炼出合理的数学模型，并且在数学世界中解决问题，但是忽略了与现实情境的联系	学生能够假设出一根拉面的长度，并根据拉面根数与拉面次数的指数关系，正确计算出拉面的总根数 2^4，用乘法算出总拉面长度（说明：假设一根拉面长为 0.5 到 2 米之间都算对；用字母表示一根拉面的长度，或用文字表述臂展长度为一根拉面长度都算对）
5	学生能够经历完整的数学建模过程，并且结合现实情境，检验数学问题解答的合理性	学生能够返回检验结果是否符合现实情境；完成数学计算之后能够将得到的数字估算为整数并添加单位

试题 8.2　巨人鞋[①]

菲律宾一个体育运动中心里有一双巨大的鞋，吉尼斯世界纪录称这双鞋是世界上最大的鞋，每只鞋长 5.29 米，宽 2.37 米。大概多高的巨人适合穿这双鞋？请说明理由。

参考答案：根据规律可知身高一般是脚长的 7 倍，5.29×7＝37.03 米，所以大约 37 米高的巨人适合穿这双鞋。

表 8.7　试题 8.2"巨人鞋"评分表

特征能力	题型	数学内容	拟定水平	问题情境
完整建模能力	主观解答题	图形与几何/ 数与代数	水平二	社会生活

---

① Blum，W & Borromeo，F. R.. Mathematical modelling：Can it be taught and learnt? ［J］ *Journal of Mathematical Modelling and Application*，2009,1(1)：45 - 48.

水平描述:本题背景是学生熟悉的个人生活情境,然而没有可以直接套用的模型。虽然存在一个倍数关系模型,需要学生结合鞋子长和身高的关系作出调整才可用,因此需要学生自己探索或假设鞋子参数和巨人身高的数学关系,属于在限制条件下建模,为水平二

		编码 1 学生完成建模步骤	编码 2 学生解答类型
双重计分	0	学生无法思考现实情境与数学之间的关系	空白或没有任何相关内容
	1	学生能够认清给出的现实情境,尝试将该情境结构化,以便找出数学模型,但是无法找到与数学相关的线索	学生能够用长方形表示鞋子;写出鞋长;计算鞋面积
	2	学生能够提出一个合理的假设,并且能够找出一个数学模型,但是不知道如何转化为数学问题(数学文字题)	学生能够假设鞋长/鞋面积与身高成比例,但仅仅通过数字表示或文字说明,未出现数学问题及解决过程
	3	学生不仅能够找到某个真实模型,而且能够将其转化为数学问题,但是不能在数学世界中准确地解决这个数学问题	通过测量或者估算自身鞋长/鞋面积与身高的比例,并根据所得比例计算巨人的身高
	4	学生能够从现实情境中找出数学模型,并且在数学世界中解决问题,但是忽略了与现实情境的联系	学生能够合理计算出结果
	5	学生能够经历完整的数学建模过程,并且结合现实情境,检验数学问题解答的合理性	学生能够返回检验结果是否符合现实情境

试题8.3　汽车加油①

林先生住在上海某地,距离上海最近的加油站10公里,而距离苏州边界一加油站80公里,他打算开着大众CC1.8T车到苏州去加油。当日苏州边界汽油的价格是7.61元/升,而上海的汽油价格是8.04元/升,林先生是否值得前往苏州边界去加油呢?请论证你的回答。下表是大众CC1.8T车的参数。

---

① 徐斌艳.数学课程改革与教学指导[M].上海:华东师范大学出版社,2009.

品牌:	一汽-大众	车长(mm):	4 799
级别:	中型车	车宽(mm):	1 855
发动机:	1.8 L 118 kW	车高(mm):	1 417
变速箱:	7挡双离合变速箱	轴距(mm):	2 712
长×宽×高(mm):	4 799×1 855×1 417	车重(kg):	1 535
车身结构:	4门5座 三厢轿车	最小离地间隙(mm):	—
上市年份:	2012	车身结构:	三厢轿车
最高车速(km/h):	215	车门数:	4
0—100加速时间(s):	—	座位数:	5
工信部油耗(L/100 km):	7.8	油箱容积(L):	70.00
官方综合油耗(L/100 km):		行李箱容积(L):	532
保修政策:	2年6万公里	行李箱最大容积(L):	532

参考答案:

解:$K = K_{上海} - K_{苏州}$(K 为支出的费用)

$K_{上海}$ = 8.04 元/升×70升+8.04 元/升×20 千米×0.078升/千米(在上海加油需要的直接开支)

$K_{苏州}$ = 7.61 元/升×70升+7.61 元/升×160 千米×0.078升/千米(去苏州加油需要的直接开支)

$$K = 575.34 - 627.67 < 0$$

答:开车到苏州加油要多花费52元,是不值得的。

这个模型是合理的,但却不是最简洁的。其实可以估算去苏州加油要多行驶140公里,将多消耗12升左右汽油,而70升的汽油费仅省28元,因此到苏州加油明显是不合算的。

这个模型还没有考虑另外一些重要的因素,例如过路费、汽车的损耗或者时间的消耗,考虑到这些因素,去苏州加油就更不值得了。

表 8.8 试题 8.3"汽车加油"评分表

特征能力	题型	数学内容	拟定水平	问题情境
完整建模能力	主观解答题	数与代数	水平三	科学情境

水平描述:本题背景是学生不熟悉的社会生活场景——汽车加油,没有可以直接套用或者进行适当调整就可以用的数学模型,需要学生自己探索复杂的情境,重新定义假设、变量、关系以及限制条件,然后独自建立数学模型。也许学生会发现可以建立多个模型,所以还需要检验、评价并且比较这些模型,属于水平三

		编码 1 学生完成建模步骤	编码 2 学生解答类型
双重计分	0	学生无法思考现实情境与数学之间的关系	空白或没有任何相关内容
	1	学生能够认清给出的现实情境,尝试将该情境结构化,以便找出数学模型,但是无法找到与数学相关的线索	没有数学,如只说太浪费时间、油耗大、过路费等,不具有操作性的叙述
	2	学生能够提出一个合理的假设,并且能够找出一个真实模型,但是不知道如何转化为数学问题(数学文字题)	学生能够用文字语言描述比较开车油耗和加油费用;尝试计算比较开车油耗,或加油费用;尝试比较到苏州加油所省的钱,或到苏州加油的油耗就得出结论
	3	学生不仅能够找到某个真实模型,而且能够将其转化为数学问题,但是不能在数学世界中准确地解决这个数学问题	根据所给的油耗、油箱容量、路程分别计算单程/来回双程去苏州加油和在上海加油的油耗,加油费用,并比较计算单程/来回双程要使得加油所省的钱大于油耗的钱,需要的油箱容积大于 70 升
	4	学生能够从现实情境中找出数学模型,并且在数学世界中解决问题,但是忽略了与现实情境的联系	考虑到去加油前剩下的油,和加满油回程中将消耗掉的汽油;分别计算去苏州加油和在上海加油的油耗、加油费用;用苏州和上海各自的加油费用除以各自回来后油箱中所剩的油,得到两地加油的单位费用,并进行比较
	5	学生能够经历完整的数学建模过程,并且结合现实情境,检验数学问题解答的合理性	返回检验结果是否符合现实情境,知道假设的局限性,考虑所花的时间、汽车磨损、过路费等现实中需要考虑的问题,辅助数学求解的结果,得出"去苏州加油"值不值得的建议

(二)对编码数据整理的标准

在本次测试中,学生每题的表现都会有相应的编码,以表示在该水平的数学建模测试任务上所完成的数学建模步骤,及其回答问题的类型。对学生的能力水平分类如表 8.9 所示,假如学生属于第三类,说明他的数学建模能力水平属于高水平;类似地,若学生属于第一类,那么他的数学建模能力水平较低。

表 8.9　义务教育阶段学生数学建模能力水平分类表

编码	数学建模能力水平	标　准		
		水平一测试题达到步骤 4	水平二测试题达到步骤 4	水平三测试题达到步骤 4
0	第零类	✕	✕	✕
1	第一类	✓	✕	✕
2	第二类		✓	✕
3	第三类			✓

注：✓表示特定水平的任务达到步骤 4；✕表示特定水平的任务没有达到步骤 4。

第四节　研究结论

一、数学建模能力水平分析

（一）数学建模能力水平分布

经过对编码后数据的分析，得到学生的数学建模能力水平的总体情况。

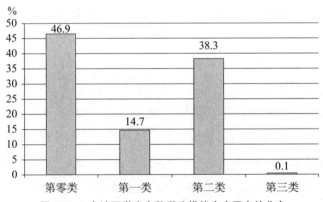

图 8.6　8 个地区学生在数学建模能力水平上的分布

由图 8.6 可以发现 46.9％的学生无法在任何一道建模测试任务上达到建模步骤 4。其次，有 38.3％的学生能够在水平二的建模测试任务"巨人鞋"上达到建模步骤 4，而在水平三的建模测试任务"汽车加油"上无法达到建模步骤 4。另外，14.7％的学生能够在水平一的建模测试任务"拉面有多长"上达到建模步骤 4，而在另外两道题上无法达到建模步骤4。最后，仅有0.1％的学生能够在水平三的建模测试任务"汽车加油"上达到建模步骤4。

由图8.6可以知道，46.9％的学生在三道建模题中任何一道上都不能达到建模步骤4。处于这个水平的学生占了将近一半，原因可能在于学生没有接触过数学建模题，不知道从何着手，如何解答。

除掉这将近一半的学生没有给出解答或没有任何相关解答之外，剩下的学生都进行了部分或完整的数学建模活动。例如，38.3％的学生能够达到第二类建模能力水平，也就是在水平二的建模测试任务"巨人鞋"上，完成建模步骤4或以上。这些学生不仅理解了问题情境，假设了人的鞋长/鞋面积与身高成比例（现实模型），而且通过测量或者估算自身鞋长/鞋面积与身高的比例，并根据所得比例计算巨人的身高（出现具体的数学问题解答，已经有合理的数学模型），而且达到步骤4，合理计算出数学结果。这类学生在水平一的建模测试任务"拉面有多长"上，可能达到建模步骤4，或者没有达到；在水平三的建模测试任务"汽车加油"上，不能达到建模步骤4；但是在水平二的建模测试任务"巨人鞋"上能进行建模活动，并相对完整，符合"修改或使用已给的模型来适应变化了的条件，或者解释进一步推导的关系。在有限制和清晰表达约束的情况下选择熟悉的模型，在要求的变量、关系和约束清晰明确的情况下创造模型"，属于第二类建模能力水平。

14.7％的学生达到第一类建模能力水平，即在水平一的建模测试任务"拉面有多长"上能达到建模步骤4。这些学生不仅理解了问题情境，而且识别了拉面次数与拉面根数的指数关系（这是数学学习过程中的标准模型），在解题过程中直接套用该标准模型，假设出一根拉面的长度，并正确计算出拉面的总根数，用乘法算出总拉面长度（合理求解了数学模型）。这类学生在建模测试任务"巨人鞋"和"汽车加油"上都不能达到建模步骤4，即学生只能从熟悉情境中识别标准模型，直接对应套用求解，而无法在一定的限制条件下进行建模，或者无法针对复杂情境建立某个模型，在建模过程中需要重新定义假设、变量、关系以及限制条件。符合"在一些任务中，不需要数学化——要么问题已经足够具有数学形式，要么解决问题不需要考虑模型和情境之间的关系。当问题解决者需要从已知模型中解释和直接推导，或者直接从情境翻译到数学（比如以适当的方式对情境结构化和概念化，确定和选择适当的变量，收集适当的测量,或者制作图表)时,需要用到形式最简单的数学化",属于第一类建模能力水平。

剩下还有 0.1% 的学生达到了第三类建模能力水平,即在水平三的建模测试任务"汽车加油"上能达到步骤 4。这些学生不仅理解了问题情境,而且能考虑到汽车加油复杂情境中的各种因素,通过分析进行适当的假设,选择合适的数学工具,建立数学模型并求解。他们能考虑到去加油前剩下的油,和加满油后回程中将消耗掉的汽油;分别计算去苏州加油和在上海加油的油耗、加油费用;用苏州和上海各自的加油费用除以各自回来后油箱中所剩的油,得到两地加油单位费用,并进行比较。这类学生也许正确解答了建模测试任务"拉面有多长"和"巨人鞋",也许没有,但是他们能够在建模测试任务"汽车加油"中达到步骤 4,符合"在许多假设、变量、关系和限制有待确定和定义的情况下,创造或者解释模型,检查模型是否满足任务要求,权衡和比较不同的模型",属于第三类建模能力水平。

(二) 数学建模能力水平地区差异

本研究选择了东北、华北、华东、华南、西北、四南等八个地区的代表性学校,对相关学生进行数学建模能力水平的测评。从数据看,学生的数学建模能力水平显示出地区差异。

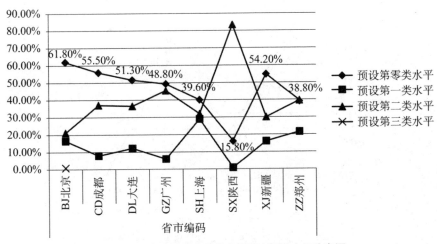

图 8.7　8 个地区学生数学建模能力预设水平分布图

根据预设水平标准,北京地区出现了水平三的少数学生。

从达到第二类建模能力水平的情况来看,陕西地区的学生数学建模能力水平最高,有超过80％的学生达到了第二类数学建模能力水平;从达到第一类或第二类建模水平的情况来看,陕西有超过80％的学生达到了第一类或第二类数学建模能力水平,上海、郑州均有约60％的学生达到了第一类或第二类数学建模能力水平;北京、成都、大连、新疆地区都有超过50％的学生处于第零类数学建模能力水平,其中北京地区超过60％学生处于第零类数学建模能力水平。这可能反映真实的数学建模能力水平确实低,也有可能与学生解答问题的态度是否认真有关,还可能与评定建模水平的预设方式有关。

根据IRT计算结果,将学生的数学建模能力划分为三个水平,得到8个地区学生的数学建模能力水平分布。

(三) 数学建模能力水平性别差异

有研究指出在九年制义务教育阶段内数学能力的性别差异总体上不存在显著性[1],但在空间想象能力、逻辑推理能力以及抽象概括能力方面存在显著差异[2]。那么对于数学建模能力而言,会存在性别差异吗? 从数据看,男女生性别差异都不显著。

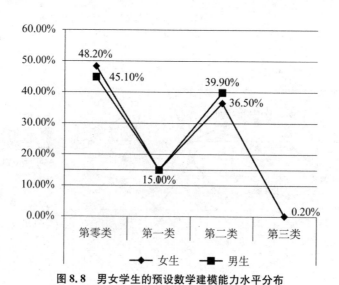

图8.8 男女学生的预设数学建模能力水平分布

① 范叙保,汤炳兴,田中. 数学能力成分的性别差异测试分析[J]. 数学教育学报,1999,8(4):70—73.
② 范文贵,李伟华. 西方数学学习性别差异研究述评[J]. 比较教育研究,2008(9):77—82.

二、建模特征能力分析

根据学生在三个建模测试任务上完成的建模步骤,得到图8.9。

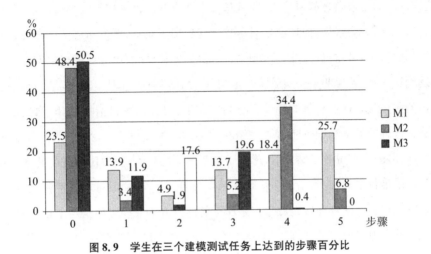

图8.9 学生在三个建模测试任务上达到的步骤百分比

从图8.9中可以看出,除了拟定为水平一的建模测试任务"拉面有多长"之外,在另外两道建模测试任务"巨人鞋"和"汽车加油"中,将近一半的学生都停止在第0步,即空白或者没有任何相关内容。

对于试题8.1"拉面有多长",25.7%的学生达到步骤5,即不仅能假设一根拉面的长度,并正确计算出拉面的总根数,用乘法算出总拉面长度,而且还返回检验结果是否符合现实情境。23.5%的学生解答为空白或者没有任何相关内容。试题8.1任务的问题情境中蕴含着一个标准的数学模型,即"拉面根数与拉面次数的指数关系"。达到步骤1的学生只了解到整个问题的结构,知道用一根拉面的长度乘以拉面根数,但是没有意识到问题解决的关键在于求出拉面的根数。达到步骤2的学生已经开始尝试求拉面根数与拉面次数的关系,但是这种尝试还没有接触到数学的层面,还在图片、实物或语言层面,比如用文字写出或者用图画出。达到步骤3的学生,已经在用数学的语言思考、解决问题,发现了拉面根数与拉面次数的指数关系,提炼了数学模型,但是这种数学模型带有错误,例如指数多了1或者少了1,等等。而达到步骤4的学生提炼出了合理的数学模型,并进行正确的求解,但是未能联系实际,表现在解答过程中就是有很长的小数位数,或是解答结果没有单位、没有与现实联系、没有考虑到解答结果的现实意义。

　　试题8.2任务的解答情况不如试题8.1。将近一半的学生空白或者没有任何解答,这或许因为看似熟悉的情境中,问题却有点非常规。很多初中八年级学生没有"身高与鞋长成比例"的常识,而且学生对于数学建模很不熟悉,更不知道在这样一个条件不完整的题目中,可以自己作出合理的假设,例如鞋长/鞋面积与身高成比例。如果学生能达到这一步,就说明学生头脑中已经有了"比例"的这个现实模型。然后,学生通过具体的测量或者评估自身的鞋长与身高的比值,再带入题目情境,这时学生已经达到了建立合理的数学模型的步骤3。有34.4%的学生可以正确求解模型。但只有少数学生(6.8%)在求得数学结果后,思考了数学答案的现实意义,比如将带有多位小数的数学结果进行估算,或者给出一个现实结果的可能区间,而且标注了单位,然后思考数学答案在现实中的合理性,表述为"这样鞋长的巨人的身高可能是这个数值的"。

　　试题8.3拟定为水平三,在三道建模测试任务中的解答情况最糟糕。这道题情境复杂,涉及的因素很多,学生需要在复杂的情境中重新定义条件、假设,然后找到合理的数学模型求解。17.6%的学生止步于步骤2即构建现实模型,也就是说他们能够从生活常识的角度,考虑汽车油耗和能节省的汽油费。学生在将汽车油耗和能节省的汽油费数学化的时候遇到困难,这是因为这道题目不是求油耗和节省汽油费那么简单直接的数学问题,其中很多条件缺失或被隐藏,例如学生需要发现油箱容积,需要决定是否考虑单程/双程、是否考虑汽车原来所剩下的油,还需要考虑是否值得的评价标准——是考虑加满油全程所花费的钱,还是计算单位加油费用。涉及这么多需要考虑的因素,而且不同的因素将导致建立不同的数学模型,因此学生难以达到步骤4或步骤5也很正常。

　　从图8.9中可以看出,学生在三道对应不同能力水平的建模测试任务上的表现呈现一定的梯度。对于试题8.2和试题8.3,将近一半的学生解答空白或者没有任何相关内容。对于试题8.1,18.4%和25.7%的学生能够分别达到步骤4或者步骤5。对于试题8.2,将近40%的学生能够达到步骤4或者步骤5。而对于试题8.3,只有19.6%的学生达到步骤3,0.4%的学生达到步骤4或者步骤5。

第九章 数学核心能力测评及其结论

本书前面各章针对数学核心能力框架中的六大核心能力成分,即数学问题提出能力、数学问题解决能力、数学推理与论证能力、数学表征与变换能力、数学交流能力、数学建模能力进行了全面细致的分析。一方面阐述了各个核心能力的研究现状;另一方面构建出相应的能力测评模型,编制测评任务,进行施测,最后构建测评数据分析框架。此外,在对测评数据进行统计分析后,进一步描述了八年级学生在这六大核心能力成分上的表现。本章基于完整的测评数据,侧重分析学生数学核心能力的整体表现,以及各能力成分上的差异性表现。

第一节 研究问题与方法

一、研究问题

本项目第一阶段的工作是在国际比较研究的基础上,根据数学学科的基本特征,结合我国数学教育特色,建构数学核心能力模型(见图 2.2)。在建构能力模型的基础上,课题组进一步开发可测量的行为指标体系(见表 2.2)和测评工具,进行测试研究,旨在回答如下问题:

(1) 我国八年级学生数学核心能力的水平表现如何?

(2) 不同地域间学生的数学核心能力存在怎样的差异?

(3) 不同性别间学生的数学核心能力存在怎样的差异?

二、研究方法

(一) 被试的选取

本研究选取八年级学生作为主要的测试研究对象。其中一个重要原因是,很多有关学生数学学科学业成就的大型国际比较研究(包括 TIMSS 和 PISA)皆以八年级为其重点研究对象。这不仅为本研究的开展提供了一个良好的理论与实践的基础;更为本研究提供了一个以国际视野审视我国学生数学核心能力的契机,帮助我们更深入地了解我国学生的数学学习现状。

考虑到我国各地区经济发展水平的不平衡可能会对学生数学核心能力水平造成差异,本研究团队在选取被试样本时采用了分阶段整群抽样的方法:首先,基于城市的地理位置(包括华东、西北、华中、西南、华南、东北及华北)及相应的经济发展水平(包括发达、中等发达、欠发达等)确定 8 个具有代表性的城市;第二,在每个城市中,由当地的教研员或师范院校的同行根据所在地学校的综合水平推荐至少 3 所中学(分别为优秀、中等、薄弱);第三,在每个样本学校中,任意选取 2—3 个整班学生参加测试。从这个意义上说,本研究的被试样本较完整地覆盖了我国八年级学生的整体能力分布域(competency spectrum),这为项目分析的精确性提供了一定的保障。表 9.1 列出了本研究中参加数学学科六大核心能力测试所对应的被试学生样本的具体分布情况。

表 9.1　数学核心能力测试的被试学生分布(按能力类别及地区经济发展水平排序,单位:人)

	发达地区			中等发达地区		欠发达地区			合计
	A(4)	D(3)	E(3)	B(3)	C(3)	F(3)	G(3)	H(6)	
C 数学交流能力	171	80	107	137	119	180	154	244	1 192
E 数学表征与变换能力	167	92	109	146	119	158	153	253	1 197
M 数学建模能力	254	84	111	146	113	120	107	237	1 172
P 数学问题提出能力	174	80	121	153	114	176	145	247	1 210
R 数学推理与论证能力	149	92	118	143	124	178	166	247	1 217
S 数学问题解决能力	159	86	109	147	118	177	131	258	1 185
合计	1 074	514	675	872	707	989	856	1 486	7 173

注:城市编码按拼音首字母排序,括号中的数字表示所在城市参与调查的学校数,其中城市 F 在 M 能力上的测试数据仅在两所中学有效。

(二) 测评工具的设计及预测

课题组依据可操作的行为指标(见表 2.2),采用新编或改编陈题的方法,在每一个预设的能力水平上设计出 3—4 个问题,包括填空及简答两种题型。

对于初设的测试题,研究团队成员联系本地或附近地区(即江浙地区)学校进行了至少两轮预测,被试学生包括八年级和九年级学生,以检验所编制的测试题与目标年级(即八年级)的匹配程度。

在预测阶段,研究团队一方面根据预设的理论性能力水平与基于预测结果由项目反应理论而得出的实证性试题指标(包括难度系数及区分度系数)之间的差异修订试题,另一方面还特别邀请一线教师及相关领域的专家对预测版的测试题给出专业性意见,以便尽可能保证测试题具有较高的内容效度。在经过这样两至三轮的论证和修正后,有关六大核心能力的正式测试题得以形成,其在各预设理论性能力水平上的具体题量分布见表 9.2。

表 9.2 数学核心能力测试题的能力水平分布

	能力水平一	能力水平二	能力水平三	合计
C 数学交流能力	3	3	2	8
E 数学表征与变换能力	2	5	3	10
M 数学建模能力	1	1	1	3
P 数学问题提出能力	2	2	2	6
R 数学推理与论证能力	1	3	2	6
S 数学问题解决能力	2	2	1	5

注:由于数学建模能力的特殊性,测试题关于能力水平的分布主要依据问题背景的复杂程度而定。

(三) 测试结果的编码与分析

除数学建模能力、数学推理与论证能力外,其余四大数学核心能力的测试题皆以 0—1 制二分计分法(dichotomy)为主,即正确回答计为 1 分,否则为 0 分。在分析被试在数学推理与论证能力测试中的表现时,本研究以部分计分法(partial credit)为主要计分方式,即被试正确给出论证与推理过程计为 2 分,仅能正确给出合情推理计为 1 分,否则为 0 分。类似地,在分析被试在数学建模能力测试中的表现时,由于该能力测评框架参考了布鲁姆的阶段型建模循环模型①，被试的应答根据其所达到的最终"阶段"而获得相应的分值，部分计分法亦在此作为主要的计分方式，共设 5、4、3、2、1、0 六个等级。除了采用这些计分法外，本研究还参考了 TIMSS 的双重计分制，对于所有被试的应答给出诊断性编码，以确定特定的表征方式、解题策略、常规的错误或误解。

对于 0—1 型计分，本研究使用 BILOG - MG3.0 软件，采用双参数 Logistic 模型，分别计算各题的难度系数、区分度系数，以及被试的能力估计值。对于等级型计分，本研究使用 PARSCALE 4.1 软件，采用部分计分模型(Partial Credit Model)计算各题的难度系数、区分度系数，以及被试的能力估计值。

针对基于项目反应理论模型而求得的被试的能力估计值，本研究首先进行描述性统计，以期刻画出我国八年级学生在各项数学核心能力上的总体表现，其次依据被试的性别、所在地区的经济发展水平及学校综合水平等属性进行一系列的对比分析，主要包括性别差异比较(T-检验)、地区间的差异比较(ANOVA 检验)、地区内的差异比较(ANOVA 检验)以及各城市内各类学校间的差异比较(ANOVA 检验)。由于参与本研究的被试数量较大，对于显示出显著性差异的统计量，本研究会提供相应的效应值。

第二节　研究发现与结果

本研究根据上述编码原则，对每个核心能力测评结果进行编码和分析，得到详实并有意义的发现和结果。本书第三章至第八章对各个能力测评结果分别进行了细致分析。这里将对学生数学核心能力的总体表现进行分析。

一、数学核心能力的总体表现

本调查研究通过实际测评，验证课题组提出的数学学科六大核心能力测评框架的有效性和合理性，在此基础上对 8 个城市的被试在各能力上的表现做了细致的分析，

---

① Blum, W & Borromeo, F. R.. Mathematical modelling: Can it be taught and learnt? [J] *Journal of Mathematical Modelling and Application*, 2009,1(1): 45 - 48.

以期了解我国八年级学生在数学学习上对各项核心能力的掌握情况。在本研究的主测试中,虽然每一个被试仅参加一项核心能力的测试,但因为抽样过程具有一定的随机性,使得来自不同城市不同学校的学生在单项核心能力上具有一定的可比性,但不同能力之间的可比性相对较弱。

(一) 核心能力总体水平状况

本研究依据项目反应理论估算出被试在各项核心能力上的能力指数,因此在每一项能力上的能力估计均值皆为0,即将中等水平学生的能力固定为0值。在所有六项核心能力中,被试的"数学交流能力"相对较强,特别是处于中等水平的学生能较好地完成水平一和水平二的测试题;在"问题提出能力"和"问题解决能力"上,处于中等水平的学生对于水平一和水平二的测试题,只能作出部分正确的回应。很显然,"数学表征与变换能力"涵盖两个相关且独立的能力,本研究显示,处于中等水平的学生在"数学表征"上能较好地完成水平一的测试题,部分正确地完成水平二的测试题。如前文所述,在本研究中,学生的"数学推理能力"分为两种类型,即合情推理和论证推理。测评结果显示,处于中等水平的学生能圆满达成所有三类水平层次测试题上的合情推理,但在论证推理上的表现却差强人意,甚至未及水平一。

相对于其他五项核心能力,"数学建模能力"测试题的水平划分主要是依据其背景的复杂程度,而完成每一个建模过程都要经历6个阶段。在本研究中,处于中等水平的被试在前两个水平的测试题上大致能够推进到第3—4个建模阶段,但对于复杂程度最高的测试题,几乎没有取得进展。

图9.1呈现出八年级被试学生在数学学科六大核心能力上的整体表现情况。从这些直方图可以发现,被试在数学建模能力上表现的水平最为集中,而在其他核心能力上的分布则相对较为分散。在数学交流能力和数学推理与论证能力方面,处于中等水平以下的被试数量偏多;特别地,有相当一部分被试在这两项指标上,其能力估计值低于−2。在数学表征与变换能力上,亦有不少被试的水平在−2附近。另一方面,本研究发现在所有六大核心能力中,数学表征与变换能力是唯一一个被试能力水平的估计值接近于+3的能力;相反,在数学交流能力、数学建模能力、数学问题解决能力方面,被试能力的最大估计值小于+2,这些都说明被试在这些能力上亟待提高。

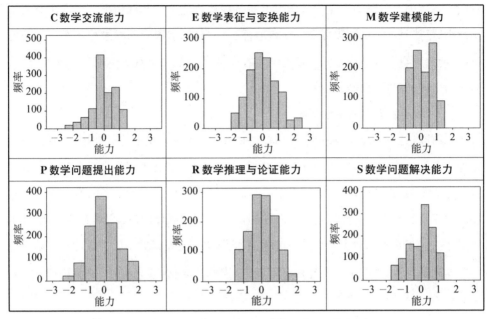

图 9.1　八年级学生在数学六大核心能力上的表现

（二）核心能力水平的性别差异

在数学学习上存在性别差异似乎是一个公认的事实。传统上,数学常被视为男性占优的一门学科。因此,男女被试在各项数学学习核心能力上的差异也成为本研究关注的一个焦点。本研究发现,男女被试的表现并没有呈现出非常明显的不同。在六项能力指标中,仅有两项存在性别上的显著差异,分别为男生的数学解决能力显著优于女生 $[t(1\,118)=-3.864,p<0.001,d=0.23]$,而在数学问题提出能力上女生的表现显著优于男生 $[t(1\,187)=3.693,p<0.001,d=0.21]$;然而从效应值来看,相应的差异并不是很大(即 $d<0.30$)。在其余四项核心能力上,除数学表征与变换能力外,男生的表现略占优势,但并未达到显著不同。

（三）核心能力水平的区域差异

本研究中的被试样本来自 8 个不同城市,如前所述,在选取样本时充分考虑了城市所在的不同地域及其不同的经济发展水平,并据此将被试所在的城市划分为发达、中等发达和欠发达等三类。在关注来自不同城市的被试在各核心能力上的表现水平时,本研究首先比较了三类地区之间的差异,其次比较了地区内部城际间的差异。结果发现,相较于性别差异,城际间的差异更加明显,表9.3显示了不同地区间和同一地区内不同城市间在各核心能力水平上的ANOVA比较结果。

表9.3　各城市在数学六大核心能力上的表现水平比较

	地区之间	地区内部		
		发达地区	中等发达地区	欠发达地区
C 数学交流能力	×	√	×	√
E 数学表征与变换能力	×	√	√	√
M 数学建模能力	√	×	×	√
P 数学问题提出能力	√	√	√	×
R 数学推理与论证能力	√	√	×	√
S 数学问题解决能力	√	√	√	×

注:√表示比较呈现出显著差异;×表示比较未呈现出显著差异。

从表9.3中可以发现,在六项核心能力上,三类地区在数学建模、数学问题提出、数学推理与论证和数学问题解决能力上均呈现出显著差异。其中,大部分差异的效应值都相对较小,而最大的差异出现在数学推理与论证能力上,其对应的效应值水平超过临界值($\omega^2 > 0.03$)。

尽管在两项核心能力上,地区间未呈现出显著差异,但三类地区内部的城际差异则出现在所有六项核心能力上。相较而言,经济处于中等发达水平地区内部的城际差异最小。在各项能力中,"数学建模能力"仅在欠发达地区的城市间出现显著差异,且相应的效应值达到高水平($\omega^2 = 0.17$)。而在"数学表征与变换能力"上,所有三类地区内的城市间都存在显著性差异,且相应的效应值都超过临界值($\omega^2 > 0.03$),特别是发达地区城际间差异的效应值达到高水平($\omega^2 = 0.27$),中等发达地区城际间差异的效应值达到中等水平($\omega^2 = 0.08$)。有趣的是,在该能力上,三类地区之间却并未呈现出显著差异。事实上,在三类地区中,发达地区所显现出的城际差异是最为显著的,在除"数学建模能力"外的所有其他核心能力上,发达地区城际间差异的效应值都超过临界值,在"数学表征与变换能力"和"数学推理与论证能力"上的差异效应值达到高水平($\omega^2 > 0.14$),在"数学问题提出能力"和"数学问题解决能力"上的差异效应值达到中等水平($\omega^2 > 0.06$)。

在选取被试时,除考虑城市的代表性外,在各城市中亦选取了综合水平在不同层次上至少3所学校。因此,在研究中发现存在显著的校际差异是可以预见的。然而,分析显示,不少城市在某些核心能力上这类显著差异并没有出现(见表9.4)。例如,城市C在数学交流及数学问题提出能力上没有显著差异,在数学建模及数学推理与论证能力上虽有差异,但效应值却显示差异不大。同样地,城市G亦在两项能力上(即数学建模及数学问题提出能力)无显著差异,且在另两项能力上(即数学推理与论证及数学问题解决能力)差异效应值较小。当然,在8个城市中亦有城市其校际差异在所有六大核心能力上都较为显著,其效应值至少在中等水平以上,包括城市A、城市E和城市H。这些一致性与不一致性值得后续追踪研究,进一步去探索其中的成因。

表9.4 各城市各类学校在数学学科六大核心能力上的表现水平差异效应值指标

	发达地区			中等发达地区		欠发达地区		
	A(4)	D(3)	E(3)	B(3)	C(3)	F(3)	G(3)	H(6)
C 数学交流能力	大	无	大	中	无	小	中	中
E 数学表征与变换能力	大	无	大	大	大	中	大	大
M 数学建模能力	中	大	中	小	小	无	无	大
P 数学问题提出能力	中	大	中	大	无	中	无	中
R 数学推理与论证能力	大	大	大	大	小	中	小	大
S 数学问题解决能力	大	大	大	大	大	无	小	大

二、数学交流能力水平良好

数学交流是分享观点和澄清理解的一种方式,在交流的过程中,具有较高数学交流能力水平的学生能不断反思、精炼或修正自身的数学观点,使思维清晰化,发展自己的数学理解[①]。数据显示,八年级中等水平学生的数学交流能力达到了"联系与变式"的水平,也就是说学生能够从数学类文本中识别和选择信息,并领会其意义;同时也能把他人的数学思想由一种载体转换成另一种载体。数学交流能力成为学生所需的核

---

① 全美数学教师理事会.美国学校数学教育的原则和标准[S].蔡金法,等,译.北京:人民教育出版社,2004:58.

心数学能力之一。学生天生并不具备数学交流能力,数学教育还需要有意识地培养他们的数学交流能力,让学生领会复杂数学类文本的意义,比较、判断他人的数学思想;学会灵活转换数学思想的载体,并能根据具体情况选择最优的表达载体;流畅表达对学习过程的检查和反思。

三、数学建模能力水平发展存在瓶颈

数学模型是用数学的概念和原理描述世界所依赖的那些思想,数学模型搭建了数学与外部世界的桥梁。数学建模也被看作是应用表征模拟并解释物理的、社会的和数学中的现象。学校培养学生对未来社会的适应能力,数学建模能力的培养尤其重要。这次的调查数据表明,我国学生只有在自己熟悉或较熟悉的常规情境下,才会识别出熟悉的标准模型,能够直接将现实情境翻译为数学模型,并尝试解决数学问题,但没有检验模型合理性的意识。然而在复杂且较为陌生的情境下,几乎没有学生能够识别合理的现实模型,进而创建数学模型加以解决该数学问题。从数据上看,这种情况表现集中,几乎没有区域差异。由此可见,我们需要从全国范围设计数学建模能力培养的课程教学方案,尤其需要从真实复杂情境的建模入手,而不是停留在训练学生解决简单生活情境或者"伪情境"的建模问题。

四、数学问题提出能力仍然需要得到重视

从本研究的结论可以看出,我国八年级学生在数学问题提出方面的表现总体较为薄弱,相当一部分学生甚至提不出数学问题,尤其是在开放式的任务情境下,能够达到高层次问题提出水平的甚少,学生在数学提出问题方面的能力亟待提升,应当引起数学教育者和研究者更多的关注。发展学生提出数学问题的能力应当成为数学教学中一个重要的教育目标。发展学生的数学问题提出能力要从培养学生的问题意识开始,在学生的学习中本身就包含了许多无意识的数学问题的提出,要让学生的这些无意识能够转变为一种有意识,培养学生具有反思性的思维习惯。

五、数学推理与论证能力在地区内部存在城际分化

我国的数学教育历来重视数学证明的教学,重视数学推理与论证能力的培养。本

研究发现,在各地区内部,不同城市间学生数学推理与论证能力发展不均衡,尤其在经济发达地区内部,数学推理与论证能力水平严重分化。在这类地区,研究发现有学生在数学推理与论证方面表现出很强的能力,能够清晰严谨、步步有据地完成证明。从研究结果看,学生的推理与论证能力发展并不是整齐划一的,这与其他研究所得出的结论是一致的,即同一年级内部学生的推理能力处于不同水平。[①] 但是这种现象在经济发达地区尤为突出,值得我们思考如何安排论证推理的教学才能够最大程度地使不同水平的学生得到发展。当然,论证推理能力较强的学生是否真正理解数学证明的价值,这也是值得进一步研究的问题。

---

① Jurdak, M. & Mouhayar, R. Trends in the development of student level of reasoning in pattern generalization tasks across grade level [J]. *Educational Studies in Mathematics*, 2014,85(1): 75 - 92.

图书在版编目(CIP)数据

数学核心能力研究/徐斌艳等著. —上海:华东师范大学
出版社,2019
(核心素养与课程发展丛书)
ISBN 978 - 7 - 5675 - 9158 - 5

Ⅰ.①数… Ⅱ.①徐… Ⅲ.①数学课-教学研究-中小
学 Ⅳ.①G633.602

中国版本图书馆 CIP 数据核字(2019)第 083746 号

本书由上海文化发展基金会图书出版专项基金资助出版
"十三五"国家重点出版物出版规划项目

核心素养与课程发展丛书

数学核心能力研究

著　　者　徐斌艳等
策划编辑　王冰如
特邀编辑　程云琦
责任校对　朱玉媛
装帧设计　王　隽

出版发行　华东师范大学出版社
社　　址　上海市中山北路 3663 号　邮编 200062
网　　址　www.ecnupress.com.cn
电　　话　021 - 60821666　行政传真 021 - 62572105
客服电话　021 - 62865537　门市(邮购)电话 021 - 62869887
地　　址　上海市中山北路 3663 号华东师范大学校内先锋路口
网　　店　http://hdsdcbs.tmall.com

印　刷　者　上海盛隆印务有限公司
开　　本　787×1092　16 开
印　　张　21.5
字　　数　351 千字
版　　次　2019 年 8 月第 1 版
印　　次　2019 年 8 月第 1 次
书　　号　ISBN 978 - 7 - 5675 - 9158 - 5
定　　价　68.00 元

出　版　人　王　焰

(如发现本版图书有印订质量问题,请寄回本社客服中心调换或电话 021 - 62865537 联系)